LIBRO DOS

# Lo MEJOR *de* A.W. TOZER

**Libros de A. W. Tozer publicados por Portavoz:**

*El Consejero: Una conversación franca sobre el Espíritu Santo*

*Diseñados para adorar*

*Deléitate en Dios*

*Este mundo: ¿campo de recreo o campo de batalla?*

*Fe auténtica*

*Fe más allá de la razón*

*Lo mejor de A. W. Tozer, Libro uno*

*Lo mejor de A. W. Tozer, Libro dos*

*Los peligros de la fe superficial*

*El poder de Dios para tu vida*

*¡Prepárate para el regreso de Jesús!*

*La presencia de Dios en tu vida*

*Una fe incómoda*

*La verdadera vida cristiana*

*Y Él habitó entre nosotros*

LIBRO DOS

# Lo MEJOR *de* A.W. TOZER

COMPILADO POR

WARREN W. WIERSBE

EDITORIAL PORTAVOZ

La misión de *Editorial Portavoz* consiste en proporcionar productos de calidad —con integridad y excelencia—, desde una perspectiva bíblica y confiable, que animen a las personas a conocer y servir a Jesucristo.

Título del original: *The Best of A. W. Tozer, Book Two* © 1980, 2000 por The Moody Bible Institute of Chicago y publicado por Moody Publishers, 820 N. LaSalle Boulevard, Chicago, IL 60610. Traducido con permiso.


Edición en castellano: *Lo mejor de A. W. Tozer, Libro dos* © 2018 por Editorial Portavoz, filial de Kregel Inc., Grand Rapids, Michigan 49505. 

Traducción: Daniel Menezo



EDITORIAL PORTAVOZ
2450 Oak Industrial Drive NE
Grand Rapids, Michigan 49505 USA
Visítenos en: www.portavoz.com

ISBN 978-0-8254-5772-2 (rústica)
ISBN 978-0-8254-6668-7 (Kindle)
ISBN 978-0-8254-7482-8 (epub)

1 2 3 4 5 edición / año 27 26 25 24 23 22 21 20 19 18

*Impreso en los Estados Unidos de América*
*Printed in the United States of America*

# Contenido

### Extractos de *La raíz de los justos*



### Extractos de *Ese increíble cristiano*



### Extractos de *De Dios y los hombres*



### Extractos de *El hombre, la morada de Dios*



### Extractos de *Yo lo llamo herejía*

# Introducción

*"Imagino que mi filosofía es esta:*
*todo está mal hasta que Dios lo arregla".*

Esta afirmación del Dr. A. W. Tozer resume a la perfección lo que creía y lo que intentó hacer durante sus años en el ministerio. El eje de todas sus predicaciones y sus libros era Dios. No tenía tiempo que dedicar a los vendedores ambulantes religiosos que inventaban maneras nuevas de vender sus mercancías e inflar sus estadísticas. Como Thoreau, al que leía y admiraba, Tozer caminaba a otro compás; por este motivo, normalmente no seguía el paso de muchas de las personas que integraban el desfile religioso.

Sin embargo, es precisamente esta excentricidad evangélica la que nos hizo quererle y apreciar su obra. No temía decirnos lo que estaba mal. Tampoco vacilaba en decirnos cómo podía arreglarlo Dios. Si podemos comparar un sermón con la luz, A. W. Tozer lanzaba rayos láser desde el púlpito, un haz luminoso que penetraba en tu corazón, abrasaba tu conciencia, manifestaba el pecado y te inducía a clamar: "¿Qué debo hacer para ser salvo?". La respuesta siempre era la misma: entrégate a Cristo; conoce a Dios personalmente; crece para ir pareciéndote a Él.

Aiden Wilson Tozer nació en Newburg (entonces conocida como La Jose), Pennsylvania, el 21 de abril de 1897. En 1912, la familia se trasladó de su granja a Akron, Ohio, y en 1915 Tozer se convirtió a Cristo. De inmediato comenzó una vida de intensidad devocional y testimonio personal. En 1919 empezó como pastor de una iglesia de la Alianza en Nutter Fort, West Virginia. También fue pastor de iglesias en Morgantown (West Virginia), Toledo (Ohio), Indianápolis (Indiana) y, en 1928, se trasladó a la Southside Alliance Church, en Chicago. Aquí sirvió hasta noviembre de

1959, cuando se convirtió en el pastor de la Avenue Road Church, en Toronto. Un ataque al corazón repentino, que tuvo lugar el 12 de mayo de 1963, acabó con ese ministerio, y Tozer entró en la gloria celestial.

**Las multitudes no corren a escuchar a un hombre cuyas convicciones hacen que se sientan incómodos.**

Estoy seguro de que Tozer llegó a más personas por medio de sus escritos que de sus sermones. Buena parte de sus escritos quedan reflejados en la predicación de aquellos pastores que alimentaron sus almas con sus palabras. En mayo de 1950 lo nombraron editor de *The Alliance Weekly*, llamada hoy *The Alliance Witness*, que seguramente se trataba de la única publicación religiosa que la gente adquiría para leer sus editoriales. Un día escuché al Dr. Tozer hablando en una conferencia para la Asociación de Prensa Evangélica, donde amonestó a los editores que practicaban lo que él definía como "periodismo de supermercado: dos columnas de publicidad y un pasillo de material de lectura". Era un escritor exigente, y era tan duro consigo mismo como lo era con otros.

¿Qué hay en las obras de A. W. Tozer que nos atrapa y no nos deja escapar? Tozer no disfrutó del privilegio de una formación universitaria o seminario, y lo cierto es que ni siquiera contó con formación en alguna escuela bíblica, pero aun así nos ha dejado toda una colección de libros que serán una fuente de riqueza espiritual hasta que el Señor vuelva.

De entrada, A. W. Tozer escribía con convicción. No le interesaba acariciar los oídos de los superficiales cristianos atenienses que buscaban cosas nuevas. Tozer despejó los pozos antiguos y nos llamó de vuelta a los senderos del pasado, y creyó y practicó apasionadamente las verdades que enseñaba. En cierta ocasión le dijo a un amigo mío: "¡He predicando y me han echado de todas las tarimas de conferencias bíblicas en este país!". Las multitudes no corren a escuchar a un hombre cuyas convicciones hacen que se sientan incómodos.

Tozer era un místico, un místico evangélico, en una era pragmática y materialista. Sigue llamándonos a ver ese mundo espiritual real que se encuentra más allá del mundo físico que tanto nos esclaviza. Nos ruega que agrademos a Dios y nos olvidemos de la gente. Nos implora que adoremos a Dios para irnos pareciendo más a Él. ¡Qué necesario es este mensaje en nuestros tiempos!

A. W. Tozer tenía el don de tomar una verdad espiritual y sostenerla bajo la luz de forma que, como un diamante, todos pudieran ver y admirar sus facetas. No se perdía en pantanos homiléticos; el viento del Espíritu soplaba y los huesos muertos volvían a la vida. Sus ensayos son como delicados camafeos cuyo valor no depende de su tamaño. Su predicación se caracterizaba por una intensidad (una intensidad espiritual) que penetraba en el corazón de las personas ayudándolas a ver a Dios. ¡Qué bendición es tener a mano un libro de Tozer para un cristiano que tiene el alma sedienta y siente que Dios está lejos!

Esto nos lleva a la que considero que es la mayor contribución que hace A. W. Tozer en sus obras. Nos emociona tanto con la verdad que nos olvidamos de él y acudimos a la Biblia. Él dijo muchas veces que el mejor libro es aquel que te produce el deseo de cerrarlo y pensar por ti mismo. Pocas veces leo a Tozer sin echar mano de mi cuaderno y apuntar alguna verdad que más adelante pueda compartir en un sermón. Tozer es como un prisma que capta la luz y revela toda su belleza.[1]

*Warren W. Wiersbe*
The Moody Church
Chicago, Illinois

1. Para la edición española, indicamos los títulos de los libros tal como fueron publicados en español o, en caso de no existir una edición en español, hemos traducido el título. No obstante, el texto de los capítulos se ha traducido de nuevo a partir de la edición en inglés.

1

# La inmutabilidad de Dios

*¡Oh, Cristo Señor nuestro, tú has sido nuestro refugio en todas las generaciones! Corremos a ti en busca de seguridad, como los conejos a su madriguera; como las aves cuando regresan de sus vagabundeos, hemos volado a ti en busca de paz. En nuestro pequeño mundo de la naturaleza y los hombres, el azar y el cambio obran sin cesar, pero en ti no encontramos variabilidad ni sombra de cambio. Descansamos en ti sin temor ni duda, y aguardamos nuestro mañana sin ansiedad. Amén.*

La inmutabilidad de Dios se cuenta entre los atributos menos difíciles de comprender, pero para asimilarla debemos distinguir entre el tipo de pensamientos que dedicamos a las cosas creadas de esos otros, más infrecuentes, que surgen cuando intentamos asimilar lo que es posible comprender de Dios.

Decir que Dios es inmutable significa que nunca difiere de sí mismo. En las Escrituras no encontramos el concepto de un Dios que crece o que se desarrolla. Me resulta imposible pensar que Dios pueda diferir de sí mismo en ningún sentido. El motivo es este: para que un ser moral cambie, sería necesario que el cambio se produjera en una de tres direcciones posibles. Puede empeorar o puede mejorar, o, siempre que la cualidad moral se mantenga estable, debe cambiar dentro de sí mismo, como por ejemplo pasar de la inmadurez a la madurez o de un orden de existencia a otro. Debemos tener claro que Dios no puede moverse en ninguna de estas direcciones. Sus perfecciones descartan para siempre cualquiera de estas posibilidades.

Dios no puede mejorar. Dado que es perfectamente santo, nunca ha sido menos santo de lo que lo es ahora, y nunca puede ser más santo de lo que es y ha sido siempre. Dios tampoco puede empeorar. Es imposible cualquier tipo de deterioro dentro de la naturaleza de Dios, que es inefablemente santa. De hecho, creo que es imposible incluso pensar en algo así, porque, en el mismo momento en que lo intentamos, el objeto en el que pensamos ya no es Dios, sino otra cosa y otra persona que es menos de lo que Él es. Puede que pensemos en una criatura grande y asombrosa, pero dado que es una criatura no puede ser el Creador que existe por sí mismo.

De la misma manera que no puede producirse ningún cambio en el carácter moral de Dios, tampoco puede darse dentro de la esencia divina. El ser de Dios es excepcional en el único sentido correcto de este término; es decir, que su ser es otro, es distinto, de cualquier otro ser. Hemos visto cómo Dios se distingue de sus criaturas porque existe por sí mismo, es autosuficiente y eterno. En virtud de estos atributos, Dios es Dios y no otro ser. Alguien que pueda experimentar cualquier grado de cambio, por pequeño que sea, no existe por sí mismo, no es autosuficiente ni eterno, y por lo tanto no es Dios.

El único que puede cambiar es un ser compuesto de diversas partes, porque básicamente el cambio es una alteración de la relación que mantienen las partes con un todo o la admisión en la composición original de algún elemento externo. Dado que Dios existe por sí mismo, no está compuesto. En Él no hay partes que puedan alterarse. Dado que es autosuficiente, nada puede penetrar en su ámbito desde fuera.

Anselmo dice: "Aquello que está compuesto de partes no es una sola cosa, sino en cierto sentido es plural y distinto a sí mismo; y ya sea en teoría o en la práctica es capaz de disolverse.

Pero estas cosas son ajenas a ti, porque es imposible concebir a alguien mejor que tú. De este modo, en ti no hay partes, Señor, ni eres más de uno. Pero eres con tanta certidumbre un ser unitario y tan idéntico a ti mismo, que en ningún sentido eres distinto de ti; antes bien, eres la propia unidad, indivisible en ningún sentido".

"Dios es todo lo que siempre ha sido, y siempre será todo lo que ha sido y todo lo que es". Jamás cambiará nada de lo que Dios ha dicho acerca de sí mismo; nunca dejará de tener vigor nada de lo que dijeron sobre Él los profetas y los apóstoles inspirados. Su inmutabilidad garantiza que así sea.

La inmutabilidad de Dios se manifiesta en su belleza más perfecta cuando se la compara con la mutabilidad humana. En Dios no es posible ningún cambio; en los hombres, el cambio es ineludible. El hombre y su mundo tampoco están fijos; tanto uno como otro cambian constantemente. Cada ser humano aparece durante un poco de tiempo para reír y llorar, trabajar y jugar, y luego hacer espacio para quienes vendrán después de él en un ciclo interminable.

**"Dios es todo lo que siempre ha sido, y siempre será todo lo que ha sido y todo lo que es".**

Algunos poetas han encontrado un placer morboso en la ley de la transitoriedad, y han cantado en clave menor el cántico del cambio perpetuo. Omar, el fabricante de tiendas, fue alguien que cantó con sentimiento y humor sobre la mutación y la mortalidad, las dos enfermedades gemelas que afligen a la humanidad. "No moldees con tanta fuerza la arcilla", exhorta al alfarero, "puede ser que te estés tomando muchas libertades con el polvo que fue tu abuelo". "Cuando alces la copa para beber vino", recuerda al juerguista, "puede que beses los labios de una belleza que murió hace mucho".

Esta nota de tristeza dulce expresada con un humor amable proporciona una radiante hermosura a sus cuartetos, pero, por muy hermoso que sea, el largo poema es morboso hasta la muerte. Como el pájaro encandilado por la serpiente que lo devorará, el poeta está fascinado por el enemigo que le destruye a él, a todos los hombres y a todas las generaciones.

También los escritores sagrados se enfrentan a la mutabilidad humana, pero son hombres sanos y en sus palabras encontramos una fortaleza saludable. Han descubierto la cura para la gran enfermedad: nos dicen que Dios no cambia. La ley de la transformación pertenece a un mundo caído, pero Dios es inmutable y en Él los hombres de fe encuentran al fin la permanencia eterna. Entre tanto, el cambio obra a favor de los hijos del reino, no en su contra. Los cambios que se producen en ellos los realiza la mano del Espíritu que habita en sus vidas. "Por tanto, nosotros todos", dice el apóstol, "mirando a cara descubierta como en un espejo la gloria del Señor, somos transformados de gloria en gloria en la misma imagen, como por el Espíritu del Señor" (2 Co. 3:18).

En un mundo de cambio y decadencia, ni siquiera el hombre de fe puede ser totalmente feliz. Busca instintivamente lo inmutable, y siente el sufrimiento que le producen las cosas familiares que amaba y que desaparecen.

*¡Oh, Señor! Mi corazón se angustia,*
*se angustia por este cambio incesante;*
*la vida huye tediosamente veloz*
*en su carrera incansable y en sus grandes variaciones:*
*el cambio no halla su semejanza en ti,*
*ni despierta un eco en tu eternidad silenciosa.*
—Frederick W. Faber

Estas palabras de Faber encuentran respuesta solidaria en todos los corazones; pero, por mucho que lamentemos la falta de estabilidad de todas las cosas terrenales en un mundo caído como este, la propia *capacidad* de cambio es un tesoro dorado, un don de Dios, que tiene un valor tan fabuloso que justifica nuestra acción de gracias constante. Para los seres humanos, la posibilidad de redimirse se encuentra en su capacidad para cambiar. La esencia del arrepentimiento está en poder pasar de ser un tipo de persona a otro distinto: el mentiroso aprende a decir la verdad; el ladrón se vuelve honrado; el lascivo, puro; el orgulloso se hace humilde. Se altera por completo el tejido moral de la existencia. Los pensamientos, los deseos y los afectos se transforman, y el hombre ya no es lo que había sido antes. Este cambio es tan radical que el apóstol llama "el viejo hombre" al hombre que solía ser, y "el nuevo hombre" al hombre que es ahora, "el cual conforme a la imagen del que lo creó se va renovando hasta el conocimiento pleno" de quien lo creó (Col. 3:9-10).

Sin embargo, el cambio es más profundo y más básico de lo que puedan manifestar los actos externos, porque también incluye la recepción de una vida que tiene una cualidad distinta y superior. El viejo hombre, aun en sus mejores momentos, solo posee la vida de Adán. El nuevo hombre tiene la vida de Dios y esto es algo más que una forma de hablar; es cierto literalmente. Cuando Dios introduce la vida nueva en el espíritu de una persona, esta se convierte en miembro de un orden existencial nuevo y superior.

**Para los seres humanos, la posibilidad de redimirse se encuentra en su capacidad para cambiar.**

A la hora de aplicar sus procesos redentores, el Dios inmutable utiliza plenamente los cambios y, por medio de una sucesión de estos, llega por fin a la permanencia. En el libro de Hebreos se nos dice esto claramente: "quita lo primero, para establecer esto último" (10:9). Esta frase es una especie de resumen de la enseñanza de ese libro tan notable. El antiguo pacto, como algo provisional, fue abolido, y el pacto nuevo y eterno ocupó su lugar. La sangre de las cabras y de los toros perdió su importancia cuando se derramó la del Cordero pascual. La ley, el altar, el sacerdocio, todo fueron elementos temporales y sujetos al cambio; ahora la ley eterna de Dios está grabada para siempre en la materia viva y sensible de la que se compone el alma humana. El santuario antiguo ya no existe, pero el nuevo santuario es eterno en los cielos y, allí, el Hijo de Dios tiene su sacerdocio eterno.

Aquí vemos que Dios utiliza el cambio como si este fuera un siervo humilde, con objeto de bendecir a su pueblo redimido, pero Él mismo está excluido de la ley de la mutación, y no se ve afectado por ninguno de los cambios que se producen en el universo.

*Y todas las cosas, al cambiar, proclaman*
*que el Señor es el mismo para siempre.*
—Charles Wesley

Una vez más surge la pregunta de la utilidad: "¿De qué me sirve saber que Dios es inmutable?", pregunta alguien. "¿Acaso todo esto no es una mera especulación metafísica? ¿Algo que puede aportar cierta satisfacción a personas que piensan de determinada manera pero que no tiene verdadera importancia para las personas prácticas?".

Si al decir "personas prácticas" nos referimos a incrédulos envueltos en asuntos seculares e indiferentes a las afirmaciones de Cristo, el bienestar de sus propias almas o los intereses del mundo venidero, entonces para ellos un libro como este no puede tener la más mínima importancia; como, lamentablemente, tampoco la tendrá ningún otro libro que se tome en serio la religión. Sin embargo, aunque esos hombres constituyan la mayoría, no son ni mucho menos la totalidad de la población; aún quedan esos siete mil que no han doblado sus rodillas ante Baal. Estos creen que fuimos creados para adorar a Dios y disfrutar de su presencia para siempre, y están ansiosos por aprender todo lo que puedan sobre el Dios con quien esperan pasar la eternidad.

En este mundo donde los hombres nos olvidan, cambian su actitud hacia nosotros según les dictan sus intereses privados y alteran la opinión que tienen de nosotros por el motivo más nimio, ¿no supone una fuente de fortaleza maravillosa saber que el Dios con quien nos relacionamos no cambia? ¿No es estupendo saber que su actitud hacia nosotros es la misma que lo fue durante la eternidad pasada y lo será en la futura?

¡Qué paz aporta al corazón del cristiano ser consciente de que nuestro Padre celestial nunca difiere de sí mismo! Cuando acudimos a Él en cualquier momento no tenemos que preguntarnos si lo hallaremos con un talante receptivo. Siempre está atento a la tristeza y la necesidad, así como al amor y a la fe. No tiene horario de oficina ni aparta momentos en los que no quiere recibir a nadie. Tampoco cambia de opinión respecto a nada. Hoy, en este instante, siente hacia sus criaturas, hacia los bebés, los enfermos, los caídos, los pecadores, exactamente lo mismo que sentía cuando envió a su Hijo unigénito al mundo para morir por la humanidad.

**¡Qué paz aporta al corazón del cristiano ser consciente de que nuestro Padre celestial nunca difiere de sí mismo!**

Dios nunca cambia de estado de ánimo, su afecto nunca se enfría, jamás pierde entusiasmo. Su actitud hacia el pecado es hoy la misma que fue cuando expulsó al ser humano pecador del huerto al oriente, y su actitud hacia el pecador es la misma que cuando extendió sus manos y clamó diciendo: "Venid a mí todos los que estáis trabajados y cargados, y yo os haré descansar" (Mt. 11:28).

Dios no hace concesiones y no hace falta que lo convenzamos. No se le puede inducir a cambiar su Palabra ni convencerle para que responda a una oración egoísta. En todos nuestros esfuerzos por encontrar a Dios, por complacerle, por tener comunión con Él, debemos recordar que todo el cambio debe estar de nuestra parte. "Porque yo Jehová no cambio" (Mal. 3:6). Solo tenemos que cumplir los términos que Él estipula con claridad, sintonizar nuestras vidas con su voluntad revelada, y su poder infinito se volverá inmediatamente operativo en nuestras vidas, tal como lo expresa el evangelio en las Escrituras de la verdad.

*¡Fuente del ser! ¡Fuente de bien!*
*¡Inmutable permanecerás!*
*Y la sombra de mudanza*
*las glorias de tu reino*
*jamás oscurecerá.*

*Puede la tierra desaparecer,*
*si el Creador lo desea;*
*y con ella su poder,*
*mas tú por siempre eres fiel,*
*el YO SOY de vida eterna.*
—De la Colección Walker

2

# La justicia de Dios

*Padre nuestro, te amamos por tu justicia. Reconocemos que tus juicios son fieles y verdaderos. Tu justicia sustenta el orden del universo y garantiza la seguridad de todos los que ponen en ti su confianza. Vivimos porque eres justo... y misericordioso. Santo, santo, santo, Señor Dios todopoderoso, justo en todos tus caminos y santo en todas tus obras. Amén.*

En las Escrituras inspiradas, la justicia y la rectitud apenas se distinguen la una de la otra. La misma palabra en el original se convierte en castellano en *justicia* o *rectitud*, casi, podríamos pensar, por el capricho del traductor.

El Antiguo Testamento afirma la justicia de Dios en un lenguaje claro y pleno, y tan hermoso como cualquiera que podamos encontrar en la literatura de la humanidad. Cuando Dios anunció la destrucción de Sodoma, Abraham intercedió por los justos dentro de la ciudad, recordando a Dios que sabía que Él actuaría como era propio de Él en medio de la emergencia humana. "Lejos de ti el hacer tal, que hagas morir al justo con el impío, y que sea el justo tratado como el impío; nunca tal hagas. El Juez de toda la tierra, ¿no ha de hacer lo que es justo?" (Gn. 18:25).

El concepto de Dios que tenían los salmistas y los profetas de Israel era el de un gobernante todopoderoso, excelso, que reinaba con equidad. "Nubes y oscuridad alrededor de él; justicia y juicio son el cimiento de su trono" (Sal. 97:2). Las profecías bíblicas sobre el Mesías venidero decían que, cuando viniera, juzgaría al mundo con justicia y a los afligidos con juicio (Sal. 72:2). Los hombres santos llenos de compasión tierna, furiosos al ver la desigualdad de los gobernantes humanos, oraron diciendo: "Jehová, Dios de las venganzas, Dios de las venganzas, muéstrate. Engrandécete, oh Juez de la tierra; da el pago a los soberbios. ¿Hasta cuándo los impíos, hasta cuándo, oh Jehová, se gozarán los impíos?" (Sal. 94:1-3). Y esto no debe entenderse como la exigencia de una venganza personal, sino como el anhelo de ver que la equidad moral prevalezca en la sociedad humana.

Hubo hombres como David y Daniel que reconocieron su propia injusticia, como contraste a la justicia de Dios, y como resultado de esto sus oraciones penitenciales gozaron de un poder y de una eficacia considerables. "Tuya es, Señor, la justicia, y nuestra la confusión de rostro" (Dn. 9:7). Y cuando el juicio de Dios, que Él contuvo durante mucho tiempo, empieza a caer sobre el mundo, Juan ve a los santos victoriosos junto a un mar de cristal mezclado con fuego. En sus manos sostienen las arpas de Dios; el cántico que entonan es el de Moisés y el Cordero, y el tema de su canción es la justicia divina. "Grandes y maravillosas son tus obras, Señor Dios Todopoderoso; justos y verdaderos son tus caminos, Rey de los santos. ¿Quién no te temerá, oh Señor, y glorificará tu nombre? pues sólo tú eres santo; por lo cual todas las naciones vendrán y te adorarán, porque tus juicios se han manifestado" (Ap. 15:3-4).

**La compasión de Dios emana de su bondad, y la bondad sin justicia no es bondad.**

La justicia encarna la idea de igualdad moral, y la iniquidad es exactamente lo opuesto a ella; procede de "in-equidad", la ausencia de igualdad en los pensamientos y en los actos humanos. El juicio es la aplicación de la equidad a las situaciones morales, y puede ser favorable o desfavorable dependiendo de si la persona sujeta al examen ha tenido un corazón y una conducta imparciales o inequitativos.

A veces decimos que "La justicia exige que Dios haga esto", refiriéndonos a algún acto que sabemos que Él hará. Esto es un error, tanto de pensamiento como de lenguaje, porque postula un principio de la justicia fuera de Dios, que le obliga a actuar de determinada manera. Por supuesto, este principio no existe. Si lo hubiera, sería superior a Dios, porque solo un poder superior puede obligar a la obediencia. La verdad es que fuera de la naturaleza de Dios no existe nada (y nunca puede haberlo) que pueda obligarlo en el más mínimo grado. Todos los motivos de Dios proceden de su ser increado. Al ser de Dios, desde la eternidad, no se ha añadido ni se ha quitado nada, y tampoco ha cambiado nada.

Cuando usamos el término "justicia" para hablar de Dios, es el nombre que le damos a la forma de ser de Dios, nada más; y cuando Dios actúa con justicia, no lo hace para adaptarse a algún criterio independiente, sino sencillamente porque así es como le lleva a actuar su naturaleza en un momento dado. Igual que el oro es un elemento por sí mismo y nunca puede cambiar ni menoscabar su esencia, sino que es oro se encuentre donde se encuentre, Dios es Dios, siempre, solo y plenamente Dios, y nunca puede ser otra cosa que lo que es. En este universo todo es bueno en tanto en cuanto se conforme con la naturaleza de Dios, y malo cuando no lo haga. Dios es su propio principio de equidad moral, que existe por sí mismo, y cuando sentencia a los malvados o recompensa a los justos, simplemente actúa como es Él, desde dentro, sin que le influya nada que no sea Él mismo.

Todo esto parece (y solo parece) destruir la esperanza de justificación para el pecador arrepentido. El filósofo y santo cristiano Anselmo, arzobispo de Canterbury, buscó una solución a la contradicción aparente entre la justicia de Dios y su misericordia. Le preguntó a Dios: "¿Cómo tienes piedad del malhechor si eres todo justo y supremamente justo?". Entonces miró directamente a Dios para recibir respuesta, porque sabía que radicaba *en lo que Dios es.* Las conclusiones de Anselmo se pueden parafrasear de la siguiente manera: el ser de Dios es unitario; no está compuesto por una serie de partes que actúan en armonía, sino solamente de una. En su justicia no hay nada que impida el ejercicio de su misericordia. Pensar en Dios, como lo hacemos a veces, como un juez amable en un tribunal que, obligado por la ley, con lágrimas en los ojos y disculpándose, sentencia a un hombre a la muerte, es pensar de un modo totalmente indigno del Dios verdadero. Dios nunca actúa contrariamente a su voluntad. Ninguno de los atributos de Dios se contradice con otro de ellos.

La compasión de Dios emana de su bondad, y la bondad sin justicia no es bondad. Dios nos perdona la vida porque es bueno, pero no podría ser bueno si no fuera justo. Anselmo llega a la conclusión de que, cuando Dios castiga a los malvados, es justo porque es coherente con lo que ellos merecen; y, cuando tiene piedad de ellos, es justo porque esto es compatible con su bondad, de modo que Dios hace lo que le corresponde en su calidad de Dios supremamente bueno. Esta es la razón que busca comprender, no para creer sino precisamente porque ya cree.

**Dios nos perdona la vida porque es bueno, pero no podría ser bueno si no fuera justo.**

Una solución más sencilla y familiar al problema de cómo puede Dios ser justo y aun así justificar a los injustos es la que hallamos en la doctrina cristiana de la redención. Esta dice que, por medio de la obra de Cristo en la expiación, cuando Dios no castiga a un pecador, la justicia no se viola, sino que se satisface. La teología de la redención enseña que la misericordia no se vuelve efectiva hacia un hombre hasta que la justicia ha hecho su obra. La paga justa por el pecado se cobró cuando

Cristo, nuestro sustituto, murió por nosotros en la cruz. Por desagradable que suene esto al oído del hombre natural, siempre ha sido dulce al oído de la fe. Millones de personas han sido transformadas moral y espiritualmente por este mensaje, han llevado vidas de gran poder moral y han muerto, al final, confiando apaciblemente en Él.

Este mensaje de justicia satisfecha y misericordia operativa es más que una agradable teoría teológica; anuncia un hecho que nuestra necesidad humana vuelve ineludible. Debido a nuestro pecado estamos todos bajo sentencia de muerte, un juicio que se produjo cuando la justicia abordó nuestro estado moral. Cuando la equidad infinita se topó con nuestra iniquidad crónica y voluntaria, se produjo una violenta lucha entre las dos, una guerra que Dios ganó y que siempre ganará. Pero cuando el pecador arrepentido acude a Cristo para recibir salvación, la situación moral se invierte. La justicia aborda el estado modificado y decreta que el creyente es justo. Así, la justicia se pasa al bando de los hijos de Dios que confían en Él. Este es el significado de las osadas palabras del apóstol Juan: "Si confesamos nuestros pecados, él es fiel y justo para perdonar nuestros pecados, y limpiarnos de toda maldad" (1 Jn. 1:9).

**La paga justa por el pecado se cobró cuando Cristo, nuestro sustituto, murió por nosotros en la cruz.**

Sin embargo, la justicia de Dios se enfrenta para siempre al pecador con una severidad absoluta. La esperanza difusa y tenue de que Dios es demasiado bueno como para castigar a los impíos se ha convertido en el opio mortal de la conciencia de millones de personas. Apacigua sus temores y les permite practicar todo tipo agradable de iniquidad, mientras la muerte se aproxima y no hacen caso del mandamiento de arrepentirse. Siendo como somos seres morales responsables, no nos atrevemos a descuidar así nuestro futuro eterno.

*Jesús, tu sangre y tu justicia,*
*belleza mía son, y vestido glorioso;*
*entre los mundos ardientes,*
*de ellas revestido,*
*con gozo mi cabeza levantaré.*

*Osado asistiré a tu gran día,*
*pues, ¿quién acusarme podrá?*
*Absuelto me hallo por medio de estas,*
*del pecado y del miedo,*
*la culpa y la vergüenza.*
—Conde N. L. von Zinzendorf

# 3

# La misericordia de Dios

*Padre santo, tu sabiduría provoca nuestra admiración, tu poder nos llena de temor, tu omnipresencia convierte cada lugar de la tierra en tierra santa. Pero ¿cómo podremos agradecerte lo bastante tu misericordia, que llega hasta la parte más profunda de nuestra necesidad, que nos da belleza por cenizas, óleo de alegría en vez de luto, y vestido de alabanza en lugar de espíritu de pesadumbre? Bendecimos y exaltamos tu misericordia, por medio de Jesucristo nuestro Señor. Amén.*

Cuando por medio de la sangre del pacto eterno, nosotros, los hijos de las sombras, alcancemos por fin nuestro hogar en la luz, tendremos mil cuerdas en nuestras arpas, pero seguramente la más dulce será la que esté sintonizada para expresar con la mayor perfección la misericordia de Dios.

Porque, ¿con qué derecho estaremos allí? ¿Acaso por nuestros pecados no participamos en aquella rebelión impía que intentó, temerariamente, destronar al Rey glorioso de la creación? ¿Y acaso en tiempos pasados no caminamos conforme al curso de este mundo, según el príncipe maligno de la potestad del aire, el espíritu que ahora obra en los hijos de desobediencia? ¿Y no vivimos en otro tiempo en los deseos de nuestra carne? ¿Y no éramos por naturaleza hijos de ira como los demás? (ver Ef. 2:2-3). Pero nosotros, que en otro tiempo fuimos enemigos y estábamos alienados en nuestra mente debido a las malas obras (ver Col. 1:21), entonces veremos a Dios cara a cara, y su nombre estará en nuestras frentes (ver Ap. 22:4). Aquellos que nos ganamos el destierro disfrutaremos de comunión; quienes merecemos el sufrimiento del infierno conoceremos la bendición del cielo. Y todo esto se debe a la tierna misericordia de nuestro Dios, mediante la cual nos ha visitado la Aurora de lo alto.

*Cuando tus misericordias, oh Dios mío,*
*mi alma ve si a ti se acerca,*
*transportado por esa visión, yo me pierdo*
*en asombro, amor y en alabanza.*
—Joseph Addison

La misericordia es un atributo de Dios, una energía infinita e inagotable dentro de la naturaleza divina que predispone a Dios a ser compasivo de forma activa. Tanto el Antiguo como el Nuevo Testamento proclaman la misericordia de Dios, pero el Antiguo tiene como cuatro veces más que decir sobre ella que el Nuevo.

Debemos desterrar para siempre de nuestra mente el concepto frecuente, pero erróneo, de que la justicia y el juicio caracterizan al Dios de Israel, mientras que la misericordia y la gracia son propias del Señor de la Iglesia. En realidad, en principio no existe ninguna diferencia entre el Antiguo y el Nuevo Testamento. En las Escrituras del Nuevo Testamento encontramos un desarrollo más pleno de la verdad redentora, pero en ambas dispensaciones habla un solo Dios, y lo que dice encaja con quién es Él. En todo momento y lugar en que Dios aparece a los hombres, actúa tal como es. Ya sea en el huerto de Edén como en el de Getsemaní, Dios es tan misericordioso como justo. Siempre ha tratado a la humanidad con misericordia, y siempre actúa en justicia con quien rechaza esa misericordia. Esto es lo que hizo en los tiempos antediluvianos; también cuando Cristo caminó entre los hombres. Así hace hoy y seguirá haciéndolo por el único motivo de que es Dios.

**La misericordia no es un estado de ánimo pasajero sino un atributo del ser eterno de Dios.**

Si lográsemos recordar que la misericordia no es un estado de ánimo pasajero sino un atributo del ser eterno de Dios, ya no temeríamos que un día desapareciera. La misericordia nunca tuvo un principio, sino que existió desde la eternidad; de modo que jamás tendrá fin. Nunca será más, porque en sí misma es infinita; y nunca será menos, porque lo infinito no puede reducirse. Nada de lo que haya ocurrido u ocurrirá en los cielos, la tierra o el infierno pueden alterar las misericordias de nuestro Dios. Su misericordia permanece para siempre, es una inmensidad ilimitada, sobrecogedora de piedad y de compasión divinas.

De igual manera que el juicio es la justicia de Dios que se enfrenta a la iniquidad moral, la misericordia es la bondad de Dios que se enfrenta al sufrimiento y a la culpabilidad humanos. Si no hubiera culpa en este mundo, ni sufrimiento ni lágrimas, Dios seguiría siendo infinitamente misericordioso; pero es posible que su misericordia permaneciese oculta en su corazón, desconocida para el universo creado. Nadie levantaría la voz para celebrar una misericordia de la que nadie sentiría la necesidad. Lo que demanda la misericordia divina es la miseria y el pecado humanos.

"¡*Kyrie eleison*! ¡*Christe eleison*!", ha rogado la Iglesia a través de los siglos; pero si no me equivoco, detecto en la expresión de este ruego una nota de tristeza y de desespero. Este clamor lastimero, repetido con tanta frecuencia con ese tono de desaliento resignado, nos induce a pensar que suplica recibir un beneficio que, en realidad, no espera recibir jamás. Puede que siga cantando fielmente sobre la grandeza de Dios y recitando los credos en innumerables ocasiones, pero su petición de misericordia suena como una esperanza desolada, nada más, como si la misericordia divina fuera un don celestial que podemos anhelar pero que en realidad nunca disfrutaremos.

Nuestra incapacidad de captar el gozo puro de la misericordia experimentada conscientemente, ¿podría ser el resultado de nuestra incredulidad, de nuestra ignorancia o de ambas cosas? En Israel fue así en otro tiempo. "Porque yo les doy testimonio de que tienen celo de Dios, pero no conforme a ciencia", testificó Pablo hablando de Israel (Ro. 10:2). Fracasaron porque había al menos una cosa que no sabían, una cosa que hubiera supuesto la gran diferencia. Y hablando de Israel en el desierto, el escritor de Hebreos dice: "pero no les aprovechó el oír la palabra, por no ir acompañada de fe en los que la oyeron" (He. 4:2). Para recibir misericordia, primero debemos saber que Dios es misericordioso. Y no basta con creer que una vez manifestó su misericordia a Noé, Abraham o David, y que volverá a manifestarla en algún día futuro y feliz. Debemos creer que la misericordia de Dios es ilimitada, gratuita y que, por medio de Jesucristo nuestro Señor, tenemos acceso a ella ahora, en nuestras circunstancias presentes.

**Nada de lo que haya ocurrido u ocurrirá en los cielos, la tierra o el infierno pueden alterar las misericordias de nuestro Dios.**

Podemos pasarnos la vida suplicando misericordia y sumidos en la incredulidad y, al final de nuestros días, no tener más que la triste esperanza de que la recibiremos en algún lugar y en algún momento. Esto supone morirse de hambre a las puertas de la sala de banquetes a la que nos han invitado cariñosamente. O también podemos, si queremos, descansar en la misericordia de Dios por fe, entrar en la sala y sentarnos junto a las almas valientes y ávidas que no permitirán que la falta de confianza en sí mismas y la incredulidad las aparten del festín abundante preparado para ellas.

*Levántate, mi alma, álzate ya,*
*abandona tus miedos y culpas;*
*el sacrificio cruento*
*en mi provecho acude;*
*ante el trono está mi Valedor,*
*mi nombre escrito en sus manos está.*

*Mi Dios me ha reconciliado;*
*oigo su voz que perdona;*
*me reconoce cual hijo;*
*temor no puedo tener.*
*Con confianza me acerco*
*y "¡Padre, Abba, Padre!", proclamo.*
—Charles Wesley

4

# La soberanía de Dios

*¿Quién no te temerá, Jehová Dios de los ejércitos, el más alto y temible? Pues tú y solo tú eres el Señor. Tú has creado los cielos, y los cielos de los cielos, la tierra y todas las cosas que hay en ella, y en tu mano está el alma de todo ser viviente. Te sientas cual rey sobre el diluvio; sí, eres Rey para siempre. Eres un gran Rey sobre toda la tierra. Estás vestido de fortaleza; la honra y la majestad están delante de ti. Amén.*

La soberanía de Dios es el atributo mediante el cual gobierna toda la creación y, para ser soberano, Dios tiene que ser omnisciente, omnipotente y totalmente libre. Los motivos son los siguientes:

Si hubiera un solo dato, por pequeño que fuera, desconocido para Dios, su gobierno se vendría abajo en ese punto. Para ser el Señor sobre toda la creación, debe poseer todo el conocimiento. Y si Dios estuviera privado de una parte infinitesimal del poder, esa carestía acabaría con su mandato y desharía su reino; ese átomo perdido de poder pertenecería a otro, y Dios sería un gobernante limitado y, por lo tanto, no sería Soberano.

Además, su soberanía exige que sea absolutamente libre, lo cual significa, sencillamente, que debe ser libre para hacer lo que desee, en cualquier lugar y momento, para cumplir su propósito eterno hasta en el más mínimo detalle, sin interferencia alguna. Si fuera algo menos que libre, sería algo menos que Soberano.

Asimilar la idea de una libertad absoluta exige un esfuerzo

intenso de la mente. No estamos condicionados psicológicamente para comprender la libertad excepto en sus formas imperfectas. Nuestros conceptos de ella se han visto conformados en un mundo donde no existe la libertad completa. Aquí, todo objeto natural depende de muchos otros objetos, y esa dependencia limita su libertad.

Wordsworth, al principio de su "Preludio", se regocijaba por haber huido de la ciudad donde había estado retenido durante mucho tiempo, y de que ahora era "libre, libre como un pájaro para posarme donde quiera". Pero ser libre como un pájaro no supone en absoluto ser libre. El naturalista sabe que ese ave supuestamente libre se pasa toda la vida en una jaula hecha de temores, hambre e instintos; está limitada por las condiciones atmosféricas, las variaciones en la presión del aire, el suministro local de alimentos, los animales depredadores y la más extraña de las ataduras: el impulso irresistible a permanecer dentro de esa pequeña parcela de tierra y aire que le asignen las otras aves. El pájaro más libre que imaginemos está sometido, junto con cualquier otro ser creado, a una red de necesidades. Solo Dios es libre.

Decimos que Dios es absolutamente libre porque nada ni nadie puede impedirle actuar, obligarle a ello o detenerle. Puede hacer lo que le plazca siempre y en todo lugar, para siempre. Ser así de libre significa también que debe poseer una autoridad universal. Ya sabemos, gracias a las Escrituras, que tiene un poder ilimitado, y podemos deducirlo partiendo de algunos otros de sus atributos. Pero ¿qué decir de su autoridad?

Ya el mero hecho de hablar de la autoridad del Dios Todopoderoso parece un poco absurdo, y cuestionarla sin duda lo sería. ¿Podemos imaginar que el Señor Dios de los ejércitos tuviera que pedir permiso a alguien o apelar a alguien superior a Él? ¿A quién acudiría Dios para pedir permiso? ¿Quién es más alto que el Altísimo? ¿Quién es más poderoso que el Todopoderoso?

¿Qué posición antecede a la del Eterno? ¿Ante qué trono se postraría Dios? ¿Dónde hay alguien mayor que Él a quien deba apelar? "Así dice Jehová Rey de Israel, y su Redentor, Jehová de los ejércitos: Yo soy el primero, y yo soy el postrero, y fuera de mí no hay Dios" (Is. 44:6).

La soberanía de Dios es un hecho bien establecido en las Escrituras, y la lógica de la verdad lo declara con voz muy firme. Pero sin duda plantea determinados problemas que hasta este momento no se han resuelto satisfactoriamente. Sobre todo, hay dos.

**Para ser soberano, Dios tiene que ser omnisciente, omnipotente y totalmente libre.**

El primero es la presencia en la creación de aquellas cosas que Dios no puede aprobar, como el mal, el sufrimiento y la muerte. Si Dios es soberano, podría haber evitado que existieran. ¿Por qué no lo hizo?

El *Zend-Avesta*, el libro sagrado del zoroastrismo, la más elevada de todas las religiones no bíblicas, sorteó esta dificultad elegantemente al postular un dualismo teológico. Había dos dioses, Ormazd y Ahriman, y entre los dos crearon el mundo. El buen dios Ormazd hizo todas las cosas buenas y el perverso Ahriman, el resto de ellas. Era bastante sencillo. Ormazd no tenía ninguna soberanía de la que preocuparse y, aparentemente, no le importaba compartir sus prerrogativas con otro.

Para los cristianos, esta explicación no es válida porque contradice directamente la verdad que se enseña con tanto énfasis en toda la Biblia: que hay un solo Dios, y que Él solo creó los cielos, la tierra y todas las cosas que hay en ellos. Los atributos de Dios imposibilitan la existencia de otro dios. El cristiano admite que no tiene la respuesta definitiva al misterio del mal permitido, pero sabe cuál no es esa respuesta. Y sabe que el *Zend-Avesta* tampoco la tiene.

Aunque no podemos ofrecer una explicación completa del origen del mal, hay algunas cosas que sí sabemos. En su sabiduría soberana, Dios ha permitido que exista el mal en áreas estrictamente delimitadas de su creación, como una especie de fugitivo fuera de la ley cuyas actividades son temporales y tienen un alcance limitado. Al hacer esto, Dios ha actuado conforme a su sabiduría y su bondad infinitas. En el presente nadie sabe más que esto, y nadie necesita saber más. El nombre de Dios es garantía suficiente de la perfección de sus obras.

Otro problema real que crea la doctrina de la soberanía divina tiene que ver con la voluntad del ser humano. Si Dios gobierna este universo mediante sus decretos soberanos, ¿cómo es posible que el hombre tenga libre albedrío? Y si no puede ejercer su libre albedrío, ¿cómo se le puede considerar responsable de su conducta? ¿Acaso no es más que un simple títere cuyos actos están determinados por un Dios que, tras el telón, tira de los hilos como más le complace?

El intento de responder a estas preguntas ha dividido a la Iglesia cristiana en dos bandos muy delimitados, que se han bautizado con los nombres de dos teólogos famosos: Jacobo Arminio y Juan Calvino. La mayoría de cristianos se limita a apuntarse a uno de los dos bandos y negar, o bien la soberanía de Dios, o bien el libre albedrío del ser humano. Sin embargo, parece posible reconciliar estas dos posturas sin violentar ninguna de ellas, aunque la opción que propondré ahora pueda parecer insuficiente a los partidarios de una o de otra postura.

Mi opinión es esta: Dios decretó en su soberanía que el ser humano fuera libre para ejercer su decisión moral y, desde el principio, el hombre ha cumplido este mandato al elegir entre el bien y el mal. Cuando opta por hacer el mal, no prevalece contra la voluntad de Dios, sino que la cumple, porque el decreto eterno no estipuló qué decisión debería tomar el hombre, sino solo que debía ser libre para tomarla. Si en su libertad absoluta, Dios ha decidido otorgar al ser humano una libertad limitada, ¿quién puede detener su mano o decirle "qué haces"? La voluntad del ser humano es libre porque Dios es soberano. Un Dios menos soberano no daría a sus criaturas la libertad de decisión moral; tendría miedo de dársela.

**La soberanía de Dios es un hecho bien establecido en las Escrituras,**

Quizá una ilustración sencilla nos ayude a comprender esto. Un trasatlántico zarpa de Nueva York con destino a Liverpool. Las autoridades pertinentes han determinado el rumbo que debe seguir. Nada puede alterarlo. Esta es, al menos, una imagen difusa de la soberanía.

A bordo del trasatlántico hay muchos grupos de pasajeros. No están encadenados, y ningún decreto ha determinado a qué actividades se tienen que dedicar. Son completamente libres para ir de un lado a otro como lo deseen. Comen, duermen, juegan, se pasean por cubierta, leen, charlan, se relacionan entre ellos como desean; pero, entre tanto, el gran trasatlántico los lleva sin vacilar hacia un puerto predeterminado.

Aquí están presentes la libertad y la soberanía, y no se contradicen mutuamente. Esto es lo que pasa, creo yo, con la libertad del hombre y la soberanía de Dios. El poderoso trasatlántico del designio soberano de Dios mantiene su rumbo firme por los mares de la historia. Dios avanza, sin que nadie le moleste ni le impida el paso, hacia el cumplimiento de esos propósitos eternos que tuvo en Cristo Jesús antes de la fundación del mundo. No sabemos todo lo que incluyen esos propósitos, pero se nos ha revelado lo suficiente como para proporcionarnos un esbozo general de las cosas venideras, y para darnos buenas esperanzas y una firme seguridad del bienestar futuro.

Sabemos que Dios cumplirá todas las promesas hechas a los profetas; sabemos que algún día el mundo será limpiado de pecadores; sabemos que una compañía rescatada entrará en el gozo de Dios y que los justos relucirán en el reino de su Padre; sabemos que las perfecciones de Dios recibirán la aclamación universal, que toda inteligencia creada reconocerá a Jesucristo como Señor para gloria de Dios Padre, que el orden imperfecto presente desaparecerá, y que se establecerán para siempre un nuevo cielo y una nueva tierra.

Dios avanza hacia esta meta con su infinita sabiduría y con una precisión perfecta de su actividad. Nadie puede disuadirle de sus propósitos; nada puede desviarlo de sus planes. Dado que es omnisciente, no puede haber circunstancias imprevistas ni accidentes. Como es soberano, no puede haber contraórdenes ni una merma de su autoridad; y como es omnipotente, no puede haber falta de poder para alcanzar los fines que se ha propuesto. Dios es suficiente en sí mismo para todo esto.

Entre tanto, las cosas no son tan apacibles como puede sugerir este esbozo rápido. "Porque ya está en acción el misterio de la iniquidad" (2 Ts. 2:7). Dentro del amplio campo de la voluntad soberana y permisiva de Dios, la lucha mortal entre el bien y el mal sigue librándose con una furia cada vez mayor. Dios seguirá saliéndose con la suya en medio del torbellino y de la tormenta (Nah. 1:3), pero la tormenta y el torbellino están ahí, y nosotros, como seres responsables, debemos tomar nuestras decisiones en medio de la circunstancia moral presente.

Hay determinadas cosas que han sido decretadas por la libre determinación de Dios, y una de ellas es la ley de la elección y sus consecuencias. Dios ha decretado que todos los que se comprometan voluntariamente con su Hijo Jesucristo dentro de la obediencia de la fe recibirán la vida eterna y serán hijos de Dios. También ha decretado que todos los que aman las tinieblas y siguen siendo rebeldes a la alta autoridad del cielo permanecerán en un estado de alienación espiritual y padecerán la muerte eterna.

Reduciendo todo este asunto a sus términos individuales, llegamos a algunas conclusiones vitales y muy personales. En el conflicto moral que se libra a nuestro alrededor, quien esté de parte de Dios está en el bando ganador y no puede perder; quien esté en el otro bando se encuentra en el equipo perdedor, y no puede ganar. No hay azar alguno, no hay apuestas. Tenemos libertad para elegir en qué bando estaremos, pero no para negociar los resultados de la decisión una vez se haya tomado. Por la misericordia de Dios podemos arrepentirnos de una mala decisión y alterar las consecuencias tomando una decisión nueva y acertada. No podemos ir más allá.

Todo este asunto de la elección moral gira en torno a Jesucristo. Cristo lo dijo claramente: "el que no es conmigo, contra mí es" (Mt. 12:30), y "nadie viene al Padre, sino por mí" (Jn. 14:6). El mensaje del evangelio incluye tres elementos claros: un anuncio, un mandamiento y un llamado. Anuncia las buenas noticias de redención alcanzadas por la misericordia; ordena a todos los hombres, en todas partes, que se arrepientan; y llama a los seres humanos a someterse a los términos de la gracia creyendo en Jesucristo como Señor y Salvador.

Todos debemos decidir si obedeceremos el evangelio o nos apartaremos presa de la incredulidad, rechazando su autoridad. La decisión es nuestra, pero las consecuencias de esa decisión ya han quedado determinadas por la voluntad soberana de Dios, y frente a esto no cabe apelación alguna.

*El Señor de lo alto descendió,*
*se inclinaron ante él los cielos más excelsos;*
*y bajo sus pies él colocó*
*las tinieblas siderales.*

*En querubín y en serafín*
*glorioso cabalgó,*
*y en alas del potente viento*
*volando descendió.*

*Sereno sobre el diluvio se sentó,*
*su furia así contuvo;*
*y como Soberano y Rey*
*por siempre reinará.*
—Paráfrasis de un salmo, Thomas Sternhold

5

# El olvidado

*"Mas el Consolador, el Espíritu Santo...".*

Juan 14:26

Al ignorar o negar la deidad de Cristo, los liberales han cometido un trágico error, porque no les deja nada más que un Cristo imperfecto cuya muerte fue un simple martirio y cuya resurrección es un mito. Los que siguen a un mero Salvador humano no siguen a ningún Salvador real, sino solo a un ideal, y además uno que no puede hacer nada más que burlarse de las debilidades y de los pecados de quienes les siguen. Si el hijo de María no era el Hijo de Dios en un sentido en que no lo es ningún otro hombre, la raza humana ya no puede tener esperanza. Si aquel que se llamó "la luz del mundo" no fue más que una antorcha vacilante, la oscuridad que rodea el mundo ha llegado para quedarse. Los llamados líderes cristianos se encogen de hombros, pero su responsabilidad hacia las almas de su grey no se puede eliminar con un mero encogimiento. Dios les pasará cuentas por el daño que han hecho a las personas sencillas que confiaron en ellos como guías espirituales.

Sin embargo, por muy culpable que sea el acto de los liberales cuando niegan la deidad de Cristo, nosotros, que nos enorgullecemos de nuestra ortodoxia, no debemos permitir que nuestra indignación nos impida ver nuestros propios errores. Sin duda no vivimos en un momento en que podamos felicitarnos, porque también nosotros, en los últimos años, hemos cometido un costoso error en la religión, un error equiparable estrechamente al de los liberales. Nuestro error (¿o podemos ser sinceros y llamarle "pecado"?) ha sido descuidar la doctrina del Espíritu hasta un punto en que prácticamente le negamos su lugar en la Trinidad. Esta negación no se ha plasmado en una afirmación doctrinal abierta, porque en lo relativo a nuestros dogmas de fe nos hemos aferrado con bastante fuerza a la postura bíblica. Nuestro credo formal es sólido; *el problema radica en nuestro credo práctico.*

No es una distinción sin importancia. Una doctrina solo tiene valor práctico siempre que *sea prominente en nuestro pensamiento y suponga una diferencia en nuestras vidas.* Según este baremo, la doctrina del Espíritu Santo tal como la sostienen hoy día los cristianos evangélicos casi no tiene valor práctico. En la mayoría de iglesias cristianas, el Espíritu apenas se tiene en cuenta. No supone ninguna diferencia real si está presente o ausente. Se hace una referencia breve a Él en la Doxología y en la Bendición. Aparte de eso, es como si no existiera. Le ignoramos hasta tal punto que si nos llamamos trinitarios, es solo por educación. La doctrina cristiana de la Trinidad afirma osadamente la igualdad de las tres Personas y el derecho que tiene el Espíritu Santo a ser adorado y glorificado. Todo lo que no esté a esa altura no es trinitarismo.

Nuestro descuido de la doctrina de la bendita tercera Persona ha tenido y tiene consecuencias graves. Y es que la doctrina es como dinamita; antes de liberar su poder debe tener el énfasis suficientemente agudo como para detonarla. Si no es así, puede aguardar en silencio en un rincón de nuestras mentes durante toda nuestra vida, sin producir efecto alguno. La doctrina del Espíritu es dinamita enterrada. Su poder espera que la Iglesia lo descubra y lo utilice. El poder del Espíritu no se concederá a la aceptación cursi de una verdad pneumatológica. Al Espíritu Santo no le importa en absoluto si le incluimos en nuestro credo al final de nuestros himnarios; espera nuestro *énfasis*. Cuando se introduzca en el pensamiento de los maestros, llegará a las expectativas de los oyentes. Cuando el Espíritu Santo deje de ser secundario y vuelva a ser fundamental, el pueblo que se llama "cristiano" volverá a afirmar su poder.

**Si aquel que se llamó "la luz del mundo" no fue más que una antorcha vacilante, la oscuridad que rodea el mundo ha llegado para quedarse.**

El concepto del Espíritu sostenido por el miembro medio de cualquier iglesia es tan difuso que prácticamente no existe. Cuando piensa en el tema, es probable que intente imaginar una sustancia nebulosa, como una nubecilla de humo invisible que, se nos dice, está presente en las iglesias y se cierne sobre las buenas personas cuando se están muriendo. Francamente, alguna de esas personas no cree nada de eso, pero quiere creer en algo y, como no se ve a la altura de la tarea que supone examinar toda la verdad a la luz de las Escrituras, llega a un acuerdo aceptando la creencia en el Espíritu en un lugar tan distante del centro de su vida como sea posible, sin permitir que suponga diferencia alguna para nada de lo que le afecte en el terreno práctico. Esto describe a un número sorprendentemente alto de personas sinceras que procuran de corazón ser cristianos.

Ahora bien, ¿cómo hemos de pensar en el Espíritu? Una respuesta completa exigiría una docena de tomos. Como mucho, solo podemos señalar a la "unción de la gracia celestial", y esperar que el propio deseo del lector proporcione el estímulo necesario para inducirle a conocer a la bendita tercera Persona por sí mismo.

Si entiendo correctamente el registro de la experiencia cristiana a través de los años, quienes disfrutaron en mayor medida del poder del Espíritu son quienes menos tuvieron que decir de

Él mediante una definición formal. El santo bíblico que caminaba en el Espíritu nunca intentó explicarlo. En las épocas posbíblicas, muchos que fueron llenos del Espíritu y dominados por Él no pudieron, debido a las limitaciones de su talento literario, decirnos mucho sobre su Persona. No tenían el don del autoanálisis, sino que vivieron con una sencillez carente de crítica. Para ellos, el Espíritu era alguien a quien amar y con quien tener comunión, como se tiene con el propio Señor Jesús. Se habrían perdido completamente en cualquier debate metafísico sobre la naturaleza del Espíritu, pero no tuvieron ningún problema para reclamar el poder del Espíritu para llevar una vida santa y tener un servicio fructífero.

Esto es como debería ser. En la vida real, la experiencia personal debe ser siempre lo primero. Lo más importante es que experimentemos la realidad usando el método más corto y directo. Un niño puede tomar alimentos nutritivos sin saber nada de química ni de dietética. Un muchacho campesino puede disfrutar el deleite del amor puro sin haber oído hablar en su vida de Sigmund Freud o de Havelock Ellis. El conocimiento por experiencia siempre es mejor que el mero conocimiento por descripción, y el primero no presupone el segundo ni lo exige.

En el entorno de la religión, más que en cualquier otro campo de la experiencia humana, debemos hacer siempre una distinción clara entre *saber sobre* y *conocer*. La distinción es la misma que hay entre saber cosas sobre los alimentos o comerlos. Un hombre puede saberlo todo sobre el pan y aun así morirse de hambre, y un hombre puede estar espiritualmente muerto aunque conozca todos los datos históricos sobre el cristianismo. "Y esta es la vida eterna: que te conozcan a ti, el único Dios verdadero, y a Jesucristo, a quien has enviado" (Jn. 17:3). Solo tenemos que modificar un verbo de este versículo para entender la enorme diferencia que existe entre saber sobre algo y conocer algo. "Y esta es la vida eterna: que *sepan de* ti, el único Dios verdadero, y *de* Jesucristo, a quien has enviado". Esta simple modificación marca la gran diferencia entre la vida y la muerte, porque llega hasta la misma raíz del versículo y altera su teología de una forma tan radical como vital.

A pesar de eso, no queremos subestimar la importancia que tiene saber cosas sobre algo. Su valor radica en su capacidad de provocarnos el deseo de conocerlo por propia experiencia. Así, el conocimiento por descripción puede llevar al conocimiento por experiencia. Digo que *puede* llevar, pero no necesariamente. Es decir, no nos atrevamos a llegar a la conclusión de que, por el mero hecho de aprender cosas sobre el Espíritu, lo conocemos. El conocimiento del Espíritu solo llega cuando tenemos un encuentro personal con el propio Espíritu Santo.

**La doctrina cristiana de la Trinidad afirma osadamente la igualdad de las tres Personas y el derecho que tiene el Espíritu Santo a ser adorado y glorificado.**

¿Qué podemos pensar del Espíritu? La propia palabra *espíritu* nos dice muchas cosas. "Espíritu" significa un ser que existe en un nivel superior a la materia y más allá de la misma; supone una vida que se sustenta en otro plano. Un espíritu es una sustancia que no tiene peso, ni dimensión, ni tamaño, ni extensión en el espacio. Estas cualidades pertenecen a la materia, y no son aplicables al espíritu. Sin embargo, el espíritu tiene un ser auténtico y es objetivamente real. Si te cuesta imaginar esto, puedes pasarlo por alto, porque en el fondo no es más que un pobre intento de la mente por entender lo que escapa a su capacidad. Y no pasa nada si al pensar en el Espíritu nos vemos atrapados por las limitaciones de nuestro intelecto para revestirle con las imágenes familiares de las formas materiales.

¿Qué podemos pensar del Espíritu? La Biblia y la teología

cristiana están de acuerdo en que es una Persona, dotada de todos los rasgos de la personalidad, como emociones, intelecto y voluntad. Sabe, desea, ama; siente afecto, antipatía y compasión. Piensa, ve, escucha, habla y realiza cualquier acto del que es capaz la personalidad.

Una de las cualidades del Espíritu Santo, que tiene un gran interés y una enorme importancia para todos los corazones que le buscan, es la penetrabilidad. Puede penetrar en la materia, como el cuerpo humano; puede penetrar en la mente; puede penetrar en otro espíritu, como es el humano. Puede realizar una compenetración perfecta con el espíritu humano y relacionarse con él. Puede invadir el corazón humano y hacer espacio para sí mismo sin expulsar nada que sea esencialmente humano. La integridad de la personalidad humana queda intacta. Lo único que se ve obligado a retirarse es el mal moral.

El problema metafísico que esto conlleva no se puede ni eludir ni resolver. ¿Cómo puede entrar una personalidad en otra? La respuesta sincera sería admitir, simplemente, que no lo sabemos, pero un enfoque aproximado para comprenderlo puede ser una sencilla analogía que tomamos prestada de los escritores de antiguos devocionales de hace cientos de años. Ponemos un trozo de hierro en el fuego y avivamos los rescoldos. Al principio tenemos dos sustancias diferentes, hierro y fuego. Cuando insertamos el hierro en el fuego, este penetra en las llamas. Pronto el fuego empieza a penetrar en el hierro, y no solo tenemos el hierro en el fuego sino también el fuego en el hierro. Son dos sustancias distintas, pero se han mezclado y compenetrado hasta tal punto que ambas se vuelven una sola.

De una manera parecida, el Espíritu Santo penetra en nuestros espíritus. Durante toda la experiencia seguimos siendo quienes somos; no se produce la destrucción de nuestra sustancia. Ambos participantes siguen siendo entes separados, como antes; la diferencia es que ahora el Espíritu penetra en nuestra personalidad, llenándola, y *mediante la experiencia somos uno con Dios.*

¿Qué podemos pensar del Espíritu Santo? La Biblia declara que es Dios. Se le atribuye libremente todo rasgo propio del Todopoderoso. Dice que el Espíritu es todo lo que es Dios. El Espíritu de Dios es uno con Dios e igual a Él, de la misma manera que el espíritu del hombre es igual a él y uno con él. Esta verdad se enseña en las Escrituras tantas veces que, sin perjuicio para el argumento, podemos omitir la formalidad de los pasajes de prueba. Incluso la lectura más superficial nos revelará esto.

**Empecemos a pensar en Espíritu Santo como alguien a quien hay que adorar y obedecer.**

La Iglesia histórica, cuando formuló su "norma de fe", incluyó osadamente en su confesión la creencia en la deidad del Espíritu Santo. El Credo de los Apóstoles da testimonio de la fe en el Padre, el Hijo y el Espíritu Santo, y no hace diferencias entre ellos. Los padres que redactaron el Credo de Nicea testificaron, en un pasaje de gran belleza de su fe, en la deidad del Espíritu Santo:

*Y creo en el Espíritu Santo,*
*Señor y Dador de vida,*
*procedente del Padre y del Hijo,*
*el cual, con el Padre y el Hijo,*
*juntamente es adorado y glorificado.*

La controversia arriana del siglo IV obligó a los padres de la Iglesia a afirmar sus creencias con mayor claridad que antes. Entre los escritos importantes que aparecieron en esa época se encuentra el Credo de Atanasio. Para nosotros no tiene mucha importancia quién lo escribió. Fue redactado como un intento de establecer, en tan pocas palabras como fuera posible, qué enseña la Biblia sobre la naturaleza de Dios; y lo hace con una amplitud y una precisión que no encuentra muchos equivalentes en la literatura del mundo. Veamos unas pocas citas relativas a la deidad del Espíritu Santo:

> Porque una es la persona del Padre y el Hijo, y otra (también) la del Espíritu Santo; pero el Padre y el Hijo y el Espíritu Santo tienen una sola divinidad, gloria igual y coeterna majestad... Y en esta Trinidad, nada es antes ni después, nada mayor o menor, sino que las tres personas son entre sí coeternas y coiguales, de tal manera que, como antes se ha dicho, en todo hay que venerar lo mismo la unidad de la Trinidad que la Trinidad en la unidad.

En su himnología sacra, la Iglesia ha admitido libremente la deidad del Espíritu, y en sus cánticos inspirados le ha adorado con una intensidad gozosa. Algunos de nuestros himnos sobre el Espíritu se han vuelto tan familiares que tendemos a pasar por alto su verdadero significado, debido precisamente a esta familiaridad. Uno de esos himnos es "Santo Espíritu, con luz divina"; otro es el más reciente "Ven sobre mí, aliento de Dios"; y hay muchos otros. Lo han cantado con tanta frecuencia personas que no han tenido un conocimiento experiencial de su contenido que, para la mayoría de nosotros, se han vuelto casi frases sin sentido.

**Algunos de nuestros himnos sobre el Espíritu se han vuelto tan familiares que tendemos a pasar por alto su verdadero significado.**

En las obras poéticas de Frederick Faber he encontrado un

himno dedicado al Espíritu Santo que yo considero digno de figurar entre los mejores jamás escritos pero, por lo que sé hasta ahora, no se lo ha adaptado a ninguna melodía, o si se ha hecho, no se canta en ninguna de las iglesias que conozco. ¿Podría deberse a que encarna una experiencia personal del Espíritu Santo tan profunda, tan íntima, tan ardiente, que no encuentra eco en los corazones de los adoradores del movimiento evangélico moderno? Voy a citar tres estrofas:

*¡Fuente de amor! ¡Dios verdadero!*
*¡Quien a través de las eras*
*de Padre y de Hijo ha fluido*
*de manera increada!*

*¡Te temo, amor no engendrado!*
*¡Dios verdadero, única Fuente de gracia!*
*Y ahora, ante tu trono bendito,*
*Mi "yo" pecador humillo.*

*¡Oh, luz! ¡Oh, amor! ¡Oh, Dios mío!*
*Contemplar ya no me atrevo*
*tus sublimes atributos*
*y de tu vida el misterio.*

Estos versos tienen todo lo necesario para ser un gran himno: una teología sólida, una estructura rimada, una belleza lírica, la comprensión elevada de ideas profundas y una carga completa de sentimiento religioso. Sin embargo, nadie los recuerda. Creo que un resurgimiento poderoso del poder del Espíritu entre nosotros abrirá los pozos de la himnología que hace mucho se olvidaron. Y es que el cántico nunca puede traer al Espíritu Santo, pero el Espíritu Santo invariablemente trae el cántico.

Lo que tenemos en la doctrina cristiana del Espíritu Santo es la deidad presente entre nosotros. No es solo el mensajero de Dios; *es Dios.* Es Dios en contacto con sus criaturas, haciendo una obra salvadora y renovadora en ellas y entre ellas.

Las Personas de la Deidad nunca operan separadamente. No nos atrevamos a pensar en ellas de tal modo que "dividamos su sustancia". Todo acto de Dios lo hacen las tres Personas. Dios nunca está presente en una Persona en ausencia de las otras dos. No puede dividirse. Donde está el Espíritu están también el Padre y el Hijo. "Y vendremos a él, y haremos morada con él" (Jn. 14:23). Es posible que, durante un tiempo, y para cumplir determinada obra, una Persona pueda destacar más que las otras, pero nunca está sola. Siempre que Dios está presente, lo está en su totalidad.

Para la pregunta reverente "¿Cómo es Dios?", la respuesta correcta siempre será: "Es como Cristo". Porque Cristo es Dios, y el Hombre que caminó entre los hombres en Palestina era Dios que actuaba como Él mismo en aquella circunstancia familiar en la que le puso su encarnación. Para la pregunta "¿Cómo es el Espíritu?", la respuesta siempre debe ser: "Es como Cristo". Porque el Espíritu es la esencia del Padre y del Hijo. Él es como ellos son. Lo que sentimos por Cristo y por nuestro Padre que está en los cielos es lo mismo que debemos sentir por el Espíritu del Padre y del Hijo.

**El Espíritu Santo es el Espíritu de vida, de luz y de amor.**

El Espíritu Santo es el Espíritu de vida, de luz y de amor. Por su naturaleza increada es un océano ilimitado de fuego, que fluye, que siempre está en movimiento, que obra mientras cumple los propósitos eternos de Dios. Hacia la naturaleza realiza un tipo de obra, hacia el mundo otro y hacia la Iglesia otro distinto. Y cada uno de sus actos encaja con la voluntad del Dios trino. Nunca actúa por impulso, nunca lo hace tras tomar una decisión rápida o arbitraria. Dado que es el Espíritu del Padre, siente exactamente lo mismo que este por su pueblo, de modo que por nuestra parte no debemos sentir ninguna extrañeza en su presencia. Siempre actuará como Jesús: hacia los pecadores con compasión, hacia los santos con un afecto cálido, hacia el sufrimiento humano con la piedad y el amor más tiernos.

Es hora de que nos arrepintamos, porque nuestras transgresiones contra la bendita tercera Persona han sido muchas y graves. Le hemos maltratado amargamente en la casa de sus amigos. Le hemos crucificado en su propio templo, como crucificaron al Hijo eterno en la colina sobre Jerusalén. Y los clavos que usamos no fueron de hierro, sino de esa materia más sutil y preciosa con la que se hace la vida humana. De nuestros corazones extrajimos los materiales refinados de la voluntad, el sentimiento y el pensamiento, y con ellos forjamos los clavos de la sospecha, la rebelión y el olvido. Durante días y días sin fin le entristecimos y le apagamos mediante nuestros pensamientos indignos y nuestra actitud hostil hacia Él.

El arrepentimiento más verdadero y aceptable consiste en invertir los actos y las actitudes de los que nos arrepentimos. Pasar mil años con remordimientos por un acto no complacerá tanto a Dios como un cambio de conducta y una vida reformada. "Deje el impío su camino, y el hombre inicuo sus pensamientos, y vuélvase a Jehová, el cual tendrá de él misericordia, y al Dios nuestro, el cual será amplio en perdonar" (Is. 55:7).

La mejor manera de arrepentirnos de nuestra negligencia es dejar de pasarle por alto. Empecemos a pensar en el Espíritu Santo como alguien a quien hay que adorar y obedecer. Abramos todas las puertas e invitémosle a entrar. Entreguemos a Él todas las habitaciones del templo de nuestros corazones, e insistamos en que entre y ocupe su lugar como Señor y Dueño de su propia casa. Y recordemos que se siente tan atraído por el dulce nombre de Jesús como las abejas por el aroma que desprende el trébol. Se moverá libremente, complacido y sintiéndose como en casa en todos los lugares en que se glorifique a Cristo.

6

# La iluminación del Espíritu

*Respondió Juan y dijo: No puede el hombre recibir nada, si no le fuere dado del cielo.*

Juan 3:27

Aquí, en una frase breve, están contenidas la esperanza y la desesperanza de la humanidad. "No puede el hombre recibir nada". Partiendo del contexto, sabemos que Juan habla de la verdad espiritual. Nos dice que existe cierto tipo de verdad que el intelecto nunca puede comprender, porque el intelecto existe para asimilar ideas, y esta verdad no es una idea sino una vida. La verdad divina tiene la naturaleza del espíritu, y por este motivo solo se puede recibir mediante una revelación espiritual. "Si no le fuere dado del cielo".

Lo que Juan expone aquí no era una doctrina nueva, sino una ampliación de una verdad que ya había enseñado el Antiguo Testamento. El profeta Isaías, por ejemplo, escribió este pasaje: "Porque mis pensamientos no son vuestros pensamientos, ni vuestros caminos mis caminos, dijo Jehová. Como son más altos los cielos que la tierra, así son mis caminos más altos que vuestros caminos, y mis pensamientos más que vuestros pensamientos" (Is. 55:8-9). Quizá el significado que tuvo esto para sus lectores fue, simplemente, que los pensamientos de Dios, aunque son parecidos a los nuestros, son más elevados, y sus caminos están tan por encima de los nuestros como es propio de Aquel cuya sabiduría es infinita y cuyo poder es ilimitado. Ahora Juan dice claramente que los pensamientos de Dios no son solo cuantitativamente más grandes que los nuestros, sino que cualitativamente son totalmente distintos a los nuestros. Los pensamientos de Dios pertenecen al mundo del espíritu, los del hombre al mundo del intelecto, y aunque el espíritu puede abarcar el intelecto, el intelecto humano nunca puede comprender el espíritu. Los pensamientos del hombre no pueden llegar hasta los de Dios. "¡Cuán insondables son sus juicios, e inescrutables sus caminos!" (Ro. 11:33).

Dios hizo al hombre a su imagen y puso en su ser un órgano por medio del cual pudiera conocer las cosas espirituales. Cuando el ser humano pecó, ese órgano murió. "Muertos en sus pecados" no es una descripción del cuerpo ni del intelecto, sino del órgano que permitía el conocimiento de Dios en el alma humana. Ahora los hombres se ven obligados a depender de otro órgano inferior, y que además no está ni mucho menos a la altura de su propósito. Por supuesto, me refiero a la mente como sede de las capacidades de la razón y el entendimiento.

Mediante la razón, el hombre no puede conocer a Dios; solo puede *saber de* Dios. Por medio de la luz de la razón se pueden descubrir algunos hechos importantes sobre Dios. "Porque lo que de Dios se conoce les es manifiesto, pues Dios se lo manifestó. Porque las cosas invisibles de él, su eterno poder y deidad, se hacen claramente visibles desde la creación del mundo, siendo entendidas por medio de las cosas hechas, de modo que no tienen excusa" (Ro. 1:19-20). Por medio de la luz de la naturaleza, la razón moral del ser humano se puede iluminar, pero los misterios profundos de Dios siguen ocultos a su mente hasta que haya recibido la iluminación que viene de lo alto. "Pero el hombre natural no percibe las cosas que son del Espíritu de Dios, porque para él son locura, y no las puede entender, porque se han de discernir espiritualmente" (1 Co. 2:14). Cuando el Espíritu ilumina el corazón, una parte del hombre ve lo que nunca había visto antes; una parte de él sabe lo que antes nunca supo, y además con un tipo de conocimiento que no puede imitar ni el pensador más agudo de este mundo. Ahora sabe de forma profunda y con autoridad, y lo que sabe no necesita una prueba razonada. Su experiencia de conocimiento está por encima de la razón, es inmediata, perfectamente convincente y satisfactoria para su interior.

**Cuando el Espíritu ilumina el corazón, una parte del hombre ve lo que nunca había visto antes.**

"No puede el hombre recibir nada". Este es el mensaje de la Biblia. Independientemente de lo que piensen los hombres sobre la razón humana, Dios no la tiene en buen concepto. "¿Dónde está el sabio? ¿Dónde está el escriba? ¿Dónde está el disputador de este siglo? ¿No ha enloquecido Dios la sabiduría del mundo?" (1 Co. 1:20). La razón del hombre es un buen instrumento, y útil dentro de su campo. Es un don de Dios, y este no vacila en apelar a este don, como cuando dice a Israel: "Venid luego... y estemos a cuenta", o "razonemos juntos" (Is. 1:18). La incapacidad de la razón humana como órgano de conocimiento divino no surge de su propia debilidad, sino de su inadecuación para la tarea, por propia naturaleza. No nos fue dada como un órgano mediante el cual conocer a Dios.

La doctrina de la incapacidad de la mente humana y de la necesidad de iluminación divina está tan desarrollada en el Nuevo Testamento que es prácticamente increíble que nos hayamos alejado tanto de ella. El fundamentalismo se ha mantenido aparte de los liberales, con una actitud de superioridad farisaica, y todo para acabar cayendo en otro error, el error del textualismo, que no es más que la simple ortodoxia pero sin el

Espíritu Santo. Entre los conservadores, encontramos personas en todas partes que han aprendido de la Biblia pero no del Espíritu. Piensan que la verdad es algo que pueden asimilar con su mente. Si un hombre sostiene los hechos fundamentales de la fe cristiana, ya consideran que posee la verdad divina. Pero una cosa no es consecuencia de otra. No hay verdad fuera del Espíritu. El intelecto más brillante puede ser estúpido cuando se le ponen delante los misterios de Dios. Para que un hombre entienda la verdad revelada es necesario un acto de Dios igual al acto original que inspiró el texto.

"Si no le fuere dado del cielo" (Jn. 3:27). Esta es la otra cara de la verdad; aquí tenemos esperanza para todos, porque estas palabras significan sin duda que existe el don del conocimiento, un don que procede del cielo. Cristo enseñó a sus discípulos que debían esperar la llegada del Espíritu de verdad, que les enseñaría todas las cosas. Cuando Pedro le definió como el Salvador, Jesús explicó ese conocimiento como una revelación directa del Padre celestial. Y en una de sus oraciones dijo: "Te alabo, Padre, Señor del cielo y de la tierra, porque escondiste estas cosas de los sabios y de los entendidos, y las revelaste a los niños" (Mt. 11:25). Al hablar de "los sabios y los entendidos", nuestro Señor no se refería a los filósofos griegos, sino a los estudiantes de la Biblia judía y a los maestros de la ley.

Esta idea básica, la incapacidad de la razón humana como instrumento del conocimiento de Dios, se desarrolla plenamente en las epístolas de Pablo. El Apóstol descarta francamente toda facultad natural como instrumento para descubrir la verdad divina, y nos empuja, indefensos, a la obra del Espíritu en nuestra vida.

> Cosas que ojo no vio, ni oído oyó, ni han subido en corazón de hombre, son las que Dios ha preparado para los que le aman. Pero Dios nos las reveló a nosotros por el

> Espíritu; porque el Espíritu todo lo escudriña, aun lo profundo de Dios. Porque ¿quién de los hombres sabe las cosas del hombre, sino el espíritu del hombre que está en él? Así tampoco nadie conoció las cosas de Dios, sino el Espíritu de Dios. Y nosotros no hemos recibido el espíritu del mundo, sino el Espíritu que proviene de Dios, para que sepamos lo que Dios nos ha concedido (1 Co. 2:9-12).

El pasaje que acabo de citar está sacado de la primera epístola de Pablo a los corintios, y no está sacada de su contexto ni insertada en un entorno que tienda a distorsionar su significado. Sin duda expresa la misma esencia de la filosofía espiritual de Pablo, y encaja perfectamente con el resto de la epístola y, añadiría yo, con el resto de los escritos de Pablo tal como los tenemos conservados en el Nuevo Testamento. Este tipo de racionalismo teológico que es tan popular en nuestros tiempos habría sido totalmente ajeno a la mente del gran apóstol. No tenía fe alguna en la capacidad humana para comprender la verdad si no mediaba la iluminación directa del Espíritu Santo.

Acabo de usar el término *racionalismo* y, o bien me retracto, o bien justifico su uso en asociación con la ortodoxia. Creo que no me costará hacer esto último.

El motivo es que el textualismo de nuestro tiempo se basa en la misma premisa que el racionalismo al viejo estilo; es decir, la creencia de que la mente humana es la autoridad suprema para juzgar la verdad. O, dicho de otra manera, es *la confianza en la capacidad de la mente humana para hacer lo que la Biblia declara que nunca fue creada para hacer y que, por consiguiente, es totalmente incapaz de hacer*. El racionalismo filosófico es lo bastante sincero como para rechazar de plano la Biblia. El racionalismo teológico la rechaza mientras finge aceptarla y, al hacerlo, se pone una venda ante sus propios ojos.

El núcleo interno de la verdad tiene la misma configuración

que la capa externa. La mente puede entender la capa externa, pero solo el Espíritu de Dios puede llegar hasta la esencia interna. Nuestro gran error ha sido que hemos confiado en la capa externa, y hemos creído que teníamos una fe sana porque podíamos explicar la forma externa de la verdad tal como se encuentra en la letra escrita de la Palabra. El fundamentalismo está muriendo lentamente debido a este error letal. Hemos olvidado que la esencia de la verdad espiritual no puede revelarse a la persona que conoce la capa externa de la verdad a menos que antes se produzca una actuación milagrosa del Espíritu dentro del corazón. Estas connotaciones de deleite religioso que acompañan a la verdad cuando el Espíritu la ilumina no están presentes en la Iglesia moderna. Esos atisbos emocionantes del País Celestial son escasos y difusos; la fragancia de la "rosa de Sarón perlada de rocío" apenas se distingue. Como consecuencia de esto, nos hemos visto obligados a buscar nuestros placeres en otra parte, y los hemos encontrado en el dudoso arte de los cantantes de ópera convertidos o en las melodías tintineantes de arreglos musicales extraños y curiosos. Hemos intentado asegurarnos los placeres espirituales trabajando en las emociones de la carne, y hemos provocado sentimientos sintéticos por medios totalmente carnales. Y el efecto conjunto ha sido perjudicial.

**Hay una dulzura y una delicia internas en la verdad divina que no pueden gustar o disfrutar las mentes sensuales.**

En un sermón notable sobre "La verdadera manera de alcanzar el conocimiento divino", John Smith afirma la verdad que estoy intentando plasmar aquí.

> Si pretendiera definir la divinidad, usaría más bien la expresión *vida* divina en lugar de *ciencia* divina; es algo

> que más bien tiene que entenderse mediante una *sensación espiritual*, antes que mediante una *descripción verbal*... Ciertamente, la divinidad es una *emanación* verdadera de la Luz eterna, que, al igual que hacen los rayos del sol no solo ilumina, sino que *calienta* y *vivifica*... No debemos pensar que hemos alcanzado el verdadero conocimiento de la verdad cuando hayamos roto la cáscara exterior de las palabras y de las frases que la contienen... Hay un conocimiento de la Verdad como lo hallamos en Jesús, en una naturaleza semejante a la de Cristo, como lo vemos en ese dulce, amable, humilde y cariñoso Espíritu de Jesús, que se extiende como el sol matutino sobre las almas de los hombres buenos, lleno de vida y de luz. No sirve de mucho conocer a Cristo a través de la carne; pero Él da su Espíritu a los hombres buenos que escudriñan las cosas profundas de Dios. Existe una belleza, una vida y una gracia interiores en la Verdad divina, y solo pueden conocerse cuando se introducen en la vida y en la práctica.

Este antiguo eclesiástico sostenía que la vida pura era absolutamente necesaria para comprender realmente la verdad espiritual. Dice que: "Hay una dulzura y una delicia internas en la verdad divina que no pueden gustar o disfrutar las mentes sensuales; ese es el hombre 'natural', que no saborea las cosas de Dios... La divinidad no se percibe tanto con una inteligencia sutil, sino con un sentido purificado".

Doce siglos antes de que nadie dijera estas palabras, Atanasio había escrito un profundo tratado titulado "La encarnación del Verbo de Dios". En ese tratado atacaba osadamente los complejos problemas inherentes en la doctrina de la encarnación. Esta obra es una demostración notable de la razón pura aplicada a la revelación divina. Establece un caso firme para la deidad de

Cristo y para todos aquellos que creen que la Biblia resuelve este tema para siempre. Sin embargo, confía tan poco en que la mente humana entienda los misterios divinos que concluye su gran tratado con una advertencia seria para que nadie tenga una mera comprensión intelectual de la verdad espiritual. Sería conveniente escribir sus palabras con grandes letras y pegarlas en la mesa del despacho de todo pastor y de todo estudiante de teología de este mundo:

**La verdad no consiste en la doctrina correcta, sino en la doctrina correcta *más la iluminación interior del Espíritu Santo.***

> Por lo que respecta al estudio de las Escrituras y el verdadero conocimiento de ellas, hace falta una vida honorable, un alma pura y esa virtud que es conforme a Cristo; de modo que, cuando el intelecto guíe el camino según ellas, pueda alcanzar lo que desea y comprenderlas en el grado en que la naturaleza humana puede aprender algo respecto a la Palabra de Dios. Porque sin una mente pura y una imitación de la vida de los santos, un hombre no puede comprender las palabras de estos... El que quiera comprender la mente de quienes hablan de Dios tiene que empezar lavando y limpiando su alma.

Los antiguos creyentes judíos de la época precristiana que nos dieron los libros de Sabiduría de Salomón y de Eclesiástico (poco conocidos para los protestantes modernos), creían que es imposible que un corazón impuro conozca la verdad divina.

> Y es que la sabiduría no entrará jamás en un alma maliciosa, ni habitará en un cuerpo que esté sujeto al pecado. Porque el espíritu sagrado de la disciplina huirá del

engaño, y se apartará de los pensamientos que carecen de entendimiento, y no habitará donde entre la injusticia.

Estos libros, junto con el que conocemos bien, el de Proverbios, nos enseñan que el verdadero conocimiento espiritual es el resultado de una visitación de la sabiduría celestial, una especie de bautismo del Espíritu de verdad que recae sobre hombres que temen a Dios. Esta sabiduría se asocia siempre con la justicia y la humildad, y nunca se encuentra alejada de la verdadera santidad de vida.

Los cristianos conservadores de hoy día tropiezan con esta verdad. Tenemos que volver a examinar todo este asunto. Tenemos que aprender que la verdad no consiste en la doctrina correcta, sino en la doctrina correcta *más la iluminación interior del Espíritu Santo.* Debemos declarar una vez más el misterio de la sabiduría de lo alto. La predicación renovada de esta verdad esencial podría dar como resultado la venida del aliento fresco de Dios sobre una ortodoxia rancia y sofocante.

7

# El Espíritu como poder

*Pero recibiréis poder, cuando haya venido sobre vosotros el Espíritu Santo.*

Hechos 1:8

Algunos buenos cristianos han malinterpretado este texto y han dado por hecho que Cristo dijo a sus discípulos que debían recibir al Espíritu Santo *y* poder, y que este poder vendría después de la venida del Espíritu. Una lectura superficial del texto bíblico podría llevarnos a esa conclusión, pero la verdad es que Cristo no enseñó la venida del Espíritu Santo *y* el poder, sino la llegada del Espíritu Santo *como* poder; el poder y el Espíritu son lo mismo.

Nuestra lengua materna es un instrumento hermoso y sencillo, pero también puede ser engañoso y desorientador, motivo por el cual hemos de usarlo con cuidado para evitar dar y recibir impresiones equivocadas cuando lo utilicemos. Esto es especialmente cierto cuando hablamos de Dios, porque como Él es totalmente distinto a todo y a todos en su universo, nuestros pensamientos sobre Él y también nuestras palabras corren el peligro constante de descarriarse. Un ejemplo lo encontramos en la expresión "el poder de Dios". El peligro es que pensamos en el "poder" como algo que pertenece a Dios, como la energía muscular pertenece a un hombre, como algo que Él *tiene* y que podría separarse de Él sin dejar de existir por sí mismo.

Debemos recordar que los "atributos" de Dios no son componentes de la bendita deidad, ni elementos que lo forman. Un dios que estuviera *compuesto* no será Dios en absoluto, sino la obra de algo o alguien más grande que Él, lo bastante grande como para crearlo. Entonces tendríamos un Dios sintético formado por los elementos que llamamos "atributos", y el verdadero Dios sería otro Ser distinto, alguien que ciertamente estaría más allá de todo pensamiento y concepción.

La Biblia y la teología cristiana enseñan que Dios es una unidad indivisible, siendo lo que es en una unicidad indivisa, de la que no se puede tomar nada y a la que nada se puede añadir. La misericordia, por ejemplo, o la inmutabilidad, la eternidad, no son más que nombres que hemos dado a algo que Dios ha dicho que es cierto de su Persona. Todas las expresiones bíblicas que dicen "de Dios" se deben interpretar no como cosas que Dios tiene, sino *que Dios es* en su unidad indivisa e indivisible. Incluso el término "naturaleza", cuando se aplica a Dios, debe entenderse como una adaptación a nuestra manera humana de ver las cosas, no como una descripción precisa de nada cierto sobre la deidad misteriosa. Dios ha dicho "YO SOY EL QUE SOY" (Éx. 3:14), y solo podemos repetir, reverentes: "Oh, Dios, tú eres".

Antes de su ascensión, nuestro Señor dijo a sus discípulos: "quedaos vosotros en la ciudad de Jerusalén, hasta que seáis investidos de poder desde lo alto" (Lc. 24:49). Esta preposición *hasta* hace referencia al tiempo; indica un punto en relación al cual todo lo demás es anterior o posterior. De modo que la experiencia de aquellos discípulos se podría expresar de esta manera: hasta ese momento *no habían* recibido el poder; en aquel momento *sí* recibieron el poder; a partir de ese momento *habían* recibido el poder. Este es el hecho histórico claro. El poder descendió sobre la Iglesia, un poder que nunca antes había sido liberado en la naturaleza humana (con la única excepción de esa poderosa unción que recayó sobre Cristo en las aguas del Jordán). Este poder, que sigue activo en la Iglesia, le ha permitido existir durante casi veinte siglos, a pesar de que durante todo ese tiempo ha sido siempre un grupo minoritario muy impopular entre las naciones de la humanidad, y siempre se ha visto rodeada de enemigos a quienes les hubiera complacido haber acabado con ella de haber podido hacerlo.

**El poder descendió sobre la iglesia, un poder que nunca antes había sido liberado en la naturaleza humana.**

"Recibiréis poder". Con estas palabras, nuestro Señor dio a sus discípulos una expectativa, y les enseñó que esperasen la venida de una potencia sobrenatural que llegaría a sus naturalezas desde una fuente externa a ellos mismos. Sería algo previamente desconocido para ellos, que recaería sobre sus personas procedente de otro mundo. Sería nada menos que el propio Dios que entraría en ellos con el propósito último de reproducir su semejanza en sus vidas.

Esta es la línea divisoria que separa el cristianismo de todo ocultismo y de todo tipo de religión oriental, antigua o moderna. Todas estas cosas se sustentan en las mismas ideas, variando solo algunos detalles sin importancia; cada religión tiene su propio conjunto peculiar de expresiones y, aparentemente, compiten unas con otras en su ambigüedad y su oscuridad. Todas aconsejan "Sintoniza con el infinito", o "Despierta al gigante que llevas dentro", "Conecta con tus potenciales ocultos", o "Aprende a pensar creativamente". Puede que todo esto tenga cierto valor pasajero como una especie de inyección psicológica en el brazo, pero sus resultados no son permanentes porque, como mucho, construye sus esperanzas sobre la naturaleza caída del ser humano, y desconoce toda invasión de lo alto. Y, se diga lo que se diga a su favor, *ciertamente no es cristianismo.*

El cristianismo da por hecho la ausencia de toda autoayuda, y ofrece un poder que es nada menos que el poder de Dios. Este poder debe descender sobre los hombres impotentes como una invasión amorosa pero irresistible de otro mundo, que aporta una potencia moral infinitamente más allá de todas las cosas que pudieran nacer de nuestro interior. Este poder es suficiente; no hace falta una ayuda adicional, una fuente auxiliar de energía espiritual, porque hablamos del Espíritu Santo de Dios que desciende a los puntos débiles, para proporcionar poder y gracia para satisfacer la necesidad moral.

Cuando lo comparamos con una provisión tan poderosa como esta, vemos que el cristianismo ético (si es permisible esta expresión) no es cristianismo en absoluto. Una copia infantil de los "ideales" de Cristo, ¡un esfuerzo digno de compasión para poner en práctica las enseñanzas del Sermón del Monte! Todo esto no es más que un juego religioso infantil, no la fe de Cristo y del Nuevo Testamento.

"Recibiréis poder". Esta fue y es una visitación única, una concesión de energía sobrenatural que afecta a todas las facetas de la vida del creyente, y que permanece con él para siempre. No es poder físico ni tampoco mental, aunque mediante su operación benigna puede afectar a ambas facetas. Es un tipo distinto al poder que se percibe en la naturaleza, en la atracción lunar que origina las mareas o ese rayo furioso que parte en dos el gran olmo en mitad de la tormenta. Este poder de Dios actúa en otro nivel y afecta a otro aspecto de su enorme creación. Es el poder espiritual. Es el tipo de poder que es Dios. Es la capacidad de alcanzar fines espirituales y morales. Su resultado a largo plazo es producir un carácter semejante al de Dios en hombres y mujeres que, en otro tiempo, eran plenamente malos por naturaleza y por decisión propia.

Ahora bien, ¿cómo funciona este poder? En su expresión más pura, es una fuerza directa que el Espíritu de Dios aplica al espíritu del ser humano. El luchador alcanza sus fines mediante la presión de su cuerpo físico sobre el cuerpo de su adversario; el maestro, mediante la presión de las ideas sobre la mente de los alumnos; el moralista, por la presión del deber sobre la conciencia del discípulo. Así, el Espíritu Santo realiza su obra bendita mediante el contacto directo con el espíritu humano.

**El Espíritu Santo realiza su obra bendita mediante el contacto directo con el espíritu humano.**

Sería menos que preciso decir que el poder de Dios siempre se experimenta de forma directa o no mediada, porque, cuando Él lo desea, el Espíritu puede recurrir a otros medios como Cristo usó la saliva para curar a un ciego. Pero el poder está siempre por encima y más allá de los medios utilizados. Aunque el Espíritu puede usar métodos adecuados para bendecir a un creyente, nunca tiene la obligación de hacerlo, porque como mucho no son más que concesiones pasajeras hechas a nuestra ignorancia y a nuestra incredulidad. Siempre que esté presente el poder adecuado, casi cualquier medio bastará, pero cuando el poder está ausente, ni todos los medios del mundo podrán garantizar la consecución del fin deseado. El Espíritu de Dios puede usar una canción, un sermón, una buena acción, un texto o el misterio y la majestad de la naturaleza, pero la obra final siempre la hará la presión del Espíritu de Dios (que vive en nosotros) sobre el corazón humano.

Teniendo esto en cuenta, veremos lo vacío y carente de sentido que es el culto típico de las iglesias modernas. Todos los medios son evidentes; el punto débil inquietante es la ausencia del poder del Espíritu. La forma de la santidad está ahí, y a menudo se perfecciona hasta que llega a ser un triunfo estético. La música y la poesía, el arte y la oratoria, las vestimentas simbólicas y los tonos solemnes se combinan para encantar la mente del adorador, pero demasiado a menudo la visitación sobrenatural no está ahí. El pastor o los miembros no conocen o no desean el poder de lo alto. Esto es una auténtica tragedia, sobre todo porque cae dentro del campo de la religión, donde están en juego los destinos eternos del ser humano.

Podemos atribuir a la ausencia del Espíritu ese difuso sentido de irrealidad que afecta a casi toda la religión de nuestros tiempos. Durante el culto típico de una iglesia cualquiera, lo más real de todo es la difuminada irrealidad de todo. El adorador está sentado sumido en un estado de actividad mental suspendido; sucumbe a una especie de insensibilidad soñadora; escucha palabras que no le llegan, no puede vincularlas con nada de lo que hay en su vida. Es consciente de que ha entrado en cierto tipo de medio mundo; su mente se entrega a un estado más o menos agradable que se disipa cuando el pastor pronuncia la bendición del final, sin dejar ni rastro. No afecta a nada de lo que hay en su vida cotidiana. No es consciente de ningún poder, ninguna presencia, ninguna realidad espiritual. En su experiencia, simplemente, no hay nada que se corresponda con las cosas que ha escuchado desde el púlpito o que ha cantado en los himnos.

Un significado de la palabra "poder" es "capacidad de hacer algo". Ahí radica precisamente la maravilla de la obra del Espíritu en la iglesia y en los corazones de los cristianos, su capacidad indudable de hacer que las cosas espirituales sean reales para el alma. Este poder puede dirigirse a su objeto con una precisión penetrante; puede descomponerse en la mente como una esencia volátil e infinitamente delicada, que garantice alcanzar fines por encima y más allá de los límites del intelecto. La realidad es su materia principal, la realidad en los cielos y en la tierra. No crea objetos que no están ahí, pero sí revela objetos que ya están presentes y ocultos al alma. Dentro de la experiencia humana real, es probable que esto se perciba primero en una sensación aumentada de la presencia de Cristo. Se le siente como a una persona real, como alguien que está íntima y maravillosamente cerca. Entonces el resto de objetos espirituales empiezan a destacarse con claridad ante la mente. La gracia, el perdón, la limpieza, adoptan una forma que tiene una claridad casi corpórea. El amor a Dios y a los hijos de Dios se adueña del alma. Nos sentimos cerca del cielo, y ahora lo que empiezan a parecernos irreales son la tierra y el mundo. Sabemos lo que son, realidades, pero son como el decorado de un teatro, algo que está aquí un tiempo breve y luego se esfuma. El mundo venidero adopta ante nuestra mente unos perfiles claros, y comienza a provocar nuestro interés y nuestra devoción. Entonces toda la vida cambia para adaptarse a la nueva realidad, y el cambio es permanente. Puede haber ligeras fluctuaciones, como el subir y bajar de una aguja sobre un gráfico, pero la dirección establecida es hacia arriba, y retenemos el terreno que hemos conquistado.

**La mayor necesidad de la Iglesia de Dios es el poder del Espíritu Santo.**

Esto no es todo, pero nos dará una buena idea de lo que quiere decir el Nuevo Testamento cuando habla de *poder*, y quizá, como contraste, podamos descubrir lo pequeña que es la parte de ese poder que experimentamos.

Creo que no podemos dudar de que, en estos momentos, la mayor necesidad de la Iglesia de Dios es el poder del Espíritu Santo. Más educación, una mejor organización, unos equipos más eficaces, métodos más avanzados... nada de esto sirve. Es como traer un pulmón de acero más potente una vez el paciente ya ha muerto. Por buenas que sean estas cosas, nunca pueden dar la vida. "El espíritu es el que da vida" (Jn. 6:63). Por buenas que sean, nunca pueden dar poder. "De Dios es el poder" (Sal. 62:11). Cuando el protestantismo pretende vencer recurriendo simplemente a "un frente unido", recorre el camino equivocado.

Lo que más necesitamos no es la unidad organizacional; la máxima necesidad es el poder. Las lápidas del cementerio presentan un frente unido, pero ahí están, silenciosas e impotentes mientras el mundo pasa.

Supongo que mi sugerencia no recibirá mucha seria atención, pero quiero sugerir que nosotros, los cristianos que creemos en la Biblia, anunciemos una moratoria de la actividad religiosa y ordenemos nuestra casa como preparativo para un derramamiento de lo alto. El cuerpo de cristianos que forma el ala conservadora de la Iglesia es tan carnal, nuestros cultos públicos son tan increíblemente irreverentes en algunos sectores, tan degradados son nuestros gustos religiosos en otros, que la necesidad de obtener ese poder sin duda no ha sido mayor en ningún otro momento de la historia. Creo que nos beneficiaría tremendamente declarar un periodo de silencio y de autoexamen, durante el cual cada uno de nosotros escudriñase su propio corazón e intentara cumplir todos los requisitos para recibir un bautismo de poder desde lo alto.

Podemos estar seguros de una cosa: que para nuestros graves problemas no hay más solución que una visitación; sí, una *invasión* de poder de lo alto. Solo el propio Espíritu puede mostrarnos qué anda mal en nuestra vida, y solo el Espíritu puede ofrecernos la cura. Solo el Espíritu puede salvarnos de la irrealidad anestésica del cristianismo sin el Espíritu. Solo el Espíritu puede mostrarnos al Padre y al Hijo. Solo la obra práctica del poder del Espíritu puede revelarnos la solemne majestad y el misterio arrebatador del Dios trino.

8

# El Espíritu Santo como fuego

*Y se les aparecieron lenguas repartidas, como de fuego, asentándose sobre cada uno de ellos.*

Hechos 2:3

La teología cristiana enseña que Dios, por su naturaleza esencial, es tanto inescrutable como inefable. Según una definición sencilla, esto significa que es imposible que nadie lo analice o lo comprenda, y que no puede expresar o definir quién es Él. No es que Dios tenga esta incapacidad; la limitación está en nuestra condición de seres creados. "¿Por qué preguntas por mi nombre, que es admirable?" (Jue. 13:18). Solo Dios conoce a Dios en el verdadero sentido de la palabra *conocer*. "Así tampoco nadie conoció las cosas de Dios, sino el Espíritu de Dios" (1 Co. 2:11).

Hoy día, al cristiano promedio esto debe parecerle extraño, por no decir confuso, porque el temperamento del pensamiento religioso de nuestra época es claramente no teológico. Podemos pasarnos toda la vida y luego morirnos sin que nadie nos plantee el dulce misterio de la Deidad, al menos si esperamos que sea la iglesia quien nos desafíe a hacerlo. Está demasiado ocupada jugando con sombras y "adaptándose" a unas cosas y a otras como para dedicar mucho tiempo a pensar en Dios. Por consiguiente, estaría bien reflexionar un poco más sobre la inescrutabilidad divina.

En su Ser esencial, Dios es único en el único sentido que soporta este adjetivo. Es decir, que en todo el universo no hay nadie como Él. Lo que Él es no lo puede concebir la mente, porque es "totalmente otro", distinto a todo aquello de lo que hayamos tenido experiencia en nuestra vida. La mente no cuenta con un material del que partir. Ningún hombre ha tenido jamás un pensamiento que podamos decir que describe a Dios más que en el sentido más impreciso e imperfecto. Si queremos conocer un tanto a Dios, debemos hacerlo de otro modo que recurriendo a nuestra razón como criaturas.

Novaciano, en un famoso tratado sobre la Trinidad escrito en algún momento a mediados del siglo III, dice:

> Por mucho que meditemos sobre las cualidades de los atributos y el contenido de Dios, escapan a nuestra capacidad intelectual, y la elocuencia humana no tiene el poder adecuado para expresar la grandeza divina. Frente a la contemplación y la manifestación de su majestad, toda elocuencia guarda silencio, como debe hacerlo, y todo esfuerzo mental es débil. Pues Dios es mayor que la propia mente. Su grandeza es inconcebible. Si pudiéramos concebir su grandeza, sería menos que la mente humana capaz de formar ese concepto. Es mayor que todo idioma, y ninguna afirmación puede contenerle. Ciertamente, si alguna frase pudiera expresarle, sería menos que el lenguaje humano, que mediante esas palabras podría comprender y reunir todo lo que Él es. Por supuesto, hasta cierto punto podemos tener experiencia de Él, sin lenguaje, pero nadie puede expresar en palabras todo lo que Él es en sí mismo. Supongamos, por ejemplo, que hablamos de Él diciendo que es luz; esto se refiere a una parte de su creación, no a Él. No expresa lo que Él es. O supongamos que hablamos de Él como poder. Esto

> también manifiesta con palabras su atributo de poder, no su ser. O imaginemos que hablamos de su majestad. Una vez más, declaramos el honor del que es digno, no hablamos propiamente de Él... Para condensar todo este asunto en una sola frase, toda afirmación posible que pueda hacerse sobre Dios expresa alguna cosa que Él posee o alguna de sus virtudes, no al propio Dios. ¿Qué palabras o pensamientos son dignos de Él, que sobrepasa todo lenguaje y todo pensamiento? El concepto de Dios, tal como Él es, solo se puede asimilar de una manera, e incluso esta es imposible para nosotros, pues escapa a nuestro alcance y a nuestra comprensión: pensar en Él como un Ser cuyos atributos y su grandeza trascienden nuestra capacidad de comprender o incluso de pensar.

Precisamente porque Dios no puede decirnos *qué es*, muy a menudo nos dice *a qué es semejante*. Con estas figuras "de proximidad" acerca nuestras mentes vacilantes todo lo que pueden soportarlo a esa "luz inaccesible" (1 Ti. 6:16). A través del medio más incómodo del intelecto, el alma se prepara para el momento en que podrá, por medio de la operación del Espíritu Santo, conocer a Dios como Él es en sí mismo. Dios ha empleado cierto número de estas similitudes para apuntar a su ser incomprensible y, si juzgamos a partir de las Escrituras, podríamos llegar a la conclusión de que *la similitud favorita de Dios es el fuego*. En un pasaje, el Espíritu dice expresamente: "porque nuestro Dios es fuego consumidor" (He. 12:29). Esto encaja con la revelación que Él hace de sí mismo a lo largo de la Biblia. Como fuego, habló a Moisés desde la zarza ardiente; habitó en el

**Precisamente porque Dios no puede decirnos *qué es*, muy a menudo nos dice *a qué es semejante*.**

fuego en medio del campamento de Israel durante la travesía por el desierto; como fuego, habitó entre las alas de los querubines en el Lugar Santísimo; a Ezequiel se le reveló como una extraña luminosidad de "fuego, que tenía resplandor alrededor".

> Y vi apariencia como de bronce refulgente, como apariencia de fuego dentro de ella en derredor, desde el aspecto de sus lomos para arriba; y desde sus lomos para abajo, vi que parecía como fuego, y que tenía resplandor alrededor. Como parece el arco iris que está en las nubes el día que llueve, así era el parecer del resplandor alrededor. Esta fue la visión de la semejanza de la gloria de Jehová. Y cuando yo la vi, me postré sobre mi rostro, y oí la voz de uno que hablaba (Ez. 1:27-28).

Con el descenso del Espíritu Santo en Pentecostés, la Biblia sigue usando la misma imagen. "Y se les aparecieron lenguas repartidas, como de fuego, asentándose sobre cada uno de ellos" (Hch. 2:3). Lo que descendió sobre los discípulos en aquel aposento alto no fue nada menos que el propio Dios. Ante sus ojos mortales se apareció como fuego y, ¿no podríamos pensar sin temor a equivocarnos que aquellos creyentes que habían aprendido las Escrituras supieron de inmediato lo que significaba? El Dios que se les había aparecido como fuego a lo largo de toda su dilatada historia habitaba ahora en ellos, como fuego. Había pasado del exterior al interior de sus vidas. La *shekiná,* que en otro tiempo relucía sobre el propiciatorio, ahora brillaba sobre sus frentes como un emblema externo del fuego que había invadido sus naturalezas. Aquí estaba la Deidad entregándose a los hombres rescatados. Las llamas eran el sello de una nueva unión. Ahora eran hombres y mujeres del fuego.

Este es el mensaje final del Nuevo Testamento: por medio de la expiación de la sangre de Jesús, los hombres pecadores pueden convertirse en uno con Dios. ¡La deidad viviendo en los hombres! Esto es el cristianismo en su máxima expresión, e incluso las mayores glorias del mundo venidero serán, en esencia, una experiencia mayor y más concreta de la unión del alma con Dios.

¡La deidad viviendo en los hombres! Esto, afirmo, es el cristianismo, y nadie ha experimentado bien el poder de la creencia cristiana hasta que ha conocido esto como una realidad viva. Todo lo demás es preliminar a esto. La encarnación, la expiación, la justificación, la regeneración; ¿qué son tales cosas sino actos de Dios preparatorios a la obra de invadir y al acto de habitar en el alma humana redimida? El hombre que huyó del corazón de Dios debido a su pecado regresa ahora a ese lugar por medio de la redención. Dios, que salió del corazón humano debido al pecado, regresa ahora a su antigua morada para expulsar a sus enemigos y, una vez más, glorificar el estrado de sus pies.

**Quien quiera ser lleno y habitado por el Espíritu debe primero juzgar su vida en busca de iniquidades ocultas.**

Aquel fuego visible el día de Pentecostés tuvo para la Iglesia un significado profundo y tierno, porque declaraba a todas las edades que aquellos sobre cuyas frentes descansaba eran hombres y mujeres aparte; eran "criaturas salidas del fuego", con tanta certeza como lo fueron aquella que Ezequiel, en su visión, vio junto al río Quebar. La marca del fuego era la señal de la divinidad; quienes la recibieron eran para siempre un pueblo peculiar, hijos e hijas de la llama.

Uno de los golpes más contundentes que ha asestado jamás el enemigo a la vida de la Iglesia fue la de crear en ella el temor por el Espíritu Santo. Nadie que se relacione con los cristianos en estos tiempos negará que existe semejante temor. Pocos son quienes, sin reservas, abran su corazón entero al bendito

Consolador. Ha sido y es tan malentendido que en algunos círculos la mera mención de su nombre asusta a muchos y les hace resistirse a Él. La fuente de este temor irracional puede localizarse fácilmente, pero sería una tarea inútil hacerlo aquí. Baste decir que ese temor es infundado. Quizá podamos contribuir a destruir su poder sobre nosotros si examinamos ese fuego que es el símbolo de la Persona y de la presencia del Espíritu.

El Espíritu Santo es, antes que nada, *una llama moral.* No es un accidente del lenguaje que se le llame Espíritu *Santo*, porque, aparte de los otros significados que pueda tener el adjetivo "santo", sin duda transmite la idea de pureza moral. Y el Espíritu, siendo Dios, debe ser absoluta e infinitamente puro. Con Él no hay (como en el caso de los hombres) grados de santidad. Es la santidad misma, la suma y la esencia de todo lo que es inexpresablemente puro.

Nadie que haya ejercitado sus sentidos para conocer el bien y el mal puede evitar lamentarse cuando ve a un alma que, anhelante, busca ser llena del Espíritu Santo mientras sigue viviendo en un estado de descuido moral que casi raya el pecado. Esta tarea supone una contradicción moral. Quien quiera ser lleno y habitado por el Espíritu debe primero juzgar su vida en busca de iniquidades ocultas; debe expulsar valientemente de su corazón todo aquello que no encaje con el carácter de Dios tal como lo revelan las Sagradas Escrituras.

Como fundamento de toda experiencia cristiana auténtica debe hallarse una moral sólida y sana. Cuando se permite que el pecado viva en la vida o en la conducta, no hay goces válidos ni deleites legítimos. Ninguna transgresión de la justicia pura se puede excusar sobre el fundamento de una experiencia religiosa superior. Buscar los estados emocionales elevados mientras se vive en el pecado supone exponer toda nuestra vida a que nos engañemos a nosotros mismos y al juicio de Dios. "Sed santos" (1 P. 1:16) no es un simple lema que se puede enmarcar y colgar en la pared. Es un mandamiento serio procedente del Señor de toda la Tierra. "Acercaos a Dios, y él se acercará a vosotros. Pecadores, limpiad las manos; y vosotros los de doble ánimo, purificad vuestros corazones. Afligíos, y lamentad, y llorad. Vuestra risa se convierta en lloro, y vuestro gozo en tristeza" (Stg. 4:8-9). El verdadero ideal cristiano no es ser feliz, sino ser santo. Solo el corazón santo puede ser morada del Espíritu Santo.

El Espíritu Santo es también *una llama espiritual.* Solo Él puede elevar nuestra adoración a verdaderos niveles espirituales. Más vale que reconozcamos de una vez que la ética y la moral, por elevadas que sean, no son cristianismo. La fe de Cristo pretende llevar el alma a las alturas de la comunión real con Dios, introduciendo en nuestras experiencias religiosas un elemento suprarracional tan por encima de la mera bondad como los cielos están sobre la tierra. La venida del Espíritu aportó al libro de Hechos esta cualidad de trascendencia del mundo, esta elevación misteriosa del tono que no se encuentra con semejante intensidad ni siquiera en los evangelios. La clave del libro de Hechos es definitivamente el gozo espiritual. No hay ni rastro de la tristeza propia de las criaturas, ninguna decepción perdurable, ningún asomo de incertidumbre. La actitud es celestial. En Él hallamos un espíritu victorioso, un espíritu que nunca puede ser el resultado de la mera creencia religiosa. El gozo de los primeros cristianos no era el gozo de la lógica que opera con hechos. Ellos no razonaban "Cristo ha resucitado de los muertos y, por lo tanto, debemos estar contentos". Su felicidad era un milagro tan grande como la propia resurrección; ciertamente, ambas cosas estaban y están relacionadas orgánicamente. La felicidad moral del Creador había pasado a residir en los pechos de las criaturas redimidas, y no podían por menos que estar alegres.

La llama del Espíritu también es *intelectual.* Los teólogos dicen que la razón es uno de los atributos divinos. No tiene por qué haber incompatibilidad entre las experiencias más profundas del Espíritu y los máximos logros del intelecto humano. *Solo es necesario que el intelecto cristiano se entregue por completo a Dios, y no tiene por qué haber límites a su actividad* más allá de los que le imponen su propia fortaleza y tamaño. ¡Qué frío y mortífero es el intelecto no bendecido! Un cerebro superior sin la esencia salvadora de la santidad puede volverse contra la raza humana y teñir el mundo de sangre, o, lo que es peor, puede liberar ideas en la tierra que sigan maldiciendo a la humanidad durante siglos después de que su creador haya vuelto al polvo. Pero una mente llena del Espíritu es un gozo para Dios y un deleite para todos los hombres de buena voluntad. ¿Qué se habría perdido el mundo si se hubiera visto despojado de la mente llena de amor de un David, un Juan o un Isaac Watts?

**Un cerebro superior sin la esencia salvadora de la santidad puede volverse contra la raza humana y teñir el mundo de sangre.**

Por naturaleza rehuimos los superlativos y las comparaciones que alaban una virtud a expensas de otra; pero, aun así, me pregunto si en este mundo habrá una mente exquisitamente encantadora y brillante que reluzca con el amor de Dios. Esta mente proyecta un rayo suave y sanador que pueden *sentir* de verdad quienes se acercan a ella. Desprende virtud, y bendice a los que simplemente tocan el borde de sus vestiduras. Por ejemplo, uno no tiene más que leer *El país celestial*, de Bernardo de Cluny, para entender lo que quiero decir. En él vemos un intelecto sensible y brillante, calentado por el fuego del Espíritu que vive en el interior, que escribe con una simpatía inmensa y tierna sobre esos anhelos de inmortalidad que han penetrado en corazón humano desde que el primer hombre se postró sobre la tierra de cuyas entrañas salió, y a cuyo seno no tardará en regresar. Debido a lo elevado de su concepto, al triunfo radical del espíritu cristiano sobre la mortalidad, a la capacidad que tiene de dar reposo al alma y elevar la mente a una adoración entusiasta, no tiene igual en ningún ejemplo de la literatura no inspirada. Mi respetuosa opinión es que este himno por sí solo puede haber impartido más virtud sanadora a los espíritus atribulados que todos los escritos de los poetas y los filósofos seculares desde que se inventó el arte de la escritura. Ningún intelecto no bendecido, por firme que sea su genio, sería remotamente capaz de producir semejante obra. Uno cierra el libro una vez concluida la lectura con la sensación, la convicción solemne, de que ha escuchado la voz de los querubines y el sonido de los arpistas que tañen junto al mar de Dios.

Este mismo sentimiento de casi inspiración se experimenta también en las cartas de Samuel Rutherford, en el *Te Deum*, en muchos de los himnos de Watts y de Wesley y, de vez en cuando, en la obra de algún santo menos conocido, cuyos dones limitados se pusieron incandescentes por un breve instante gracias al fuego del Espíritu que habitaba en su alma.

La tragedia del corazón de los fariseos en épocas pasadas era la doctrina sin amor. Cristo no tenía problemas con las enseñanzas de los fariseos, pero libró una batalla incesante hasta el final con el espíritu fariseo. Fue la religión de aquellos hombres la que llevó a Cristo a la cruz, una religión sin el Espíritu que habitase en ella. No sirve de nada negar que a Cristo lo crucificaron unas personas a las que hoy día llamaríamos fundamentalistas. Esto debería resultar muy inquietante, por no decir preocupante, para nosotros, que nos enorgullecemos de nuestra ortodoxia. Un alma no bendecida llena de la letra de la verdad puede estar en una situación peor que arrodillarse ante un fetiche de los paganos. Solo estamos a salvo cuando el Espíritu Santo derrama el amor de Dios en nuestros corazones, solamente cuando en nuestro intelecto habita el fuego amoroso que descendió en Pentecostés. Porque el Espíritu Santo no es un lujo; no es algo que se añade de vez en cuando para producir un tipo de cristiano superior, una vez por generación. No, es una necesidad vital para todo hijo de Dios, y que llene a su pueblo y habite en ellos es más que una esperanza lánguida: es un imperativo ineludible.

El Espíritu también es una *llama volitiva*. Aquí, como en otros lugares, la imagen es incapaz de manifestar toda la verdad y, a menos que tengamos cuidado, podemos llevarnos fácilmente una mala impresión debido a su uso. Porque el fuego, tal como lo vemos y lo conocemos todos los días, es una *cosa*, no una persona, y por este motivo no tiene voluntad propia. Pero el Espíritu Santo es una Persona, y tiene esos rasgos de personalidad entre los que se cuenta la volición. Cuando entra en un ser humano, no anula ninguno de sus atributos, ni entrega una parte de ellos o su totalidad al alma en la que habita. Recuerda, el Espíritu Santo es Señor. "Porque el Señor es el Espíritu" (2 Co. 3:17), dijo Pablo a los corintios. El Credo de Nicea dice: "Y creo en el Espíritu Santo, el Señor y Dador de la vida", y el Credo de Atanasio declara: "Así también, Señor es el Padre, Señor es el Hijo, Señor es el Espíritu Santo. Y sin embargo, no son tres Señores, sino un solo Señor". A pesar de los problemas que suponga esto para nuestro entendimiento, nuestra fe debe aceptarlo y hacer que forme parte de nuestra creencia total en Dios y en el Espíritu. No hace falta decir que el Señor Soberano nunca abandonará las prerrogativas de su Deidad. Esté donde esté, debe actuar como es propio de Él. Cuando entra en el corazón humano, será en él lo que siempre ha sido: el Señor por derecho propio.

**La tragedia del corazón de los fariseos en épocas pasadas era la doctrina sin amor.**

La enfermedad profunda del corazón humano es una voluntad que se ha desprendido de su eje central, como un planeta que ha abandonado el sol en torno al que orbita y ha empezado a girar en torno a un cuerpo extraño del espacio exterior que se ha acercado lo suficiente como para atraerlo. Cuando Satanás dijo "seré", rompió el vínculo con su eje normal, y la enfermedad con la que ha infectado a la raza humana es la plaga de la desobediencia y la rebeldía. Todo proyecto de redención adecuado deberá tener en cuenta esa rebelión y proponerse restaurar la voluntad humana al lugar que le corresponde dentro de la voluntad de Dios. De acuerdo con esta necesidad subyacente para la sanación de la voluntad, el Espíritu Santo, cuando realiza su invasión llena de gracia en el corazón creyente, debe ganarse ese corazón para que obedezca alegre y voluntariamente a toda la voluntad de Dios. La cura debe provenir del interior; la conformidad externa no sirve de nada. Hasta que se santifique la voluntad, el hombre seguirá siendo un rebelde, igual que un forajido sigue siendo un forajido en su corazón a pesar de que haya rendido una obediencia forzada al *sheriff* que se lo lleva a la cárcel.

El Espíritu Santo realiza esta sanación interior al combinar la voluntad del hombre redimido con la suya propia. Esto no se consigue de una sola vez. Es cierto que tiene que producirse una especie de sometimiento general a la voluntad de Cristo antes de que pueda hacerse ninguna obra de gracia, pero la fusión completa de todas las facetas de la vida con la vida de Dios en el Espíritu será, probablemente, un proceso más largo del que nos gustaría, siendo como somos criaturas impacientes. El alma más madura puede sentirse sorprendida y preocupada al descubrir algún área privada dentro de su vida donde, sin saberlo, ha estado actuando como señor y propietario de lo que pensaba que había entregado a Dios. La obra del Espíritu en nuestra vida consiste en señalar estas discrepancias morales y corregirlas. No "rompe" la voluntad humana, como se dice a veces, sino que la invade y, cariñosamente, la lleva a una unión gozosa con la voluntad de Dios.

Desear la voluntad de Dios es hacer más que consentir a ella sin protestar; supone elegir la voluntad de Dios con una determinación positiva. A medida que avanza la obra de Dios, el cristiano se siente libre para elegir lo que desee, y elige gozosamente la voluntad de Dios como su máximo bien concebible. Esa persona ha descubierto la meta más elevada de la vida. Se la ha llevado más allá de las pequeñas decepciones que plagan al resto de la humanidad. Lo que le suceda, sea lo que sea, es la voluntad de Dios para ella, y eso es precisamente lo que más desea. Pero es justo señalar que esta condición no la alcanzan muchos de los ajetreados cristianos de nuestra época. Sin embargo, hasta que se alcance, la paz del cristiano no puede ser completa. Aún debe existir cierta controversia interna, un sentido de desazón espiritual que envenena nuestro gozo y reduce en gran medida nuestro poder.

**La obra del Espíritu en nuestra vida consiste en señalar estas discrepancias morales y corregirlas.**

Otra cualidad del fuego que nos habita es la *emoción.* Debemos entender esto a la luz de lo que hemos dicho antes sobre la inescrutabilidad divina. Lo que es Dios en su esencia única no lo puede descubrir la mente ni lo pueden expresar los labios, pero las Sagradas Escrituras han expuesto libremente esas cualidades de Dios que pueden calificarse de racionales y, por lo tanto, pueden ser recibidas por el intelecto. No nos dicen quién es Dios, pero sí cómo es, y la suma de esas cualidades forma una imagen mental del Ser Divino como si lo viéramos desde lejos y por espejo, oscuramente.

Ahora bien, la Biblia enseña que en Dios hay algo semejante a la emoción. Experimenta algo que se parece a nuestro amor, algo semejante a nuestra pena, algo parecido a nuestra alegría. Y no debe darnos miedo aceptar este concepto de cómo es Dios.

La fe sacaría fácilmente la conclusión de que, dado que fuimos creados a su imagen, Dios tiene cualidades como las nuestras. Pero esta conclusión, aunque satisfactoria para la mente, no es el fundamento de nuestra creencia. *Dios ha dicho determinadas cosas sobre sí mismo, y estas proveen todo el fundamento que necesitamos.* "Jehová está en medio de ti, poderoso, él salvará; se gozará sobre ti con alegría, callará de amor, se regocijará sobre ti con cánticos" (Sof. 3:17). Este no es más que un versículo entre miles que contribuyen a forjar nuestra imagen racional de cómo es Dios, y nos dicen claramente que Dios siente algo parecido a nuestro amor, a nuestro gozo, y que lo que siente le induce a actuar de una forma muy parecida a como lo haríamos nosotros en una situación parecida. Se regocija sobre sus amados con alegría y con cánticos.

Aquí asistimos a una emoción en el plano más elevado en que podamos situarla, una emoción que surge del corazón del propio Dios. Por lo tanto, el sentimiento no es como el hijo degenerado de la incredulidad, imagen que a menudo presentan algunos de nuestros maestros bíblicos. Nuestra capacidad de sentir es uno de los indicios de nuestro origen divino. No debemos avergonzarnos de las lágrimas ni de la risa. El estoico cristiano que ha dominado sus sentimientos no es más que dos tercios de hombre; ha repudiado una tercera parte importante.

**Nuestra capacidad de sentir es uno de los indicios de nuestro origen divino.**

El sentimiento santo ocupó un lugar importante en la vida de nuestro Señor. "El cual por el gozo puesto delante de él..." (He. 12:2), soportó la cruz y despreció la vergüenza que esta acarreaba. Se imaginó clamando: "Gozaos conmigo, porque he encontrado mi oveja que se había perdido" (ver Lc. 15). La noche de su agonía, cantó un himno antes de acudir al monte de los Olivos (Mt. 26:30).

Después de su resurrección cantó entre sus hermanos en la gran congregación (ver Sal. 22:22). Y, si Cantar de los Cantares hace referencia a Cristo (como piensa la mayoría de cristianos), ¿cómo pasar por alto el sonido de su regocijo cuando regresa con su Esposa al hogar después de que ha pasado la noche y las tinieblas se han disipado? (Cnt. 2:17; 4:6).

Una de las mayores calamidades que nos ha acarreado el pecado es el envilecimiento de nuestras emociones normales. Nos reímos de cosas que no tienen gracia; nos complacen actos que están por debajo de nuestra dignidad humana; y nos regocijamos en objetos que no deberían ocupar ningún lugar en nuestros afectos. La objeción a los "placeres pecaminosos" que ha caracterizado siempre al santo auténtico es, en el fondo, una mera protesta contra la degradación de nuestras emociones humanas. El hecho de que permitamos que los juegos de azar, por ejemplo, cautiven el interés de hombres hechos a imagen de Dios se ha interpretado como una horrible perversión de unas capacidades nobles; que sea necesario el alcohol para estimular la sensación de placer se ha considerado una especie de prostitución; que los hombres recurran para distraerse al cine creado por el ser humano ha parecido una ofensa al Dios que nos puso en medio de un universo repleto de una intensa acción dramática. Los placeres artificiales del mundo son evidencias de que la raza humana ha perdido, en gran medida, su capacidad de disfrutar de los verdaderos placeres de la vida, y se ha visto obligada a sustituirlos por emociones falsas y degradantes.

La obra del Espíritu Santo consiste, entre otras cosas, en rescatar las emociones del hombre redimido, volver a poner cuerdas en su arpa y abrir de nuevo los pozos de gozo sagrado que el pecado había cegado. Que Dios hace esto es el testimonio unánime de los santos, y no es incoherente con la manera general en que Dios se relaciona con su creación. El placer puro forma parte de la vida, una parte tan importante que resulta difícil entender cómo se justificaría la vida humana si solo consistiera en una existencia infinita carente de sensaciones placenteras.

El Espíritu Santo pondría un arpa eólica en nuestras almas para que los vientos del cielo interpretasen una dulce melodía, un acompañamiento musical para la tarea más humilde que seamos llamados a realizar. El amor espiritual de Cristo producirá una música constante en nuestros corazones, permitiéndonos regocijarnos aun en medio de nuestra tristeza.

9

# LA VIDA LLENA DEL ESPÍRITU

*Antes bien sed llenos del Espíritu.*

EFESIOS 5:18

La verdad de que todo cristiano puede ser lleno del Espíritu Santo y debe serlo no parece constituir un tema de debate entre los cristianos. Sin embargo, algunos arguyen que el Espíritu Santo no es para los cristianos de a pie, sino solo para los ministros de culto y los misioneros. Otros sostienen que la medida del Espíritu que se recibe durante la regeneración es idéntica a la recibida por los discípulos en Pentecostés, y que toda esperanza de una plenitud adicional después de la conversión es fruto de un simple error. Unos pocos expresan la esperanza lánguida de que algún día serán llenos, y otros eluden el tema porque afirman saber poco del mismo y lo único que consiguen es avergonzarse.

Quiero afirmar osadamente que creo, y me alegro de ello, que todo cristiano puede disfrutar de un copioso derramamiento del Espíritu Santo en una medida que trasciende con mucho la que se recibió en la conversión; y, también podría decir, muy superior a la que disfrutan los creyentes ortodoxos de a pie. Es importante que entendamos bien esto, porque hasta que no desaparezcan las dudas, la fe será imposible. Dios no sorprenderá a un corazón dubitativo con una efusión del Espíritu Santo, ni llenará a nadie que tenga dudas doctrinales sobre la posibilidad de ser lleno.

Para disipar las dudas y crear una expectativa confiada, recomiendo un estudio reverente de la propia Palabra de Dios. Estoy dispuesto a basar mi argumento en las enseñanzas del Nuevo Testamento. Si un examen cuidadoso y humilde de las palabras de Cristo y de sus apóstoles no conduce a la creencia de que podemos ser llenos del Espíritu Santo incluso ahora, no veo motivo alguno para buscarla en otra parte. Y es que sin importar lo que ha dicho este o aquel maestro religioso a favor o en contra de esta proposición. Si la doctrina no se enseña en las Escrituras, no la podrá respaldar ningún argumento y todas las exhortaciones a ser llenos del Espíritu carecerán de valor.

Aquí no pretendo exponer un argumento a favor de la posibilidad. Que la persona interesada examine por sí misma las evidencias y, si decide que en el Nuevo Testamento no hay justificación para creer que puede ser llena del Espíritu, que cierre este libro y se ahorre el esfuerzo de seguir leyendo. Lo que digo aquí va destinado a los hombres y a las mujeres que han superado sus preguntas y están confiados de que, cuando satisfagan las condiciones, pueden ser llenos realmente del Espíritu Santo.

Antes de que un hombre pueda ser lleno del Espíritu, *debe estar seguro de que quiere serlo*. Tomémonos esto en serio. Muchos cristianos quieren ser llenos, pero su deseo es algo impreciso y romántico, apenas digno de ser llamado "deseo". Prácticamente no saben lo que les costará ponerlo en práctica.

Imaginemos que estamos hablando con alguien que tiene preguntas, un cristiano joven y ansioso, pongamos por caso, que nos ha buscado para saber más sobre la vida llena del Espíritu. Con toda la delicadeza posible, teniendo en cuenta la naturaleza sensible de las preguntas, sondearíamos su alma de un modo parecido a este: "¿Estás seguro de que quieres ser lleno de un

Espíritu que, aunque es como Jesús en su nobleza y su amor, exigirá a pesar de ello ser el Señor de tu vida? ¿Estás dispuesto a dejar que tu personalidad la controle otro, aunque ese otro sea el Espíritu del propio Dios? Si el Espíritu toma el control de tu vida, esperará que le obedezcas en todo sin vacilar. No tolerará tus pecados egoístas, aunque la mayoría de cristianos los permiten y los excusan. Con 'pecados egoístas' me refiero al amor por uno mismo, la autocompasión, el egocentrismo, la confianza en uno mismo, la autocomplacencia, el engrandecimiento personal, la autodefensa. Descubrirás que el Espíritu se opone radicalmente a los caminos fáciles del mundo y de la multitud variopinta que existe dentro de las fronteras de la religión. Te protegerá para tu bien. No te permitirá jactarte, alardear, vanagloriarte. Apartará de tus manos el timón de tu vida. Se reservará el derecho a probarte, a disciplinarte, a reprenderte por amor a tu alma. Puede que te arrebate esos placeres límite de los que disfrutan otros cristianos pero que para ti son una fuente de malignidad refinada. A través de todo el proceso, te envolverá en un amor tan amplio, tan poderoso, tan global, tan maravilloso, que tus propias pérdidas te parecerán regalos, y tus pequeños dolores, placeres. Sin embargo, la carne se quejará bajo su yugo diciendo que es una carga demasiado pesada; y se te permitirá disfrutar del solemne privilegio de cumplir en la carne 'lo que falta de las aflicciones de Cristo' (Col. 1:24), en tu cuerpo, por amor a su cuerpo que es la Iglesia. Ahora, teniendo a la vista estas condiciones, ¿sigues queriendo ser lleno del Espíritu Santo?".

**El Espíritu se opone radicalmente a los caminos fáciles del mundo.**

Si esto parece severo, recordemos que el camino de la cruz nunca es sencillo. El brillo y el *glamour* que acompañan los movimientos religiosos populares son tan falsos como el relucir de las alas del ángel de las tinieblas que, por un momento, se transforma en ángel de luz. La timidez espiritual que teme mostrar la cruz con su verdadero carácter no es una justificación para excusarse. En última instancia, solo conduce a la decepción y a la tragedia.

Antes de que podamos ser llenos del Espíritu, *el deseo de ser llenos debe ser totalmente consumidor.* Debe ser en ese momento lo más grande de la vida, tan agudo, tan dominante que expulse todo lo demás. El grado de plenitud de cualquier vida encaja perfectamente con la intensidad del deseo verdadero. De Dios tenemos lo que queramos tener. Un gran obstáculo para la vida llena del Espíritu es la teología de la complacencia, tan aceptada hoy día por los cristianos. Según este punto de vista, el deseo agudo es una evidencia de incredulidad, y una prueba de falta de conocimiento de las Escrituras. La propia Palabra de Dios nos ofrece una refutación suficiente de esta postura, así como el hecho de que nunca consigue producir la verdadera santidad en las personas que la adoptan.

Además, dudo de que nadie haya recibido esa visitación divina de la que estamos hablando si antes no ha *experimentado un periodo de profunda ansiedad y agitación interior.* El contentamiento religioso siempre es el enemigo de la vida espiritual. Las biografías de los santos enseñan que el camino hacia la grandeza espiritual ha pasado siempre por mucho sufrimiento y dolor interiores. La frase "el camino de la cruz", aunque en algunos círculos ha llegado a significar algo muy hermoso, incluso agradable, para el verdadero cristiano siempre significa lo que ha significado siempre: el camino del rechazo y de la pérdida. Nadie ha disfrutado jamás de una cruz, igual que nadie ha disfrutado de un patíbulo.

El cristiano que busca cosas mejores y que, para desaliento suyo, se ha encontrado sumido en un estado de desespero absoluto, no tiene por qué desanimarse. Cuando el desespero con uno mismo va acompañado de la fe es un buen amigo, porque destruye uno de los enemigos más poderosos del corazón y prepara el alma para la ministración del Consolador. La sensación de vaciedad absoluta, de desencanto y de oscuridad, si estamos alerta y sabemos qué está pasando, puede ser esa sombra que, en el valle de las sombras, conduce a esos campos fructíferos que hay más adelante. Si malinterpretamos esta visitación de Dios y nos resistimos a ella, podemos perdernos todos y cada uno de los beneficios que el Padre amoroso y celestial tiene en mente para nosotros. Si cooperamos con Dios, Él nos arrebatará esos consuelos naturales que durante tanto tiempo nos han servido de madre y de niñera, y nos colocará en un lugar en que solo podemos recibir ayuda del propio Consolador. Echará por tierra esa falsedad que los chinos llaman "apariencia" y nos demostrará lo dolorosamente pequeños que somos en realidad. Cuando haya acabado con nosotros, sabremos lo que quería decir nuestro Señor con las palabras "bienaventurados los pobres en espíritu" (Mt. 5:3).

**El contentamiento religioso siempre es el enemigo de la vida espiritual.**

Sin embargo, puedes estar seguro que en medio de esas reprensiones dolorosas, nuestro Dios no nos abandonará. Nunca nos desamparará ni nos dejará (He. 13:5), no se enfadará con nosotros ni nos reprenderá. No invalidará su pacto ni modificará lo que ha salido de sus labios. Nos guardará como a la niña de sus ojos (Dt. 32:10; Sal. 17:8), cuidándonos como una madre cuida de su hijo (ver Is. 66:13). Su amor no se enfriará ni siquiera cuando nos acompañe en la experiencia de la crucifixión de nuestro yo, tan real, tan terrible, que solo podemos expresarla clamando: "Dios mío, Dios mío, ¿por qué me has desamparado?" (Mt. 27:46).

No obstante, sobre este tema hemos de tener una teología

sana. En este despojamiento doloroso no hay ni rastro de mérito humano. La "noche oscura del alma" no conoce ni un solo rayo pálido de la luz traicionera de la autojustificación. Mediante el sufrimiento no obtenemos la unción que anhelamos, y esa devastación del alma no hace que Dios nos ame más ni nos otorga un favor adicional a sus ojos. El valor de esta experiencia de despojamiento radica en su capacidad de apartarnos de los intereses pasajeros de la vida y proyectarnos de nuevo a la eternidad. Sirve para vaciar nuestras vasijas terrenales y prepararnos para el derramamiento del Espíritu Santo.

**Si queremos complacer al Espíritu que vive en nosotros, debemos estar entregados del todo a Cristo.**

Por lo tanto, la llenura del Espíritu requiere que entreguemos nuestro todo, que experimentemos una muerte interna, que libremos de nuestro corazón esa acumulación de siglos y siglos de basura adánica, y que abramos todas las habitaciones al Huésped celestial.

El Espíritu Santo es una Persona viva, y debemos tratarla como tal. Nunca debemos pensar en Él como una energía ciega ni una fuerza impersonal. Escucha, ve, siente como lo hace una persona. Habla y nos oye hablar. Podemos agradarle, disgustarle o silenciarle, como a cualquier otra persona. Responderá a nuestro tímido esfuerzo de conocerle, y se reunirá con nosotros en el punto medio del camino.

Por maravillosa que sea esta experiencia de ser llenos del Espíritu, debemos recordar que solo es un medio que lleva a algo mayor: el caminar en el Espíritu que dura toda la vida, cuando su Persona poderosa habita en nosotros, nos guía, nos enseña y nos da fuerzas. Y continuar andando en el Espíritu exige que satisfagamos determinadas condiciones. Estas las tenemos expuestas en las Sagradas Escrituras, y están ahí para que todos las vean.

El camino lleno del Espíritu exige, por ejemplo, que vivamos en la Palabra de Dios como los peces viven en el mar. Con esto no quiero decir simplemente que estudiemos la Biblia, ni que hagamos "un curso" de doctrina bíblica. Quiero decir que debemos "meditar de día y de noche" (Sal. 1:2) en la Sagrada Palabra, que debemos amarla, alimentarnos de ella y digerirla todas las horas del día y de la noche. Cuando el negocio de esta vida exija nuestra atención, por medio de un bendito reflejo mental podremos mantener la Palabra de verdad siempre en nuestro corazón.

Entonces, si queremos complacer al Espíritu que vive en nosotros, debemos estar entregados del todo a Cristo. La obra actual del Espíritu consiste en honrarle, y todo lo que hace tiene este propósito final. Debemos hacer que nuestros pensamientos sean un santuario claro de su morada santa. Habita en nuestros pensamientos, y los pensamientos sucios son tan repugnantes para Él como el lino sucio para un rey. Sobre todo, debemos tener una fe animosa, que siga creyendo por muy radicales que sean las fluctuaciones en nuestros estados emocionales.

La vida donde vive el Espíritu no es una edición especial del cristianismo, de lujo, que pueden disfrutar unos pocos elegidos y privilegiados, que da la casualidad de que están hechos de un material superior y más sensible que el de los demás. No, es el estado normal de todo hombre y mujer redimidos en cualquier lugar del mundo. Es

> el misterio que había estado oculto desde los siglos y edades, pero que ahora ha sido manifestado a sus santos, a quienes Dios quiso dar a conocer las riquezas de la gloria de este misterio entre los gentiles; que es Cristo en vosotros, la esperanza de gloria (Col. 1:26-27).

Faber, en uno de sus himnos dulces y reverentes, dirigió estas hermosas palabras al Espíritu Santo:

*Océano, ancho océano que fluye,*
*tú el del amor increado;*
*tiemblo cuando en mi alma*
*siento moverse tus aguas.*

*Eres mar sin costa alguna;*
*temible e inmenso tú eres;*
*un mar que puede contenerse*
*en mi estrecho corazón.*

10

# La fe es un viaje, no un destino

*Y perseveraban en la doctrina de los apóstoles, en la comunión unos con otros, en el partimiento del pan y en las oraciones.*

Hechos 2:42

Esto dice Lucas de los miles que recibieron la Palabra y fueron bautizados tras escuchar la predicación de Pedro el día de Pentecostés.

Para aquellos primeros cristianos, la conversión no era un destino, sino el principio de un viaje. Y justo ahí es donde el énfasis bíblico se diferencia del nuestro.

Hoy todo se hace depender del acto inicial que es creer. En un momento determinado, uno "se convierte" a Cristo y, después de eso, todo es automático. Esto no se enseña con tantas palabras, pero esta es la impresión que genera, sin saberlo, nuestra incapacidad de poner un énfasis bíblico en nuestra predicación evangelística. Casi todos nosotros, que pertenecemos a las iglesias evangélicas, somos culpables de aceptar esta visión distorsionada de la vida cristiana y, como los cimientos no están rectos, el templo de Dios se inclina peligrosamente y amenaza con venirse abajo, a menos que se actúe de inmediato para corregir el problema.

Empujados por nuestro anhelo de conseguir convertidos, permitimos que nuestros oyentes absorban la idea de que pueden asumir su responsabilidad total de una vez por todas, mediante un acto de fe. Se supone que esto honra la gracia y glorifica a Dios, de alguna manera imprecisa, mientras que en realidad convierte a Cristo en el autor de un sistema grotesco e imposible que no encuentra su contrapartida en las Escrituras de la verdad.

En el libro de Hechos, para todos los creyentes la fe era un principio, no un fin; era un viaje, no una cama en la que tumbarse esperando el día del triunfo de nuestro Señor. El acto de creer no se hacía una vez para siempre; era más que un acto, era una actitud del corazón y de la mente que inspiraba y capacitaba al creyente para que tomase su cruz y siguiera al Cordero adondequiera que fuese.

**En el libro de Hechos, la fe era un principio, no un fin; era un viaje.**

"Y perseveraban", dice Lucas, ¿y no queda claro que la única manera de confirmar su fe era perseverar? Un día determinado creyeron, fueron bautizados y se unieron a la compañía de los creyentes. Muy bien, pero ¿qué pasará mañana? ¿Y al día siguiente? ¿Y la próxima semana? ¿Cómo puede saber alguien que su conversión ha sido genuina? ¿Cómo es posible borrar la acusación del crítico, que sostiene que al que cree lo han presionado para que tome esa decisión? ¿Que se ha venido abajo debido a la presión psicológica generada por la multitud y la emoción religiosa? Está claro que solo había una manera: perseverar.

Y no solamente continuaron, sino que lo hicieron decididamente. Esto es lo que escribe Lucas, y el verbo "perseverar" está ahí para decirnos que siguieron adelante a pesar de la fuerte oposición. La perseverancia solo es necesaria cuando estamos bajo ataque, mental o físico, y la historia de aquellos primeros cristianos es una historia de fe bajo el fuego. La oposición era real.

Aquí vemos de nuevo la manifiesta discrepancia entre el cristianismo bíblico y el de los evangélicos modernos, sobre todo en Estados Unidos. En algunos países, según me han dicho, algunos de nuestros hermanos padecen una angustiosa persecución y no consideran que sus vidas sean tan valiosas como para no arriesgarlas para ganar a Cristo. Por esas personas no siento otra cosa que una enorme admiración. No hablo de cristianos como ellos, sino de la multitud de pusilánimes religiosos dentro de nuestro mundo evangélico en Estados Unidos.

Aquí, para hacer convertidos tenemos que restar importancia a las dificultades y a publicitar la paz mental y el éxito en la vida que tienen quienes aceptan a Cristo. Debemos asegurar a nuestros oyentes que ahora el cristianismo es algo correcto y respetable, y que Cristo se ha vuelto bastante popular entre los mandamases políticos, los magnates de los negocios importantes y las máximas estrellas de Hollywood. Con estas garantías, los pecadores merecedores del infierno acuden en manada a "aceptar" a Cristo motivados por lo que pueden sacar de Él; y, aunque de vez en cuando dejan caer alguna lágrima como prueba de su sinceridad, es difícil eludir la conclusión de que la mayoría de ellas se rebajan a darle coba al Señor de la gloria como un matrimonio joven lo haría con un tío aburrido pero rico para que más tarde les deje algo en su testamento.

**Los primeros creyentes acudieron a Cristo comprendiendo plenamente que defendían una causa impopular que podría costarles todo.**

Nunca seremos totalmente sinceros con nuestros oyentes a menos que les digamos la cruda verdad: que, como miembros de una raza de rebeldes morales, se encuentran en un aprieto peligroso, del que no podrán salir fácilmente. Si se niegan a arrepentirse y a creer en Cristo, sin duda perecerán; si se vuelven a Él, los mismos enemigos que le crucificaron intentarán crucificarlos a ellos. Por un camino sufren solos, sin esperanza; por el otro sufren con Cristo durante un tiempo, pero, en medio de su sufrimiento, disfrutan de su consuelo amoroso y de su respaldo interior, y pueden regocijarse aun en medio de las tribulaciones.

Esos primeros creyentes acudieron a Cristo comprendiendo plenamente que defendían una causa impopular que podría costarles todo. Sabían que a partir de ese momento serían miembros de un grupo minoritario y aborrecido cuya vida y cuyas libertades siempre estarían en peligro.

Esto es simple retórica. Poco después de Pentecostés a algunos los encarcelaron, muchos perdieron todos sus bienes terrenales, a unos pocos los mataron directamente y cientos "fueron esparcidos" (Hch. 8:1).

Podrían haber evitado todo esto con la sencilla solución de negar su fe y volverse al mundo; pero se negaron firmemente a hacerlo.

Por lo tanto, cuando comparamos ambos grupos, me pregunto: el cristianismo propio del movimiento evangélico estadounidense, ¿es el mismo que el del siglo I? En realidad, creo que ya sé la respuesta.

11

# La clave de la vida humana es teológica

La antropología intenta comprender al ser humano excavando en su pasado y examinando sus orígenes primitivos. La psicología intenta entenderle sondeando su mente. La filosofía reúne todos los datos que caen en sus manos sobre la vida exterior o interior de la persona, pasada o presente, toma prestados muchos elementos de los historiadores y los científicos, y luego saca conclusiones sobre la naturaleza del hombre.

La respuesta a la pregunta "¿Qué es el hombre?" se busca acudiendo directamente a las personas para probar, sopesar y medir. En la búsqueda de la respuesta se tienen en cuenta la forma del cráneo, la estructura ósea, el folclore, los hábitos, las costumbres, la dieta, las prácticas supersticiosas, la religión, los patrones sociales, la organización civil, los tabúes, las reacciones, las emociones e incontables otros factores. Por supuesto, el plan consiste en determinar científicamente qué es el hombre mediante la observación, a gran escala y durante un largo periodo, de lo que hace. Pero como la técnica es errónea, la conclusión debe ser falsa. No puede ser de otro modo.

Sé bien que aquí lo único que estoy haciendo es plantear la antigua cuestión del naturalismo contra el sobrenaturalismo, un debate que durante siglos se ha abordado infructuosamente y que sigue abierto para que cada generación haga con él lo que pueda. Si yo fuera filósofo podría unirme con derecho a la búsqueda de la clave para la vida. Siendo como soy un hombre plenamente convencido de la verdad del evangelio del Nuevo Testamento y totalmente entregado a Cristo, para mí aquí no hay una pregunta que exija una respuesta. Esa respuesta ha recibido un "sí" gozoso en la declaración bíblica de que Dios creó al hombre a su propia imagen y semejanza, parecido a la tierra en la que está en contacto su cuerpo físico, es cierto, pero emparentado con el cielo en su espíritu, que provino de Dios y volverá a Él (ver Ecl. 12:7). Su cuerpo no tiene la clave de su verdadera naturaleza; esa clave se encuentra en su espíritu, que, aunque está alienado de Dios por esa tremenda catástrofe moral a la que los teólogos llaman "la caída", es susceptible de ser reclamada y plenamente restituida a Dios por medio de la redención que está en Cristo Jesús.

Para conocer al ser humano debemos empezar con Dios. El aprendizaje secular, por muy coloreado que esté por el humanismo y el racionalismo bajo sus diversas formas, ha hecho que muchos cristianos modernos teman afirmar su verdadera postura, no sea que esto les haga merecedores de uno o más de esos cáusticos apodos con los que los sabios, según el mundo, estigmatizan a quienes discrepan de ellos; como, por ejemplo, "trascendentalista", "absolutista" o "sobrenaturalista".

**Para conocer al ser humano debemos empezar con Dios.**

Por lo que a mí respecta, no temo a estos apelativos, a pesar de que los lancen contra mí con el propósito de desacreditarme de una vez por todas. Lejos de temerles, me glorío en ellos. Aunque no les permito que retengan todas las connotaciones que han ido reuniendo a lo largo de su viaje a través de los años, los acepto alegremente siempre que expresen significados que descubro en la revelación cristiana.

Por ejemplo, ningún cristiano debe temer a la palabra

*trascendentalista*, porque en la misma raíz de su sagrada fe hallamos la creencia en un mundo trascendental, un mundo por encima de la naturaleza, diferente a la materia, el espacio y el tiempo y más allá de ellos, un mundo que la ciencia no puede estudiar y, en cuyos umbrales, la razón, incapaz de comprender, no puede hacer otra cosa que arrodillarse con reverencia y adorar. Tampoco debe asustarse por el adjetivo *sobrenaturalista*, porque este describe con precisión un dogma importante de su credo cristiano. Esa persona cree que existe una divinidad que determina nuestro fin. Sostiene que la naturaleza no puede explicarse a sí misma, sino que debe señalar humildemente hacia Aquel que le dio la existencia, y cuya presencia invisible es su sabiduría y su vida. Esto es lo que cree, y considera que todos aquellos que creen algo menos que esto son "bobos rematados y finitos", semejantes a Esaú, que han vendido su primogenitura por un plato de lentejas.

El término *absolutista* tampoco hace que el cristiano instruido se sonroje ni se disculpe. Por alto que sea el grado de sarcasmo con que le escupan este apelativo, el cristiano es imperturbable. Sabe que sus enemigos están furiosos con él por negarse a aceptar dos de sus doctrinas favoritas, la relatividad moral y la naturaleza práctica de las creencias religiosas. No intenta negar que defiende con un dogmatismo absoluto la enseñanza bíblica de que Dios es, entre otras cosas, increado, autosuficiente, eterno, infinito, soberano y absoluto. Se gloría en un Dios absolutamente santo, absolutamente sabio; en resumen, en un Dios cuyos rasgos son todos absolutos, que no se ve afectado por nada externo a sí mismo. Ciertamente, para esa persona es necesario creer esto acerca de Dios; y si creerlo lo convierte en absolutista, pues se queda tan tranquilo. Sabe en qué cree, y las palabras no le asustan.

El error del evangelismo actual radica en su enfoque humanista. Se esfuerza por ser sobrenaturalista, pero no acaba de conseguirlo. Se siente francamente fascinado por el mundo grande, ruidoso y agresivo, con sus grandes adjetivos, su adoración de los héroes, su riqueza y su estridente magnificencia. A esos millones de personas desencantadas que siempre han anhelado la gloria terrenal pero nunca la han conseguido, el evangelio moderno les ofrece un atajo rápido y fácil para alcanzar el deseo de sus corazones. La paz mental, la felicidad, la prosperidad, la aceptación social, la publicidad, el éxito en el deporte, en los negocios, en el campo del entretenimiento, y quizá la posibilidad de sentarse de cuando en cuando a la misma mesa de una celebridad... todo esto en la tierra, y luego el cielo. Sin duda, no hay compañía de seguros que pueda ofrecer ni la mitad.

En este sistema de cosas casi cristiano, Dios se convierte en la lámpara de Aladino, que hace la voluntad de todo aquel que acepte a su Hijo y firme una tarjeta. La obligación total del pecador desaparece cuando acepta a Cristo. Después de eso no tiene que hacer más que acudir con su cesto y recibir el equivalente religioso a todo lo que ofrece el mundo, y disfrutarlo al máximo. Quienes no han aceptado a Cristo deben contentarse con este mundo, pero los cristianos obtienen este y, como extra, también el venidero.

Este es el mensaje cristiano tal como lo interpreta hoy un tremendo número de líderes religiosos. Esta evidente mala interpretación de la verdad se encuentra detrás de algunas (yo diría que de la mayor parte) de nuestras actividades evangelísticas. Determina las instrucciones, elabora programas, decide el contenido de los sermones, fija la calidad de las iglesias locales e incluso de denominaciones enteras, marca el patrón para los escritores religiosos y compone la política editorial de muchas publicaciones evangélicas.

Este concepto del cristianismo comete un error radical y, dado que toca las almas de los hombres, es un error peligroso, incluso mortal. En el fondo es poco más que un débil humanismo aliado con un débil cristianismo para que le confiera cierta respetabilidad eclesiástica. Se lo puede identificar gracias a su enfoque religioso. Invariablemente su origen son el ser humano y sus necesidades, y luego busca a Dios; el verdadero cristianismo revela a Dios que busca al hombre para librarle de sus ambiciones.

**El verdadero cristianismo revela a Dios que busca al hombre para librarle de sus ambiciones.**

Dios debe ser siempre lo primero. El evangelio, dentro de su contexto escritural, pone primero la gloria de Dios y, luego, la salvación del hombre en segundo lugar. Los ángeles, que se acercaron desde las alturas, cantaron: "¡Gloria a Dios en las alturas, y en la tierra paz, buena voluntad para con los hombres!" (Lc. 2:14). Esto coloca en el orden correcto la gloria de Dios y la bendición de la humanidad, como también lo hacen las primeras palabras de la oración "Padre nuestro que estás en los cielos, santificado sea tu nombre" (Mt. 6:9). Antes de pasar a cualquier petición, la gloria de Dios es, y debe ser siempre, el verdadero punto de partida del cristiano. Está claro que todo lo que parta de otro lugar, sea el que sea, no es el cristianismo del Nuevo Testamento.

12

# LA TRAGEDIA DE LA ACTIVIDAD RELIGIOSA INÚTIL

Seguramente no existe otro campo de la actividad humana en el que se desperdicie tanto esfuerzo como en el de la religión. Es totalmente posible malgastar una hora en la iglesia o incluso en una reunión de oración. Esos carteles tan populares que dicen "Asiste a la iglesia que más te guste", y que recientemente están apareciendo por todas partes, pueden tener cierto valor siempre que no hagan más que recordar a una civilización materialista que este mundo no lo es todo, y que hay determinados tesoros que no se pueden comprar con dinero. Sin embargo, no debemos olvidar que una persona puede asistir a una iglesia toda la vida y no mejorar en absoluto por ello.

En la iglesia promedio oímos cómo cada domingo se repiten las mismas oraciones, año sí y año también, y sospecho que lo hacemos sin la más remota esperanza de que Dios las responda. Parece que basta con haberlas pronunciado. La frase familiar, el tono religioso, las palabras con carga emocional, tienen un efecto superficial y temporal, pero el adorador no está más cerca de Dios, ni ha mejorado moralmente, ni está más seguro del cielo de lo que lo estaba antes. Sin embargo, cada domingo por la mañana, durante veinte años, pasa por la misma rutina y, si calculamos en dos horas el tiempo que tarda en salir de su casa, asistir al culto de la iglesia y volver a su hogar, ha desperdiciado más de 170 días de doce horas en este ejercicio inútil.

El escritor de Hebreos dice que algunos supuestos cristianos señalaban el tiempo sin llegar a ninguna parte. Habían tenido muchas oportunidades para crecer, pero no habían crecido; habían dispuesto de tiempo suficiente para madurar, pero seguían siendo bebés; de modo que les exhortó a que abandonasen sus actos religiosos sin sentido y prosiguieran hacia la perfección (ver He. 5:11-6:3).

**La mayoría de cristianos no dispone de un objetivo hacia el que se esfuercen por avanzar.**

Es posible tener movimiento sin progreso, y esto describe buena parte de la actividad de los cristianos modernos. Es, sencillamente, un movimiento perdido.

En Dios hay movimiento, pero nunca desperdiciado; siempre obra para alcanzar un fin predeterminado. Nosotros, al estar hechos a su imagen, estamos constituidos por naturaleza de tal modo que solo justificamos nuestra existencia cuando obramos con un propósito en mente. La actividad vacía que no tiene como resultado el progreso hacia una meta no sirve de nada; sin embargo, la mayoría de cristianos no dispone de un objetivo hacia el que se esfuercen por avanzar. Subidos al carrusel religioso e inacabable, siguen perdiendo el tiempo y la energía, cosas de las que, Dios ya lo sabe, nunca tuvieron mucha reserva y tienen menos a cada hora que pasa. Esta es una tragedia digna de la mente de un Esquilo o un Dante.

En el trasfondo de este desperdicio trágico suele hallarse una de estas tres causas: el cristiano desconoce las Escrituras, es incrédulo o es desobediente.

Creo que a la mayoría de cristianos les falta, sencillamente, enseñanza. Puede que los convencieran a entrar en el reino cuando solo estaban preparados a medias. A todo convertido durante los últimos treinta años le dijeron, casi con total seguridad, que solo tenía que aceptar a Jesús como su Salvador personal y lo demás vendría solo. Seguramente algún consejero añadió que ahora ya tenía vida eterna, y que sin duda iría al cielo tras morir, y eso si el Señor no vuelve antes y lo arrebata en triunfo antes de que llegue ese momento desagradable de la muerte.

Después de esa primera entrada apresurada en el reino, normalmente no se dice mucho más. El nuevo convertido se encuentra con un martillo y un serrucho en las manos, pero sin planos. No tiene ni la más remota idea de qué tiene que construir, de modo que se entrega a la tediosa rutina de limpiar sus herramientas una vez cada domingo, para luego guardarlas de nuevo en la caja.

**Creo que a la mayoría de cristianos les falta, sencillamente, enseñanza.**

Sin embargo, a veces el cristiano desperdicia sus esfuerzos debido a su incredulidad. Posiblemente todos somos culpables de esto hasta cierto punto. En nuestras oraciones privadas y en nuestros cultos públicos nunca dejamos de pedir a Dios que haga cosas que, o bien ya ha hecho, o bien que no puede hacer debido a nuestra incredulidad. Le rogamos que hable cuando ya ha hablado, y aunque en ese mismo momento esté hablando. Le pedimos que venga cuando ya está presente, esperando a que lo reconozcamos. Rogamos al Espíritu Santo que nos llene mientras, constantemente, le impedimos hacerlo debido a nuestras dudas.

Por supuesto, el cristiano no puede tener la esperanza de recibir una manifestación de Dios mientras viva en un estado de desobediencia. Si dejas que un hombre se niegue a obedecer a Dios sobre algún mandato claro, si dejas que afirme su voluntad para resistirse a todo mandamiento de Cristo, el resto de sus actividades religiosas no servirá de nada. Puede ir cincuenta años a la iglesia, pero no habrá beneficios. Puede dar el diezmo, enseñar, predicar, cantar, editar, dar una conferencia bíblica hasta que sea demasiado viejo como para seguir haciendo estas cosas y, al final, no obtendrá otra cosa que cenizas. "Ciertamente el obedecer es mejor que los sacrificios" (1 S. 15:22).

Solo tengo que añadir que este desperdicio tan trágico es innecesario. El cristiano creyente disfrutará de todos los momentos en la iglesia y se beneficiará de ellos. El cristiano instruido, obediente, se entregará a Dios como la arcilla al alfarero, y el resultado no será un desperdicio, sino la gloria eterna.

13

# Percibiendo a Dios

*Gustad, y ved.*

Salmos 34:8

Fue el sacerdote Holmes, de la India, quien hace más de veinticinco años llamó la atención sobre el carácter deductivo de la fe que tiene en Dios el ciudadano medio. Para la mayoría de personas, Dios es una inferencia, no una realidad. Es una deducción a partir de las evidencias que les parecen adecuadas, pero, personalmente, Dios sigue siendo un desconocido para el individuo. Dicen: "*Debe* existir y, por lo tanto, creemos que existe". Otros no llegan tan lejos como esto; lo conocen solo por rumores. Nunca se han molestado en reflexionar por sí mismos sobre este asunto, pero han leído lo que otros han escrito sobre Dios, y han puesto la creencia en Él allá en el fondo de sus mentes, junto con los datos variopintos que componen su credo global. Para muchos otros, Dios no es más que un ideal, otro nombre para la bondad, la belleza o la verdad; o bien es la ley, la vida o el impulso creativo subyacente en los fenómenos de la existencia.

Estos conceptos de Dios son muchos y diversos, pero quienes los defienden tienen una cosa en común: no conocen a Dios por experiencia personal. No les ha pasado por la cabeza la posibilidad de tener una relación íntima con Él. Aunque admiten su existencia, no piensan que sea cognoscible, en el sentido en que conocemos las cosas o a las personas.

Sin duda, los cristianos van aún más lejos, al menos en teoría. Su credo les exige que crean en la personalidad de Dios, y se les ha enseñado a orar diciendo "Padre nuestro que estás en los cielos" (Lc. 11:2). Ahora bien, la personalidad y la paternidad conllevan la idea de la posibilidad de tener una relación personal. Esto se admite, como digo, en teoría, pero aun así hay millones de cristianos para los que Dios no es más real de lo que lo es para el no cristiano. Pasan por la vida intentando amar un ideal y ser fieles a un mero principio.

Frente a toda esta vaguedad imprecisa se alza la doctrina escritural clara que dice que a Dios se le puede conocer mediante la experiencia personal. Una Personalidad amante domina la Biblia, paseando entre los árboles del huerto y destilando su fragancia sobre todas las escenas. Siempre está presente una Persona viva, que habla, ruega, ama, obra y se manifiesta en todo momento y lugar en que su pueblo tiene la receptividad necesaria para recibir la manifestación.

**Para muchos otros, Dios no es más que un ideal, otro nombre para la bondad, la belleza o la verdad.**

La Biblia asume como hecho evidente que los seres humanos pueden conocer a Dios al menos con el mismo grado de inmediatez con que conocen a cualquier otra persona o cosa que cae dentro del campo de su experiencia. Se usan los mismos términos para expresar el conocimiento de Dios que los que se emplean para expresar el conocimiento de las cosas físicas. "*Gustad*, y ved que es bueno Jehová" (Sal. 34:8). "Mirra, áloe y casia *exhalan* todos tus vestidos; desde palacios de marfil te recrean" (Sal. 45:8). "Mis ovejas *oyen* mi voz" (Jn. 10:27). "Bienaventurados los de limpio corazón, porque ellos *verán* a Dios" (Mt. 5:8). Estos no son más que cuatro de los innumerables pasajes semejantes de la Palabra de

Dios. Y, hay algo más importante aún: el hecho de que el énfasis global de las Escrituras recae en esta creencia.

¿Qué puede significar todo esto sino que tenemos en nuestros corazones unos órganos mediante los cuales podemos conocer a Dios con tanta seguridad como podemos conocer las cosas materiales por medio de nuestros cinco sentidos tan familiares? Aprehendemos el mundo físico al ejercer las facultades que nos han sido dadas con este propósito, y poseemos facultades espirituales mediante las cuales podemos conocer a Dios y el mundo espiritual si obedecemos el impulso del Espíritu y empezamos a usarlas.

Aquí se da por hecho que primero debe tener lugar una obra de salvación en el corazón. Las facultades espirituales del hombre no regenerado se encuentran dormidas en su naturaleza, no utilizadas y muertas; este es el golpe que nos ha propinado el pecado. Pueden vivificarse mediante la obra del Espíritu Santo en la regeneración; este es uno de los beneficios inconmensurables que vienen a nosotros por medio de la obra expiatoria de Cristo en la cruz.

**Este mundo eterno cobrará vida para nosotros cuando aceptemos su realidad.**

Sin embargo, ¿por qué los hijos de Dios, ya rescatados, saben tan poco de esa comunión consciente y habitual con Dios que parecen ofrecer las Escrituras? La respuesta es nuestra incredulidad crónica. La fe permite que funcionen nuestros sentidos espirituales. Cuando la fe es defectuosa, el resultado será la insensibilidad interior y la impermeabilidad hacia las cosas espirituales. Este es el estado en que se encuentra un gran número de cristianos actualmente. No hacen falta pruebas que respalden esta afirmación. Solo tenemos que conversar con el primer cristiano que nos encontremos o entrar en la primera iglesia que hallemos abierta, y obtendremos todas las pruebas necesarias.

En torno a nosotros hay un reino espiritual, que nos rodea y nos contiene, que está al alcance de nuestro ser interior, y que espera que detectemos su presencia. El propio Dios está esperando nuestra reacción a su presencia. Este mundo eterno cobrará vida para nosotros cuando aceptemos su realidad.

Acabo de usar dos palabras que exigen una definición o, si esto es imposible, al menos tengo que clarificar lo que quiero decir cuando las empleo. Son "aceptar" y "realidad".

¿Qué quiero decir con *realidad*? Me refiero a eso que existe aparte de cualquier concepto de ello que pueda tener la mente, y que existiría aunque ni una sola mente, en cualquier lugar del universo, concibiera su existencia. Lo que existe tiene ser en sí mismo; para ser válido no depende del observador.

Soy consciente de que hay personas a quienes les gusta burlarse del concepto de la realidad que tiene el hombre sencillo. Son los idealistas, que presentan incontables pruebas que sostienen que fuera de la mente no hay nada real. Son los relativistas, a quienes les encanta demostrar que en el universo no hay puntos fijos desde los que podamos medir nada. Nos sonríen condescendientes desde sus altas cimas intelectuales, y disponen de nosotros a su propia conveniencia colgándonos la etiqueta reprobatoria de "absolutistas". Al cristiano no le afecta esta manifestación de desprecio. Puede devolverles la sonrisa, porque sabe que solo hay Uno que es absoluto, y es Dios. Pero también sabe que el Absoluto ha creado este mundo para que lo usen los hombres y, que aunque no existe nada fijo o real en el sentido último de las palabras (el significado tal como se aplica a Dios), *para cumplir cualquier propósito de la vida humana se nos permite actuar como si lo hubiera.* Todos los hombres actúan así, excepto los enfermos mentales. Estos desdichados tienen problemas con la realidad, pero son coherentes; insisten en vivir de acuerdo con su concepción de las cosas. Son sinceros, y lo que les crea un problema social es precisamente su propia sinceridad.

Los idealistas y los relativistas no son enfermos mentales. Demuestran su buen juicio al llevar sus vidas conforme a los conceptos de la realidad que ellos mismos rechazan en teoría, y apoyándose en los mismos puntos fijos que demuestran que no están ahí. Podrían aprender mucho más respeto por sus conceptos si estuvieran dispuestos a vivir de acuerdo con ellos; pero tienen la prudencia de no hacer esto. Sus ideas calan hondo en sus cerebros, no en sus vidas. Siempre que la vida los toca, rechazan sus teorías y viven como los demás hombres.

El cristiano es demasiado sincero como para jugar con las ideas porque sí. No le complace tejer telas de araña para que todos las vean. Todas sus creencias son prácticas. Están vinculadas con su vida; por ellas vive o muere, resiste o cae, por este mundo y para la eternidad. Se aparta del hombre hipócrita.

El hombre sincero, sencillo, sabe que el mundo es real. Se lo encuentra cuando despierta a la consciencia, y sabe que el mundo no es fruto de su imaginación. Estaba ahí, esperándole cuando llegó y sabe que, cuando se prepare a abandonar este escenario terrenal, el mundo seguirá ahí para despedirse de él cuando se vaya. Gracias a la profunda sabiduría de la vida, es más sabio que mil hombres que dudan. Se yergue sobre la tierra, siente el viento y la lluvia en su rostro, y sabe que son reales. Ve el sol de día y las estrellas de noche; ve el rayo ardiente que surge de la nube de tormenta tenebrosa. Escucha los sonidos de la naturaleza y el clamor de la alegría y de la tristeza humanas. Sabe que tales cosas son reales. Se tumba sobre la tierra fresca por la noche y no teme que durante su sueño esta resulte ser imaginaria o desaparezca. Por la mañana, la tierra firme seguirá bajo su cuerpo, el cielo azul sobre su cabeza, y las peñas y los árboles a su alrededor, tanto como cuando cerró los ojos la noche antes. Así, vive y se goza en un mundo de realidad.

Se relaciona con este mundo real usando sus cinco sentidos. Asimila todas las cosas necesarias para su existencia física mediante las facultades de las que le ha dotado el Dios que le creó y que le puso en un mundo como este.

**Dios tiene una existencia objetiva independiente de todo concepto que tengamos de Él.**

Ahora bien, también según nuestra definición, Dios es real. Es real en el sentido absoluto y final en que nada más lo es. Todas las demás realidades dependen de la suya. La gran Realidad es Dios, el Autor de esa realidad inferior y dependiente que constituye la suma de todas las cosas creadas, incluyéndonos a nosotros. Dios tiene una existencia objetiva independiente de todo concepto que tengamos de Él, aparte de cualquier idea. El corazón que adora no crea a su Objeto; lo encuentra ahí cuando despierta de su sopor moral la mañana de su regeneración.

Otro término que tenemos que aclarar es *aceptar*. No quiere decir "visualizar" o "imaginar". La imaginación no es fe. No solamente son conceptos distintos, sino también antagónicos entre sí. La imaginación proyecta imágenes irreales de la mente, e intenta atribuirles realidad. La fe no crea nada; sencillamente, acepta lo que ya está *ahí*.

Dios y el mundo espiritual son reales. Podemos aceptarlos con tanta seguridad como aceptamos el mundo familiar que nos rodea. Las cosas espirituales están ahí (o, mejor dicho, *aquí*), llamando nuestra atención y desafiando nuestra confianza.

Nuestro problema es que hemos creado malos patrones de pensamiento. Habitualmente pensamos que el mundo visible es real y dudamos de la realidad de cualquier otro. No negamos la existencia del mundo espiritual, pero sí de que es real en el sentido aceptado del término.

El mundo sensorial llama nuestra atención de día y de noche durante toda nuestra vida. Es ruidoso, insistente y se justifica a sí mismo. No apela a nuestra fe; está ahí, asaltando nuestros cinco sentidos, exigiendo que lo aceptemos como real y definitivo. Pero el pecado ha ensuciado hasta tal punto la lente de nuestro corazón que no percibimos esa otra realidad, la Ciudad de Dios, que reluce a nuestro alrededor. El mundo de los sentidos es el que vence. Lo visible se convierte en enemigo de lo invisible; lo temporal, de lo eterno. Esta es la maldición heredada por todos los miembros de la raza trágica de Adán.

En la esencia de la vida cristiana hallamos la creencia en lo invisible. El objeto de la fe cristiana es la realidad que no vemos.

**Dios y el mundo espiritual son reales. Podemos aceptarlos con tanta seguridad como aceptamos el mundo familiar que nos rodea.**

Nuestro pensamiento no corregido, influido por la ceguera de nuestros corazones naturales y por la ubicuidad invasora de las cosas visibles, tiende a marcar un contraste entre lo espiritual y lo real; pero, en verdad, no existe ese contraste. La antítesis está en otra parte: entre lo real y lo imaginario, entre lo espiritual y lo material, entre lo temporal y lo eterno; pero nunca entre lo espiritual y lo real, jamás. Lo espiritual *es* real.

Si queremos ascender a esa región de luz y de poder que nos llama claramente a través de las Escrituras de la verdad, debemos romper el mal hábito de ignorar lo espiritual. Debemos trasladar nuestro interés de lo visible a lo invisible, porque la gran Realidad invisible es Dios. "Porque es necesario que el que se acerca a Dios crea que le hay, y que es galardonador de los que le buscan" (He. 11:6). Esta es la vida básica de la fe. Desde aquí podemos llegar a alturas sin límite. "Creéis en Dios", dijo nuestro Señor Jesucristo, "creed también en mí" (Jn. 14:1). Sin lo primero no puede haber lo segundo.

Si realmente queremos seguir a Dios, debemos procurar vivir en otro mundo. Digo esto sabiendo muy bien que esta expresión la han usado con desprecio los hijos de este mundo, aplicándola a los cristianos como una etiqueta de reprensión. Que así sea. Toda persona debe elegir su mundo. Si nosotros, que seguimos a Cristo, teniendo delante todos los hechos y sabiendo a qué nos dedicamos, elegimos deliberadamente el reino de Dios como nuestra esfera de interés, no veo ningún motivo para que nadie objete a esto. Si al hacerlo salimos perdiendo, perdemos nosotros; si ganamos, no perjudicamos a nadie. El "otro mundo", que es el blanco del desprecio de este mundo y de la canción burlona del borracho, es nuestra meta, cuidadosamente elegida, y el objeto de nuestro anhelo más sagrado.

Sin embargo, debemos eludir el error frecuente que consiste en colocar ese "otro mundo" en el futuro. No es futuro, sino presente. Es paralelo a nuestro mundo físico y familiar, y las puertas entre ambos mundos están abiertas. El escritor de Hebreos dice, usando un tiempo claramente presente,

> sino que os habéis acercado al monte de Sion, a la ciudad del Dios vivo, Jerusalén la celestial, a la compañía de muchos millares de ángeles, a la congregación de los primogénitos que están inscritos en los cielos, a Dios el Juez de todos, a los espíritus de los justos hechos perfectos, a Jesús el Mediador del nuevo pacto, y a la sangre rociada que habla mejor que la de Abel (He. 12:22-24).

Todas estas cosas se comparan con el "monte que se podía palpar" (12:18), y "al sonido de la trompeta, y a la voz que hablaba" (12:19), cosas que se pueden oír. ¿No podemos concluir con seguridad que, igual que los sentidos captaban las realidades del monte Sinaí, el alma puede captar las realidades del monte Sion? Y esto no se consigue mediante un truco de la imaginación, sino en la realidad absoluta. El alma tiene ojos para ver y oídos con los que oír. Puede que estén debilitados porque hace mucho que no los usamos, pero mediante el contacto vivificador de Cristo, ahora están vivos y capaces de ver con agudeza y escuchar con claridad.

**Cuando empecemos a centrarnos en Dios, las cosas del espíritu irán cobrando forma ante nuestros ojos.**

Cuando empecemos a centrarnos en Dios, las cosas del espíritu irán cobrando forma ante nuestros ojos. La obediencia a la Palabra de Cristo traerá una revelación interior de la Deidad (ver Jn. 14:21-23). Nos proporcionará una percepción aguda, permitiéndonos ver a Dios tal como se promete a los puros de corazón. Nos invadirá una nueva consciencia de Dios, y empezaremos a gustar, escuchar y sentir interiormente al Dios que es nuestra vida y nuestro todo. Allí veremos el fulgor constante de "aquella luz verdadera, que alumbra a todo hombre" y que "venía a este mundo" (Jn. 1:9). Más y más, a medida que nuestras facultades se agudicen y se vuelvan más firmes, Dios se convertirá para nosotros en el gran Todo, y su presencia será la gloria y la maravilla de nuestras vidas.

*¡Oh, Dios, apresúrate a vivificar todas las capacidades de mi vida, para que pueda aferrarme de las cosas eternas! Abre mis ojos para que vea; dame una percepción espiritual aguda; permíteme gustarte y saber que eres bueno. Haz que el cielo sea más real para mí de lo que lo ha sido jamás cualquier cosa terrenal. Amén.*

14

# Restaurando la relación Creador-criatura

*Exaltado seas sobre los cielos, oh Dios;*
*sobre toda la tierra sea tu gloria.*
Salmos 57:5

Es una frase trillada decir que el orden en la naturaleza depende de las relaciones correctas; para alcanzar la armonía, cada cosa debe ocupar su posición idónea relativa a otra cosa. En la vida humana pasa lo mismo.

He comentado antes, en estos capítulos, que la causa de todas nuestras miserias humanas es una dislocación moral radical, un trastorno en nuestra relación con Dios y con nuestro prójimo. Y es que, fuera lo que fuese la caída aparte de esto, fue sin duda un cambio radical en la relación entre el ser humano y su Creador. Adoptó una actitud alterada respecto a Dios y, al hacerlo, destruyó la relación correcta entre Creador y criatura en la que radicaba, sin él saberlo, la verdadera felicidad. Esencialmente, la salvación es la restauración de una relación correcta entre el hombre y su Creador, una recuperación de la normalidad de la relación entre Creador y criaturas.

La vida espiritual satisfactoria comenzará con un cambio total de la relación entre Dios y el pecador; no se trata de un mero cambio judicial, sino de un cambio consciente y experimentado que afecta a toda la naturaleza del pecador. La expiación por la sangre de Jesús posibilita ese cambio judicial, y la obra del Espíritu Santo la vuelve emocionalmente satisfactoria. La historia del hijo pródigo ilustra perfectamente esa fase posterior. Se había metido en un montón de problemas al renunciar a la posición que había tenido antes, como digno hijo de su padre. En el fondo, su restauración no fue más que el restablecimiento de la relación paternofilial que había existido desde su nacimiento, y que se alteró temporalmente debido a su acto de rebelión pecaminosa. El relato pasa por alto los aspectos legales de la redención, pero manifiesta de una forma muy hermosa los aspectos experienciales de la salvación.

Para determinar las relaciones debemos empezar en alguna parte. Tiene que existir un punto fijo frente al que medir todo lo demás, donde no penetre la ley de la relatividad y donde podamos decir "ES", sin hacer concesión alguna. Ese centro es Dios. Cuando Dios quiso dar a conocer su nombre a la humanidad, no pudo encontrar un nombre mejor que "YO SOY". Cuando habla en primera persona, dice "YO SOY"; cuando hablamos de Él, decimos "Él es"; cuando le hablamos le decimos, "Tú eres". Todos y todo se mide en relación con ese punto fijo: "YO SOY EL QUE SOY" (Éx. 3:14), dice Dios, "porque yo Jehová no cambio" (Mal. 3:6).

**La salvación es la restauración de una relación correcta entre el hombre y su Creador.**

Igual que el marinero localiza su posición en el mar al "apuntar" al sol, nosotros podemos localizar nuestro rumbo moral mirando a Dios. Debemos partir de Dios. Solo acertaremos cuando, y solo cuando, adoptemos una posición correcta relativa a Dios, y nos equivocaremos siempre que ocupemos cualquier otra posición distinta y durante el tiempo en que lo hagamos.

Buena parte de nuestras dificultades como cristianos que buscan nace de nuestra falta de voluntad de aceptar a Dios como es y adaptar nuestras vidas en consecuencia. Insistimos en intentar modificarle y acercarle más a nuestra propia imagen. La carne se queja del rigor de la sentencia inexorable de Dios y, como Agag, ruega un poco de misericordia, un poco de indulgencia con sus actos carnales. No sirve de nada. Solo podemos empezar bien si aceptamos a Dios como Él es y aprendemos a amarle por lo que es. A medida que vayamos conociéndole mejor, descubriremos que el hecho de que Dios sea exactamente como es constituye una fuente de gozo inefable. Algunos de los momentos más gozosos que conoceremos serán aquellos que pasemos sumidos en una admiración arrebatada de Dios. En esos momentos sagrados, el mero hecho de pensar en que Dios pueda cambiar será demasiado doloroso como para soportarlo.

De modo que empecemos con Dios. Por detrás de todo, por encima de todo, antes que todo, está Dios; es el primero en la secuencia, y también en su rango y en su estado, exaltado en dignidad y en honor. Como el único autoexistente, dio el ser a todos los seres; y todas las cosas existen por Él y para Él. "Señor, digno eres de recibir la gloria y la honra y el poder; porque tú creaste todas las cosas, y por tu voluntad existen y fueron creadas" (Ap. 4:11).

Toda alma pertenece a Dios, y existe para complacerle. Siendo Dios quien es y como es, y siendo nosotros quienes somos y lo que somos, la única relación imaginable entre nosotros es la del pleno señorío por su parte y la sumisión completa por la nuestra. Le debemos todo honor que esté en nuestra mano ofrecerle. Si le damos menos de lo que podemos, nos perjudicamos para siempre.

La búsqueda de Dios conlleva la tarea de hacer que toda nuestra personalidad se conforme a Él, y no desde el punto de vista judicial, sino en la realidad. Aquí no estoy hablando del acto de la justificación por la fe en Cristo. Hablo de exaltar voluntariamente a Dios al estado que le corresponde sobre nosotros, y de una entrega voluntariosa de todo nuestro ser a ese lugar de sometimiento adorador que es pertinente dada la circunstancia Creador-criatura.

En el momento en que tomamos la decisión de seguir avanzando con la determinación de exaltar a Dios por encima de todo, nos salimos del desfile de este mundo. Nos encontramos desajustados frente a los caminos del mundo y, cada vez más, a medida que progresemos en la vía santa. Adquirimos un nuevo punto de vista; dentro de nosotros se forma una psicología nueva y distinta; un nuevo poder empezará a sorprendernos con sus entradas y salidas.

**Por necesidad debemos ser siervos de alguien, ya sea de Dios o del pecado.**

Nuestra ruptura con el mundo será el resultado directo de nuestra relación alterada con Dios. Y es que el mundo de los hombres caídos no honra a Dios. Hay millones que se llaman por su nombre, es cierto, y que le rinden cierto honor simbólico, pero una sencilla prueba demostrará lo realmente poco que le honran. Sometamos al hombre de a pie a la prueba que supone la pregunta de quién está *por encima*, y ahí se revelará su postura auténtica. Si le obligamos a elegir entre Dios y el dinero, entre Dios y los hombres, entre Dios y la ambición personal, entre Dios y él mismo, entre Dios y el amor humano, Dios ocupará siempre el segundo lugar. Exaltará esas otras cosas por encima de Él. Por mucho que diga una de esas personas, la prueba radica en las decisiones que toma día tras día a lo largo de su vida.

"Engrandécete, oh Jehová" (Sal. 21:13) es la expresión de la experiencia espiritual victoriosa. Es una pequeña llave con la que abrir la puerta a grandes tesoros de la gracia. Es esencial para la vida de Dios en el alma. Cuando el hombre que busca llegue a un lugar en el que su vida y sus labios se unan para decir constantemente: "Sé exaltado", mil pequeños problemas se resolverán de inmediato. Su vida cristiana dejará de ser ese asunto complicado que fue antes, y se convertirá en la esencia misma de la simplicidad. Mediante el ejercicio de su voluntad ha fijado su rumbo, y se mantendrá en ese rumbo como si lo guiase un piloto automático. Si un viento contrario lo desvía del rumbo durante un instante, sin duda volverá a recuperarlo gracias a la brújula de su alma. Los movimientos ocultos del Espíritu obran a su favor, y "desde los cielos pelearon las estrellas" (Jue. 5:20) por Él. Se ha enfrentado al problema de su vida en su mismo centro, y todo lo demás se desprende de esto.

Que nadie piense que perderá un ápice de su dignidad humana mediante esta entrega voluntaria de su persona a Dios. Al hacer esto no se degrada como persona; más bien encuentra su lugar de honor correcto como alguien hecho a imagen de su Creador. Su profunda desgracia radica en su locura moral, su usurpación antinatural del lugar que le corresponde a Dios. Su honor se justificará al devolver ese trono robado. Al exaltar a Dios por encima de todo, ve cómo su propio honor queda ratificado.

Todo el que se sienta reacio a entregar su voluntad a la voluntad de otro debe recordar las palabras de Jesús: "De cierto, de cierto os digo, que todo aquel que hace pecado, esclavo es del pecado" (Jn. 8:34). Por necesidad debemos ser siervos de alguien, ya sea de Dios o del pecado. El pecador se enorgullece de su independencia, pasando totalmente por alto el hecho de que es el débil esclavo del pecado que controla sus miembros. El hombre que se entrega a Cristo cambia a un cruel capataz por un amo amoroso y amable, cuyo yugo es fácil y cuya carga es ligera (ver Mt. 11:30).

Al haber sido hechos a imagen de Dios, no nos extraña apenas aceptar a nuestro Dios como nuestro todo. Dios fue nuestro hábitat originario, y nuestros corazones no pueden por menos que sentirse como en casa cuando vuelven a entrar en esa antigua y hermosa morada.

**El pecador se enorgullece de su independencia, pasando totalmente por alto el hecho de que es el débil esclavo del pecado que controla sus miembros.**

Espero que quede claro que la exigencia que hace Dios de ser preeminente en nuestra vida es lógica. Ese lugar le corresponde por derecho, tanto en la tierra como en el cielo. Mientras nos aferremos al lugar que le pertenece, todo el rumbo de nuestra vida estará desviado. Nada podrá restaurar el orden hasta que nuestros corazones tomen la gran decisión: Dios debe ser exaltado.

"Porque yo honraré a los que me honran" (1 S. 2:30), dijo Dios a un sacerdote de Israel, y esa antigua ley del reino sigue inalterada a pesar del paso del tiempo o los cambios de dispensación. Toda la Biblia, y cada página de la historia, proclaman la perpetuación de esa ley. "Si alguno me sirviere, mi Padre le honrará" (Jn. 12:26), dijo nuestro Señor Jesús, vinculando lo viejo con lo nuevo, y revelando la unidad esencial de su forma de relacionarse con el ser humano.

A veces, la mejor manera de ver algo es fijándose en su opuesto. Elí y sus hijos recibieron el sacerdocio con la condición de que honrasen a Dios en sus vidas y con su ministerio. No lo hicieron, y Dios envió a Samuel para anunciar las consecuencias. Sin que Elí lo supiera, esta ley del honor recíproco había estado operando en secreto, y entonces llegó el momento del juicio. Ofni y Finees, los sacerdotes degenerados, cayeron en la batalla, la esposa de Finees murió al dar a luz, Israel tiene que huir de sus enemigos, el arca de Dios cae en manos de los filisteos y el anciano Elí se cae hacia atrás y se rompe el cuello. Así, la incapacidad de Elí para honrar a Dios acarreó una gran tragedia tras otra.

Ahora contrastemos con esto a casi todos los personajes bíblicos que intentaron honrar sinceramente a Dios en su caminar terrenal. Fijémonos cómo Dios toleró sus debilidades y pasó por alto sus fracasos, derramando sobre sus siervos una gracia y una bendición inefables. Sin importar que hablemos de Abraham, Jacob, David, Daniel o Elías, o de quien quieras; el honor nace del honor como la cosecha de la siembra. El hombre de Dios volcó su corazón en exaltar a Dios sobre todo; Dios aceptó su intención como un hecho y actuó en consecuencia. Lo que marcó la diferencia no fue la perfección, sino la intención santa.

Esta ley se manifestó con una perfección sencilla en nuestro Señor Jesucristo. En su humilde humanidad se rebajó a sí mismo y, gozosamente, dio toda la gloria a su Padre celestial. No buscó su propio honor, sino el del Dios que le envió. En cierta ocasión dijo: "Si yo me glorifico a mí mismo, mi gloria nada es; mi Padre es el que me glorifica, el que vosotros decís que es vuestro Dios" (Jn. 8:54). Los orgullosos fariseos se habían alejado tanto de esta ley que no podían comprender a alguien que honrase a Dios a su propia costa. "Yo... honro a mi Padre", les dijo Jesús, "y vosotros me deshonráis" (8:49).

Otro dicho de Jesús, más inquietante, lo encontramos bajo la forma de una pregunta: "¿Cómo podéis vosotros creer, pues recibís gloria los unos de los otros, y no buscáis la gloria que viene del Dios único?" (5:44). Si entiendo bien esto, aquí Cristo enseñó la alarmante doctrina de que el deseo de obtener honor entre los hombres volvía imposible la fe. ¿Se encuentra este pecado en la raíz de la incredulidad religiosa? ¿Podría ser que esas "dificultades intelectuales" a las que culpan los hombres de su incapacidad para creer sean una mera cortina de humo para ocultar la verdadera causa que subyace en el problema? Este codicioso anhelo del honor de los hombres, ¿fue lo que los convirtió en fariseos y a los fariseos en deicidas? ¿Es este el secreto detrás de la santurronería religiosa y la adoración vacía? Creo que puede ser. Todo el curso de la vida se ve trastornado por la incapacidad de poner a Dios en el lugar que le corresponde. Nos exaltamos a nosotros mismos en lugar de a Dios, y el resultado es una maldición.

**Cristo enseñó la alarmante doctrina de que el deseo de obtener honor entre los hombres volvía imposible la fe.**

Al seguir nuestro deseo de Dios, tengamos siempre en cuenta que Dios también tiene deseos, y su deseo es por los hijos de los hombres y, sobre todo, por esos hijos de los hombres que tomarán la decisión, una vez y para siempre, de exaltarle por encima de todas las cosas. Tales personas son preciosas para Dios, más que todos los tesoros de la tierra o del mar. En ellos Dios encuentra un teatro donde puede escenificar su amor increíble por nosotros en Cristo Jesús. Dios puede caminar con ellos sin obstáculos, y puede actuar en sus vidas como el Dios que es.

Al decir esto me asalta un temor: que convenza a la mente antes de que Dios pueda hacerse con el corazón. Y es que esta postura de Dios por encima de todo no es fácil de aceptar. Es posible que la mente la apruebe sin contar con el consentimiento de la voluntad para ponerla en práctica. Aunque la imaginación se apresura y corre para honrar a Dios, la voluntad puede quedarse atrás y el hombre no adivinará jamás la división que hay en su corazón. El ser humano, al completo, es el que debe tomar la decisión antes de que el corazón conozca la verdadera satisfacción. Dios nos quiere enteros, y no descansará hasta que nos reciba por completo. No se conforma con una parte.

Oremos por esto detalladamente, postrándonos ante los pies de Dios y sintiendo todo lo que digamos. Nadie que ore así, sinceramente, tendrá que esperar mucho tiempo a recibir muestras de la aceptación divina. Dios revelará su gloria ante los ojos de sus siervos, y pondrá todos sus tesoros a disposición de ellos, porque sabe que Su honor está a salvo en esas manos consagradas.

*¡Oh Señor, sé exaltado sobre mis posesiones! No consideraré valioso ninguno de los tesoros de este mundo con tal de que tú seas glorificado en mi vida. Sé exaltado sobre mis amistades. Estoy decidido a que estés por encima de todo, aunque me quede abandonado y solo en medio de la tierra. Sé exaltado por encima de mis comodidades. Aunque esto suponga la pérdida de la comodidad física y la carga de cruces pesadas, mantendré el voto que hago hoy delante de ti. Sé exaltado más que mi reputación. Dame la ambición de complacerte, incluso si como resultado de ello deba hundirme en el anonimato y todos olviden mi nombre como un sueño. Exáltate, oh Señor, al lugar de honor que te corresponde, por encima de mis ambiciones, las cosas que me gustan o me disgustan, mi familia, mi salud e incluso mi propia vida. Permíteme menguar para que tú crezcas, deja que me hunda para que tú asciendas. Entra en mi vida como entraste en Jerusalén a lomos de aquel animal tan humilde, un pollino, el hijo de una asna, y permíteme escuchar a los niños que claman "¡Hosanna en las alturas!". Amén.*

15

# NO HAY REGENERACIÓN SIN REFORMA

En la Biblia, la oferta de perdón por parte de Dios exige la condición de que el hombre tenga la intención de reformarse. La regeneración espiritual no puede producirse hasta que haya habido una reforma moral. El hecho de que esta afirmación necesite que la defienda solo demuestra hasta qué punto nos hemos alejado de la verdad.

Dentro de nuestra teología popular moderna, el perdón depende solo de nuestra fe. ¡El propio término *reforma* ha sido eliminado por los hijos de la Reforma!

A menudo escuchamos la declaración: "No predico la reforma, sino la regeneración". Admitimos que esto es la expresión de una reacción loable contra la doctrina insípida y antibíblica de la salvación por obras humanas. Pero la declaración, tal como se expresa, contiene un auténtico error, porque contrapone la reforma a la regeneración. En realidad, dentro de la sana doctrina bíblica ambas cosas nunca se oponen. La doctrina de la regeneración sin reforma nos expone incorrectamente una situación "una cosa u otra": o aceptas la reforma o la regeneración. Esto es un error. El hecho es que sobre este tema no nos encontramos con una situación "una cosa u otra", sino "una cosa y otra". El hombre convertido es tanto reformado como regenerado. A menos que el pecador esté dispuesto a reformar su forma de vivir, nunca conocerá la experiencia interior de la regeneración. Esta es la verdad esencial que se ha perdido bajo la hojarasca de la teología evangélica popular.

La idea de que Dios perdonará a un rebelde que no ha renunciado a su rebelión es contraria tanto a las Escrituras como al sentido común. ¡Qué espanto, contemplar una iglesia llena de personas que han sido perdonadas pero que aún aman el pecado y odian los caminos de la justicia! ¡Y cuánto más horrible es pensar en un cielo lleno de pecadores que no se han arrepentido de su forma de vivir ni la han cambiado!

**La regeneración espiritual no puede producirse hasta que haya habido una reforma moral.**

Hay una anécdota conocida que ilustra esto. El gobernador de uno de nuestros estados estaba visitando de incógnito la cárcel estatal. Se puso a conversar con un apuesto y joven convicto y sintió el deseo secreto de conmutar su condena. Como si nada, le preguntó: "¿Qué haría si tuviera la suerte de recibir el perdón?". El convicto, sin saber con quién estaba hablando, contestó con una mueca: "Si alguna vez salgo de aquí, lo primero que voy a hacer es degollar al juez que me envió a la cárcel". El gobernador interrumpió la conversación y salió de la celda. El convicto se quedó en la cárcel. Perdonar a un hombre que no se había reformado hubiera sido poner en libertad a otro asesino. Este tipo de perdón no solo sería absurdo, sino directamente inmoral.

En las Escrituras, la promesa del perdón y de la limpieza siempre se asocia con el mandamiento de arrepentirse. Ese pasaje de Isaías que tanto se usa, que dice "si vuestros pecados fueren como la grana, como la nieve serán emblanquecidos; si fueren rojos como el carmesí, vendrán a ser como blanca lana" (Is. 1:18), está unido indisolublemente a los versículos que lo preceden: "Lavaos y limpiaos; quitad la iniquidad de vuestras obras de delante de mis ojos; dejad de hacer lo malo; aprended a hacer el bien; buscad el juicio, restituid al agraviado, haced justicia al huérfano, amparad a la viuda" (1:16-17). ¿Qué nos enseña esto sino la reforma radical de la vida antes de que haya alguna expectativa de perdón? Disociar estas palabras unas de otras supone violentar las Escrituras y hacernos culpables de manipular con engaño la verdad.

**La idea de que Dios perdonará a un rebelde que no ha renunciado a su rebelión es contraria tanto a las Escrituras como al sentido común.**

Creo que no cabe duda de que la enseñanza de la salvación sin arrepentimiento ha rebajado los estándares morales de la iglesia, produciendo una multitud de profesores religiosos engañados, quienes creen erróneamente que son salvos cuando en realidad siguen metidos en la hiel de la amargura y la esclavitud de la iniquidad. Ver cómo esas personas buscan la vida más profunda es un espectáculo grotesco y decepcionante. Sin embargo, a veces los altares están llenos de buscadores que, junto a Simón, claman diciendo: "Dadme también a mí este poder" (Hch. 8:19), cuando, sencillamente, no han echado los cimientos morales para reclamarlo. Esto debe considerarse una victoria clara para el diablo, una victoria de la que nunca habría disfrutado si no lo hubieran hecho posible los maestros necios que predicaron la doctrina maligna de la regeneración carente de reforma.

16

# La fe es perturbadora

Los primeros luteranos decían: "La fe es algo perturbador". A Martín Lutero se le debe, por la gracia de Dios, el redescubrimiento de la doctrina bíblica de la justificación por la fe. El énfasis que puso Lutero sobre la fe como la única vía para obtener la paz del corazón y la liberación del pecado proporcionó un nuevo impulso a la vida de la iglesia decadente, provocando la Reforma. Todo esto es historia. No es cuestión de una mera opinión, sino hechos comprobados; cualquiera puede verificarlos.

Sin embargo, a la doctrina de la justificación por la fe tal como la enseñaba Lutero le ha pasado algo. No es fácil descubrir qué le ha sucedido. No es cuestión de simples hechos, un sí o no claro, un blanco o negro evidente. Resulta más escurridizo que esto, y es mucho más difícil llegar hasta ello; pero lo que ha sucedido es tan grave y tan esencial que ha alterado, o está en proceso de alterar, todo el punto de vista evangélico. Si sigue así, es muy posible que ponga el cristianismo patas arriba, y sustituya la fe de nuestros padres por algo totalmente distinto. La revolución espiritual será tan gradual y tendrá un aspecto tan inocente que apenas nos daremos cuenta. Todo el que se oponga a ella será acusado de luchar contra los molinos, como hizo don Quijote.

La fe de Pablo y de Lutero fue revolucionaria. Trastornó la vida entera del individuo, convirtiéndole en alguien totalmente diferente. Se hacía con el control de la vida y la sometía a la obediencia a Cristo. Tomaba su cruz y seguía a Jesús, sin intención de retroceder. Decía adiós a sus viejos amigos, con tanta certidumbre como Elías cuando se subió al carro de fuego y fue arrebatado en medio de un torbellino. Era algo definitivo. Se cerraba sobre el corazón humano como lo haría un cepo; atrapaba al hombre y, desde aquel momento, le convertía en un siervo feliz y amante de su Señor. Convertía la tierra en un desierto y ponía el cielo al alcance de la vista del alma creyente. Realineaba todas las actividades de la vida y las adaptaba a la voluntad de Dios. Colocaba a su poseedor en una cumbre de la verdad y, desde este punto de vista tan ventajoso, contemplaba todo lo que caía dentro del campo de su experiencia. Le empequeñecía, engrandecía a Dios y despertaba un amor imparable por Cristo. Todo esto, y más, es lo que le pasaba a una persona cuando recibía la fe que justifica.

**La fe de Pablo y de Lutero fue revolucionaria. Trastornó la vida entera del individuo, convirtiéndole en alguien totalmente diferente.**

Llegó la revolución, en silencio, con firmeza, y dotó de otra connotación a la palabra *fe*. Poco a poco, el significado de la palabra pasó de ser lo que era a lo que es ahora. Ese cambio fue tan insidioso que apenas se ha alzado una sola voz que nos advierta del mismo. Pero sus consecuencias trágicas están por todas partes.

Ahora la fe no significa más que el acatamiento moral y pasivo de la Palabra de Dios y de la cruz de Jesús. Para ejercerla, solo tenemos que arrodillarnos y asentir con la cabeza aceptando las instrucciones de un obrero personal que intenta salvar nuestra alma. El efecto general se parece mucho al que sienten los hombres cuando visitan a un médico bueno y sabio. Cuando vuelven de la visita, se sienten muy bien, sonriendo quizá con cierta vergüenza al pensar en lo preocupados que estaban por su salud cuando, en realidad, no les pasaba nada. Solo necesitaban un descanso.

Una fe como esta no perturba a nadie; los consuela. No les desencaja la cadera para que tengan que irse cojeando; más bien les enseña ejercicios de respiración y mejora su postura. Lava el rostro de su ego y evita que su confianza en sí mismos caiga en el desánimo. Consiguen todo esto, pero no reciben un nombre nuevo, como lo obtuvo Jacob, ni llegan cojeando a la eterna luz del sol. "Y cuando había pasado Peniel, le salió el sol; y cojeaba de su cadera" (Gn. 32:31). Ese fue Jacob; mejor dicho, ese fue Israel, porque el sol no es que brillase mucho sobre Jacob: le daba vergüenza hacerlo. Pero le encantaba reposar sobre la cabeza del hombre al que Dios había transformado.

Esta generación de cristianos debe escuchar otra vez la doctrina de la capacidad perturbadora de la fe. A la gente hay que decirle que la religión cristiana no es algo con lo que puedan jugar. La fe de Cristo manda, porque, de no hacerlo, no tiene nada que ver con los hombres. No se presta a que experimenten con ella. Su poder no puede alcanzar a nadie que, en secreto, mantenga abierta una vía de escape por si las cosas se le complican. La única persona que puede estar segura de que tiene una genuina fe bíblica es aquella que se ha colocado en una posición que no le permite volverse atrás. Su fe ha dado como resultado un compromiso eterno e irrevocable y, por mucho que se sienta tentado, siempre responde: "Señor, ¿a quién iremos? Tú tienes palabras de vida eterna" (Jn. 6:68).

17

# La fe auténtica supone compromiso

Para muchos cristianos, Cristo es poco más que una idea o, como mucho, un ideal. Él no es un hecho. Hay millones de creyentes profesos que hablan como si Jesús fuera real y actúan como si no lo fuera. Nuestra verdadera postura siempre se revela por el modo en que nos comportamos, no por nuestra manera de hablar.

Podemos demostrar nuestra fe por nuestro compromiso con ella, y no de ninguna otra manera. Toda creencia que no controle a quien la profesa no es una verdadera creencia; solo es una pseudocreencia. Puede que a algunos nos impactase profundamente si nos pusieran delante, cara a cara, nuestras creencias, y nos obligasen a probarlas en los fuegos de la vida práctica.

Muchos de los cristianos nos hemos vuelto muy hábiles para disponer nuestras vidas de tal modo que admitimos la verdad del cristianismo sin que nos avergüencen sus consecuencias. Arreglamos las cosas de tal manera que podemos ir avanzando bastante bien sin la ayuda divina mientras, al mismo tiempo, la buscamos ostensiblemente. Nos jactamos en el Señor, pero tenemos cuidado para que nadie nos pille dependiendo de Él. "Engañoso es el corazón más que todas las cosas, y perverso; ¿quién lo conocerá?" (Jer. 17:9).

La fe falsa siempre prepara un segundo plan por si Dios no ayuda. La verdadera fe solo conoce un camino, y permite alegremente que desaparezca cualquier otra opción o cualquier sustituto prefabricado. La fe auténtica solo tiene dos opciones: Dios o el fracaso absoluto. Y desde que Adán caminó por este mundo, no ha habido un solo hombre ni una sola mujer que hayan confiado en Dios a quienes Él les haya fallado.

La persona que tiene una fe falsa luchará por su credo verbal, pero se negará por completo a meterse en unas circunstancias en las que su futuro dependa de que ese credo sea verdad. Siempre buscará métodos secundarios de escapar, de modo que tenga un lugar por donde huir si el techo se desploma.

**La fe auténtica solo tiene dos opciones: Dios o el fracaso absoluto.**

Lo que necesitamos urgentemente en nuestros tiempos es un grupo de cristianos que estén dispuestos a confiar en Dios de un modo tan absoluto como saben que deberán hacerlo aquel último día. Sin duda, a todos nosotros nos llegará el momento en que no tendremos nada más que a Dios. La salud, la riqueza, los amigos, los lugares donde esconderse, todo habrá desaparecido, y solo dispondremos de Dios. Para el hombre con una fe falsa este pensamiento es terrorífico, pero para la fe real es uno de los pensamientos más consoladores que pueda tener el corazón.

Sería una tragedia llegar a ese punto en que no tenemos a nadie sino a Dios y descubrir que, en realidad, durante el tiempo de nuestro peregrinaje terrenal, no habíamos confiado en Él. Sería mejor que pidiéramos ahora a Dios que elimine toda confianza falsa, que aparte nuestros corazones de todos los lugares secretos donde nos escondemos y que nos saque a la luz, donde podamos descubrir por nosotros mismos si confiamos en Él o no. Esta es una cura severa para nuestros problemas, pero es eficaz. Es posible que las curas menos agresivas sean demasiado débiles para conseguir ese efecto. Y el tiempo se nos acaba.

18

# No hay salvación sin señorío

Nunca debemos infravalorar la capacidad que tienen los seres humanos de meterse en líos.

Parece ser que la humanidad tiene una habilidad evidente de retorcer la verdad hasta que deja de ser verdad y se convierte en una mentira descarada. Es posible alterar toda la estructura de la verdad poniendo un énfasis excesivo en algo y quitándole importancia a otras cosas, obteniendo resultados totalmente falsos sin que ni siquiera seamos conscientes de ello.

Este hecho me vino a la mente con fuerza hace poco, cuando escuché de nuevo la doctrina desacreditada de un Cristo dividido, que estuvo tan de moda hace unos años, y que aún aceptan muchos círculos religiosos. Dice lo siguiente: Cristo es tanto Salvador como Señor. Un pecador puede ser salvo aceptándole como Salvador sin someterse a Él como Señor. La vertiente práctica de esta doctrina es que el evangelista presenta (y el buscador acepta) a un Cristo dividido. Todos hemos escuchado ese llamamiento lacrimoso que se hace a personas que ya son salvas para que acepten a Cristo como Señor y entren así en la vida victoriosa.

Casi todas las enseñanzas de la vida profunda se basan en esta falacia, pero, dado que contiene cierta dosis de verdad, nadie cuestiona su validez. En realidad, es extremadamente simple y de lo más popular y, además de estas características que ayudan a venderla, está hecha a medida para el orador y el oyente, y no les exige que piensen. Así que se predican alegremente sermones que contienen esta herejía, se escriben libros y se componen canciones, todas las cuales dicen lo mismo; y todas transmiten el mismo error, excepto, como ya he dicho, ese germen débil de verdad que yace inerte en el fondo.

Sin embargo, parece extraño que ninguno de esos maestros se haya apercibido jamás de que el único objeto verdadero de la fe que salva es el propio Cristo; no la "naturaleza salvadora" de Cristo ni su "señorío", sino el propio Cristo. Dios no ofrece la salvación a alguien que cree en uno de los oficios de Cristo, y ninguno de esos oficios se nos presenta en ningún momento como objeto de la fe. Tampoco se nos exhorta a creer en la expiación, ni en la cruz, ni en el sacerdocio del Salvador. Todas estas cosas están contenidas en la Persona de Cristo, pero nunca se separan y jamás se disocia una de las otras. Y mucho menos se nos permite que aceptemos una de las funciones de Cristo y rechacemos otra. La idea de que tenemos permiso para hacerlo es una herejía de nuestros tiempos, repito, y como toda herejía ha tenido consecuencias nefastas entre los cristianos. No es posible defender una herejía sin que haya consecuencias. Nuestros errores teóricos los pagamos con fracasos prácticos.

**La humanidad tiene una habilidad evidente de retorcer la verdad hasta que deja de ser verdad y se convierte en una mentira descarada.**

Es dudoso que una persona se pueda salvar cuando acude a Cristo en busca de ayuda pero sin intención de obedecerle. El papel de Cristo como Salvador está unido para siempre con su señorío. Fijémonos en las Escrituras:

> que si confesares con tu boca que Jesús es el Señor, y creyeres en tu corazón que Dios le levantó de los muertos, serás salvo... pues el mismo que es Señor de todos, es rico para con todos los que le invocan; porque todo aquel que invocare el nombre del Señor, será salvo. (Ro. 10:9, 12-13)

En este pasaje, el *Señor* es el objeto de la fe para salvación. Cuando el carcelero de Filipos preguntó cómo podía ser salvo, Pablo contestó: "Cree en el Señor Jesucristo, y serás salvo" (Hch. 16:31). No le dijo que creyese en el Salvador, pensando que más tarde ya se ocuparía del tema de su señorío disponiéndolo a su conveniencia. Para Pablo no puede haber división de oficios: Cristo debe ser Señor para ser Salvador.

**Nuestros errores teóricos los pagamos con fracasos prácticos.**

Aquí no tengo intención alguna de enseñar que el creyente serio no pueda seguir buscando en Cristo sentidos cada vez más amplios, ni sostengo que nuestro primer contacto salvador con Cristo aporta el conocimiento perfecto de todo lo que Él es para nosotros. Por el contrario: ni los siglos de los siglos bastarán para permitirnos experimentar todas las riquezas de su gracia. A medida que descubramos nuevos significados en sus títulos y los hagamos nuestros, creceremos en el conocimiento de nuestro Señor y en la apreciación personal de los múltiples oficios que cumple y de las numerosas formas de amor que adopta, exaltado, en su trono. Esta es la verdad que se ha desvirtuado y se ha reducido a la impotencia mediante la doctrina que dice que podemos creer en su condición de Salvador mientras rechazamos su señorío.

19

# Por qué se otorga el Espíritu Santo

Hace una generación, algunos maestros de la Biblia redujeron con esmero la obra del Espíritu Santo en la vida del creyente a una sola cosa: otorgar poder para servir.

Durante los primeros veinticinco años de nuestro siglo, la expresión "poder para el servicio" apareció en todas partes dentro de la literatura del cristianismo evangélico, y uno recibe la impresión clara de que pretendía funcionar como un motivo bíblico para la presencia del Espíritu Santo en la iglesia, distinta a la que en aquella época proclamaban las sectas carismáticas que tenían tanto éxito en algunas partes del mundo, sobre todo en Estados Unidos. Estas afirmaban que habían regresado al cristianismo del Nuevo Testamento, y ofrecían como prueba la presencia de los dones del Espíritu entre ellas, con un énfasis concreto y, podríamos decir que exclusivo, en el don de lenguas. Esta enseñanza fue acompañada de un gran estallido de emotividad. Quienes tenían la experiencia la disfrutaban muchísimo, y los espectadores no podían por menos que verse profundamente afectados por esta demostración de gozo.

Los miembros más formales de la comunidad evangélica no soportarían la emotividad de los pentecostales, ni el evidente desequilibrio de su teología y su falta de responsabilidad en su conducta general. Pero hay que solucionar el tema del Espíritu. Los maestros populares de la Biblia inventaron la doctrina "poder para servir", y muchas buenas personas se sintieron de lo más aliviadas. Según esta contradoctrina, la llenura del Espíritu es necesaria y deseable en todo sentido, pero por otros motivos que por los que sostienen los pentecostales. Ellos decían que la gran obra del Espíritu en la vida del creyente era impartir "poder para servir". Es decir, que no es emocional ni carismática, sino práctica. El cristiano es débil, y el Espíritu se le concede para fortalecerle, de modo que pueda servir con eficacia. Este punto de vista lo respalda Hechos 1:8: "pero recibiréis poder, cuando haya venido sobre vosotros el Espíritu Santo, y me seréis testigos".

A menudo he intentado establecer la idea de que las verdades que se ven forzadas a mantenerse solas nunca se mantienen erguidas, y no es probable que aguanten mucho en pie. La verdad es una sola, pero las verdades son muchas. Las verdades escriturales están vinculadas unas con otras y son interdependientes. Una afirmación puede ser cierta en su relación con otras verdades, y menos que cierta cuando se la separa de ellas. "La verdad, toda la verdad, y nada más que la verdad" no solo es una frase válida ante un tribunal, sino también para el púlpito, el aula y la sala de oración.

Enseñar que la llenura del Espíritu Santo se produce en los cristianos para ofrecerles "poder para servir" es enseñar la verdad, pero no toda la verdad. El poder para servir es solo un efecto de la experiencia, y no vacilo en decir que es el menor de diversos efectos. Es el menor precisamente porque tiene que ver con el servicio, supuestamente el servicio a la humanidad; y, contrariamente a la creencia popular, "servir a la era presente" no es el primer deber del cristiano ni la meta principal del ser humano.

**Dios quiere adoradores antes que trabajadores.**

Como ya he dicho en otras ocasiones, los dos grandes verbos que dominan la vida humana son *ser* y *hacer*. Lo que *es* un hombre es lo primero a los ojos de Dios. Lo que hace viene determinado por lo que es, de modo que *es* tiene siempre la máxima importancia. El concepto moderno de que somos "salvados para servir", aunque es cierto, solo lo es dentro de un contexto más amplio y, tal como lo entienden hoy los cristianos ajetreados, no es cierto en absoluto.

La redención fue necesaria no solo debido a lo que estaban haciendo los hombres, sino debido a lo que eran. Lo que se había torcido no era solo la conducta humana, sino la naturaleza humana; de no ser por el defecto moral en la naturaleza humana, no se habría producido ninguna conducta maligna. Los hombres caídos actuaron conforme a lo que eran. Sus corazones dictaron sus actos. "Y vio Jehová que la maldad de los hombres era mucha en la tierra" (Gn. 6:5). Esto lo habría visto cualquier ser moral. Pero Dios vio más: vio el origen de los caminos de maldad del ser humano, y que "todo designio de los pensamientos del corazón de ellos era de continuo solamente el mal". El río de la conducta humana fluye de una fuente contaminada por los malos pensamientos e imaginaciones.

**El Espíritu quiere impartir dones y poder para servir, pero primero deben venir la santidad y la adoración espiritual.**

Para limpiar el arroyo, era necesario purificar la fuente; para reformar la conducta humana es necesario regenerarla. El *ser* fundamental debe santificarse para tener un *hacer* justo, porque ser y hacer están relacionados como causa y efecto, como padre e hijo.

La obra primaria del Espíritu Santo es restaurar el alma perdida a la comunión íntima con Dios por medio del lavamiento de la regeneración. Para cumplir esto, primero revela a Cristo al corazón penitente (ver 1 Co. 12:3). Luego pasa a iluminar al alma recién nacida con los rayos más brillantes del rostro de Cristo (ver Jn. 14:26; 16:13-15), y conduce al corazón que lo desea a las profundidades y a las cimas del conocimiento de Dios y de la comunión con Él. Recuerda que solo conocemos a Cristo como nos lo permite el Espíritu, y solo tenemos de Él lo que nos imparte el Espíritu Santo.

Dios quiere adoradores antes que trabajadores; de hecho, los únicos trabajadores aceptables son aquellos que han aprendido el arte perdido de la adoración. Es inconcebible que un Dios soberano y santo esté tan necesitado de trabajadores que obligue a servir a todo el que ha sido capacitado, independientemente de su catadura moral. Las propias piedras le alabarían si fuera necesario, y mil legiones de ángeles acudirían a hacer su voluntad.

Sin duda que el Espíritu quiere impartir dones y poder para servir, pero primero deben venir la santidad y la adoración espiritual.

20

# La morada de Dios

La doctrina que dice que Dios habita en nosotros es una de las más importantes del Nuevo Testamento, y su significado para el cristiano individual tiene una importancia indescriptible. Pasarla por alto supone padecer una gran pérdida. El apóstol Pablo rogaba a los cristianos efesios que Cristo habitase en sus corazones por la fe (3:17). Sin duda, para captar todas las implicaciones de esta gran verdad hace falta una fe con una vitalidad superior a la media.

Hay dos hechos que se combinan para hacer que esta doctrina sea difícil de aceptar: la suprema grandeza de Dios y la pecaminosidad absoluta del ser humano. Quienes tienen un mal concepto de Dios y de sí mismos pueden parlotear como si nada del "dios interior", pero el hombre que tiembla delante del Dios elevado y sublime que habita en la eternidad, cuyo nombre es Santo, percibirá que existe una incongruencia moral en la enseñanza que sostiene que un Dios semejante quiera vivir en el corazón de alguien tan despreciable.

Sin embargo, por incongruente que pueda parecer, en las Sagradas Escrituras se enseña tan plenamente que no podemos pasarlo por alto, y con tanta claridad que no podemos malentenderlo. "El que me ama, mi palabra guardará; y mi Padre le amará, y vendremos a él, y haremos morada con él", dijo nuestro Señor Jesucristo (Jn. 14:23). Que esta morada es *dentro del hombre* queda patente en estas palabras: "En aquel día vosotros conoceréis que yo estoy en mi Padre, y vosotros en mí, y yo en vosotros" (v. 20). Cristo dijo del Espíritu Santo: "mora con vosotros" (v. 17), y en su gran oración de Juan 17 nuestro Señor usa dos veces las palabras "y yo en ellos" (vv. 23, 26).

La certeza de la habitación divina se desarrolla más plenamente en las epístolas de Pablo. "¿No sabéis que sois templo de Dios, y que el Espíritu de Dios mora en vosotros?... porque el templo de Dios, el cual sois vosotros, santo es" (1 Co. 3:16, 17). Y una vez más: "¿O ignoráis que vuestro cuerpo es templo del Espíritu Santo, el cual está en vosotros, el cual tenéis de Dios, y que no sois vuestros?" (6:19).

Sin duda alguna, la enseñanza del Nuevo Testamento sostiene que el propio Dios habita en la naturaleza de sus auténticos hijos. No entiendo cómo puede ser esto, pero tampoco entiendo cómo habita mi alma en mi cuerpo. Pablo definió la maravilla de la morada de Dios en el ser humano como un gran misterio: "Cristo en vosotros, la esperanza de gloria" (Col. 1:27). Y si esta doctrina supusiera una contradicción o incluso una imposibilidad, debemos creer lo que ha dicho el Señor personalmente. "Antes bien sea Dios veraz, y todo hombre mentiroso" (Ro. 3:4).

Las riquezas espirituales que se encuentran encerradas en esta verdad son tan inmensas que merecen que hagamos todos los esfuerzos por recuperarlas y les concedamos todo el interés posible. Sin embargo, aquí no nos interesa principalmente la teología o la metafísica involucrada en este proceso. Queremos conocer su realidad. ¿Qué supone la verdad para nosotros en la práctica? ¿Qué ofrece a un cristiano serio que está obligado a vivir en un mundo oscuro y sin Dios? Como diría Pablo: "mucho, en todas maneras" (Ro. 3:2).

Dios no habita pasivamente en su pueblo; *hace su voluntad* en ellos y *obra* (ver Fil. 2:13); y recuerda que, esté donde esté, Dios siempre actúa conforme a su naturaleza. Hará en nosotros lo que su santa naturaleza le impulse hacer; y, a menos que le obstaculicemos con nuestra resistencia, actuará en nosotros precisamente como lo hace en los cielos. Lo único que se lo puede impedir es la voluntad humana no santificada.

Sin duda, debido a nuestra tozudez y nuestra incredulidad podemos obstaculizar la obra de Dios en gran medida. No cooperamos con los impulsos santos del Espíritu que vive en nosotros; nos oponemos a su voluntad tal como se revela en las Escrituras, ya sea porque no hemos dedicado tiempo a descubrir lo que enseña la Biblia o porque, cuando lo descubrimos, no lo aprobamos.

**Cristo ha hecho todo lo necesario para que seamos libres de la esclavitud de la carne.**

Esta lucha entre la deidad que vive en nosotros y nuestras propensiones caídas ocupa un lugar importante en la teología del Nuevo Testamento. Pero este combate no tiene por qué ser indefinido. Cristo ha hecho todo lo necesario para que seamos libres de la esclavitud de la carne. En Romanos 6 y 7 encontramos una exposición franca y realista de todo este asunto, y en el capítulo 8 se revela una solución triunfante: se consigue, brevemente, por medio de la crucifixión espiritual con Cristo seguida de la resurrección y de la unción del Espíritu Santo.

Una vez que el corazón se ve libre de sus impulsos contrarios, el Cristo que vive dentro se convierte en un maravilloso hecho experiencial. El corazón sometido ya no tiene controversia alguna con Dios, de modo que Él puede vivir en nosotros con afecto y sin inhibiciones. Entonces tiene en nosotros sus propios pensamientos: pensamientos sobre nosotros mismos, sobre sí mismo, sobre pecadores, santos, bebés y prostitutas; pensamientos acerca de la iglesia, acerca del pecado y del juicio, del infierno y del cielo. Y piensa en nosotros, en sí mismo y en su amor por nosotros y nuestro amor por Él; y nos llama con amor a sí mismo como lo hace un esposo con su esposa.

Sin embargo, el modo en que Dios obra en nuestra vida no tiene nada de formal ni de automático. Somos personalidades, y nos relacionamos con una personalidad. Somos inteligentes y tenemos una voluntad propia. Por así decirlo, podemos salir de nosotros mismos y disciplinarnos conforme a la voluntad de Dios. Podemos tener comunión con nuestros corazones cuando estamos en la cama y guardamos silencio. Podemos hablar con nuestro Dios en las vigilias de la noche. Podemos descubrir qué quiere que seamos, y orar y trabajar para hacerle una morada en el alma.

¿Y qué tipo de habitación complace a Dios? ¿Cómo deben ser nuestras naturalezas antes de que Él pueda sentirse como en casa en nuestra vida? Lo único que nos pide es un corazón puro y una mente firme. No nos pide lujos, alfombras orientales, tesoros artísticos de otros lugares. Solo desea sinceridad, transparencia, humildad y amor. Del resto se encarga Él.

21

# SOMOS SALVADOS *PARA*, NO SOLO *DE*

Hoy día, la Iglesia evangélica se encuentra en la incómoda posición de equivocarse aun teniendo razón, y lo que supone la gran diferencia es una breve preposición.

Creo que no hay dudas de que si dejamos que la Biblia decida lo que está bien y lo que está mal, los evangélicos mantendrán una postura de fe correcta. Incluso el escéptico H. L. Mencken dijo: "Si la Biblia es cierta, los fundamentalistas tienen razón". No admitió la veracidad de la Biblia, pero tuvo la agudeza suficiente como para entender que las doctrinas básicas que enseñaban los fundamentalistas eran idénticas a las que enseña la Biblia.

Uno de los lugares en que nos equivocamos aun teniendo razón es en el énfasis relativo que ponemos sobre las preposiciones *para* y *de* cuando siguen a la palabra *salvados*. Durante una larga generación hemos retenido la letra de la verdad mientras, al mismo tiempo, nos hemos alejado de ella en espíritu porque nos hemos preocupado más pensando en *de qué* somos salvos en lugar de pensar en *para qué* lo somos.

La importancia relativa y adecuada de los dos conceptos es la que expone Pablo en su primera epístola a los tesalonicenses: "cómo os convertisteis de los ídolos a Dios, para servir al Dios vivo y verdadero, y esperar de los cielos a su Hijo" (1:9-10).

El cristiano es salvo de sus pecados pasados. Ya no tiene

nada que ver con ellos; figuran entre las cosas que debe olvidar, como se olvida la noche cuando llega el día. También está libre de la ira venidera. Con ella tampoco tiene ya nada que ver: existe, pero no para él. El pecado y la ira mantienen una relación de causa-efecto y, dado que para el cristiano el pecado ya ha sido cancelado, la ira también lo ha sido. Las cosas *de* las que se ha visto libre la vida cristiana tienen que ver con negativos, y centrarse en ellas supone vivir en un estado de negación. Sin embargo, es ahí donde muchos creyentes sinceros viven la mayor parte del tiempo.

**El hombre que se pasa la vida recitando los males de su vida pasada mira en la dirección equivocada.**

No somos llamados a tener comunión con la inexistencia. Somos llamados a cosas que existen de verdad, a cosas positivas, y precisamente cuando nos relacionamos con ellas es cuando el alma goza de salud. La vida espiritual no puede alimentarse de negativos. El hombre que se pasa la vida recitando los males de su vida pasada mira en la dirección equivocada. Es como un hombre que disputa una carrera mientras mira hacia atrás por encima del hombro.

Lo que menos importancia tiene del cristiano es lo que solía ser. Lo único que debería interesarle es aquello en lo que debe convertirse. A veces, como le pasaba a Pablo, puede que recuerde para su vergüenza la vida que llevó antaño; pero eso no tiene que ser más que un vistazo rápido; nunca debe fijar la vista en ella. Nuestra mirada larga y permanente se centra en Dios y en la gloria que será revelada.

*De qué* somos salvos y *para qué* lo somos mantienen la misma relación que una enfermedad grave y la salud recuperada. El médico tiene que estar entre ambos opuestos para librarnos de uno y devolvernos el otro. Una vez se cura la gran enfermedad, su recuerdo debe expulsarse a la periferia de la mente, para que se vaya desvaneciendo y debilitando a medida que se aleja; y el hombre afortunado que ha recuperado la salud debe dedicarse a usar sus nuevas fuerzas para hacer algo útil para la humanidad.

Sin embargo, muchas personas permiten que sus cuerpos enfermos condicionen su mente, de modo que, después de que el cuerpo se haya recuperado, siguen albergando la misma sensación de invalidez crónica que tuvieron antes. Sí, es cierto que se han recuperado, pero no *para* algo. Solo tenemos que imaginar a un grupo de estas personas dando testimonio cada domingo de sus últimas enfermedades y cantando himnos lacrimosos sobre ellas, y tendremos una imagen bastante fiel de muchas reuniones de cristianos en nuestros tiempos.

Olvidar es un arte, y todo cristiano debería dominarlo. Olvidar las cosas que están detrás es una necesidad ineludible si queremos ser algo más que meros bebés en Cristo. Si no confiamos en que Dios ha resuelto eficazmente nuestro pasado, más vale que tiremos la toalla ahora mismo y abandonemos este asunto. Aunque te pases cincuenta años lamentándote de tus pecados, no podrás borrar su culpa. Pero si Dios nos ha perdonado y nos ha limpiado de verdad, debemos considerar zanjado el asunto y no seguir perdiendo el tiempo en lamentaciones estériles.

**Olvidar es un arte, y todo cristiano debería dominarlo.**

Y, gracias a Dios, esta repentina eliminación de nuestro pasado familiar no nos deja perdidos en el vacío. ¡Ni mucho menos! En ese espacio que ha quedado vacío de nuestros pecados y fracasos se precipita el bendito Espíritu de Dios, que trae junto a Él todas las cosas nuevas. Nueva vida, nuevas esperanzas, nuevos placeres, nuevos intereses, nuevos trabajos con propósito y, lo mejor de todo, un objeto nuevo y satisfactorio hacia el que dirigir la mirada emocionada de nuestra alma. Ahora, Dios llena ese jardín recuperado y podemos caminar y tener comunión sin temor con Él durante el fresco del día.

Justo este es el punto débil de buena parte del cristianismo moderno. No hemos aprendido dónde poner el énfasis. Sobre todo, no hemos entendido que somos salvos para conocer a Dios, para entrar en su presencia maravillosa por medio del camino nuevo y vivo y permanecer en esa presencia para siempre. Somos llamados a que nuestro interés eterno sea Dios. El Dios trino, con todo su misterio y su majestad, es nuestro y nosotros somos suyos, y la eternidad no bastará para experimentar toda su bondad, su santidad y su verdad.

En el cielo no descansan, ni de día ni de noche, alabando sinceramente a la divinidad. Nosotros sostenemos que ese es nuestro destino. Entonces, ¿no deberíamos empezar ahora a adorar en la tierra como lo haremos en el cielo?

22

# La necesidad de la iluminación divina

Las verdades espirituales difieren de las verdades naturales tanto por su constitución como en el modo en que las asimilamos.

Las verdades naturales las podemos aprender independientemente de nuestra condición moral o espiritual. Por ejemplo, las verdades de las ciencias naturales las puede entender cualquier persona dotada de una inteligencia normal, tanto si es buena como si es mala persona. No existe ninguna relación entre, por ejemplo, la castidad y la lógica, o entre la amabilidad y la oceanografía. De la misma manera, lo único necesario para entender proposiciones filosóficas es disponer del grado suficiente de vigor mental. Un hombre puede pasarse la vida estudiando filosofía, enseñarla, escribir libros sobre el tema y, durante todo ese tiempo, ser orgulloso, codicioso y totalmente deshonesto en sus negocios privados.

Podemos decir lo mismo de la teología. Para estudiar teología, un hombre no tiene por qué ser santo. De hecho, me pregunto si habrá algo que enseñen en cualquier seminario de este mundo que no pudiera aprender un bandolero o un estafador tanto como lo aprende un cristiano consagrado. Aunque no tengo ninguna duda de que la mayoría de estudiantes de teología llevan vidas mucho más rectas que el ciudadano medio, aun así hemos de tener en cuenta que pueden perfectamente aprender sus materias sin vivir ni un ápice mejor de lo que les exigen para permanecer en el centro educativo.

No tengo que forzar la imaginación para pensar en Judas Iscariote saliendo del seminario con una maestría en Teología, si es que en su época hubiera habido algo así. Sencillamente, no existe ninguna relación necesaria entre los estudios que cursan los alumnos en una escuela de Teología y el estado en que se encuentre el corazón de esos alumnos. Todo lo que se enseña bajo los encabezados de hamartiología, soteriología, escatología, pneumatología y cualquier otra materia lo pueden asimilar igual de bien un pecador y un santo. Y, sin duda, no hace falta un alto grado de santidad para aprender hebreo y griego.

Ciertamente, Dios tiene cosas que decir a los puros de corazón que nunca podrá decir al hombre que lleva una vida pecaminosa. Pero lo que tiene que decir no es teológico, sino espiritual; y justo aquí radica el eje de mi argumento. Las verdades espirituales no se pueden recibir como se reciben las naturales. "Pero el hombre natural no percibe las cosas que son del Espíritu de Dios, porque para él son locura, y no las puede entender, porque se han de discernir espiritualmente" (1 Co. 2:14). Esto es lo que escribió el apóstol Pablo a los creyentes en Corinto.

**Existe una iluminación, que concede Dios, sin la cual la verdad teológica es información y nada más.**

Nuestro Señor hizo referencia muchas veces a este tipo de conocimiento iluminado por el Espíritu. Para Él era el fruto de una iluminación divina, que no contradice la mera luz intelectual sino que la trasciende. El cuarto Evangelio está lleno de esta idea; de hecho, este concepto es tan importante para comprender el Evangelio de Juan que más vale que todo aquel que lo niegue deje de intentar comprender las enseñanzas de nuestro Señor tal como las transmitió el apóstol Juan. Y esta misma idea aparece en la primera epístola de Juan, lo cual la convierte en un texto extremadamente difícil de entender pero también en una de las epístolas más hermosas y enriquecedoras del Nuevo Testamento una vez se disciernen espiritualmente sus enseñanzas.

Por todo el Nuevo Testamento se enseña la necesidad de que exista una iluminación espiritual antes de que podamos comprender las verdades espirituales; y esto encaja perfectamente con las enseñanzas de los Salmos, los Proverbios y los profetas. Los libros apócrifos del Antiguo Testamento también están de acuerdo con las Escrituras en este punto y, aunque nunca debemos aceptar los libros apócrifos como textos de inspiración divina, resultan útiles para que veamos cómo los mejores intelectos de la antigua Israel enfocaron este asunto de la verdad divina y el modo en que la recibe el corazón humano.

El Nuevo Testamento traza una línea muy clara entre la mente natural y la mente que ha sido alcanzada por el fuego divino. Cuando Pedro hizo la tremenda confesión "Tú eres el Cristo, el Hijo del Dios viviente", nuestro Señor respondió: "Bienaventurado eres, Simón, hijo de Jonás, porque no te lo reveló carne ni sangre, sino mi Padre que está en los cielos" (Mt. 16:16-17). Y Pablo viene a decir lo mismo cuando afirma: "nadie puede llamar a Jesús Señor, sino por el Espíritu Santo" (1 Co. 12:3).

La suma de todo lo que estoy diciendo es que existe una iluminación, que concede Dios, sin la cual la verdad teológica es información y nada más. Aunque esta iluminación nunca se concede aparte de la teología, es totalmente posible tener teología sin iluminación. Esto da como resultado lo que se ha llamado "ortodoxia muerta" y, aunque hay algunos que quizá nieguen que es posible ser ortodoxo al mismo tiempo que estar muerto, me temo que la experiencia nos demuestra que es así.

Los avivamientos, tal como se han producido en diversos momentos entre las iglesias del pasado, han sido en esencia una estimulación de la vida espiritual de personas que ya eran ortodoxas. El partidario del avivamiento, siempre que ejercía su ministerio como tal, no intentaba enseñar doctrina. Su única meta era estimular a las iglesias que, aunque eran ortodoxas por su credo, carecían de vida espiritual. Cuando iba más allá de esta función, era algo más que un defensor del avivamiento. El avivamiento solo se produce en aquellos que conocen la verdad. Cuando el sentido íntimo de las doctrinas conocidas destella de repente en el corazón de un cristiano, ha empezado el avivamiento para él o ella. Puede que llegue a ser mucho más que eso, pero nunca podrá ser menos.

23

# La santificación de nuestras mentes

Pensar viene a ser como vivir. Pensar y saber que pensamos significa ser conscientes; la vida sin consciencia es una sombra de la vida, carente de sentido y sin valor para el individuo. Nuestros pensamientos son el producto de nuestra capacidad de pensar y, dado que tienen una importancia tan grande para nosotros, es imperativo que aprendamos a pensar correctamente.

Aquí no me interesa ese tipo de proceso intelectual profundo conocido como "reflexión a fondo". Pocos de nosotros disponemos del equipamiento intelectual que nos permita participar en semejante ejercicio heroico, o la fuerza de voluntad que nos lleve a hacerlo. De lo que hablo aquí es de ese tipo de pensamiento que es un acto propio de todas las personas, todos los días, desde que nacen hasta que mueren.

Después de todo, lo que da forma a nuestro carácter no es nuestra reflexión, sino la apacible atención de la mente al mundo que nos rodea un día tras otro a lo largo de nuestras vidas. Los hombres se ven más influidos por su pensamiento común, cotidiano, que por alguna infrecuente hazaña intelectual como puede ser escribir un gran poema o pintar un cuadro famoso. Es posible que las hazañas intelectuales creen una reputación, pero los hábitos de pensamiento forjan el carácter. Los increíbles prodigios intelectuales de un Einstein, por ejemplo, prácticamente no tuvieron nada que ver con el tipo de ser humano que era; por otro lado, la relación constante, sencilla, de momento a momento, que mantenía su mente con su entorno tuvo muchísimo que ver con ellos.

Todos vivimos en dos entornos, uno de los cuales es el mundo a nuestro alrededor y, el otro, nuestros pensamientos sobre ese mundo. El mundo más grande no puede afectarnos directamente; debemos recibirlo mediado por nuestros pensamientos y, en definitiva, será para nosotros solo lo que le permitamos ser.

Es posible que tres hombres que caminan hombro con hombro habiten en tres mundos diferentes. Imagina a un poeta, un naturalista y un maderero que atraviesan juntos un bosque. La mente del poeta corre veloz por los siglos, hasta aquel momento en que los recios árboles que se ciernen sobre su cabeza empezaban a surgir de la tierra gris como pequeños brotes verdes. Sueña con el poderío del mundo que en aquel entonces llevó coronas y trastornó imperios, pero que ya hace muchos siglos que desapareció de este escenario terrenal y que ha sido olvidado por todo el mundo menos por unos pocos historiadores.

**El cristiano lleno del Espíritu posee la mente de Cristo.**

El mundo del naturalista es más pequeño y más detallado. Escucha el canto dulce de los pájaros, casi inapreciable, que flota entre las ramas, y procura descubrir al cantor oculto; sabe qué tipo de musgo es el que se aferra a la base de los árboles centenarios; busca lo que otros pasan por alto, las huellas recientes de garras en la corteza de un árbol, y sabe que hace poco que un oso ha pasado por esa zona.

El mundo del maderero es incluso más pequeño. No le interesa la historia ni la naturaleza, sino la madera. Calcula el diámetro y la altura de cada árbol, y haciendo cuentas rápidas averigua cuánto dinero valdría en el mercado. Su mundo es el terreno aburrido del comercio; no ve nada más allá.

Es evidente que un solo mundo externo se ha convertido en tres mundos internos gracias al pensamiento de los tres hombres. Las cosas y los sucesos externos son solo la materia prima; el producto acabado es lo que la mente haga con ellos. Judas Iscariote y Juan, el discípulo amado, vivieron en el mismo mundo, ¡pero de qué formas tan distintas lo interpretaron! Lo mismo podemos decir de Caín y Abel, Esaú y Jacob, Saúl y David. De estas personas aprendemos que las circunstancias no son lo que hacen a los hombres; lo que determina qué tipo de personas serán es su forma de reaccionar ante ellas.

Entonces, ¿qué podemos hacer los cristianos? La respuesta es: "Haya, pues, en vosotros este sentir que hubo también en Cristo Jesús" (Fil. 2:5). "¿O no os conocéis a vosotros mismos, que Jesucristo está en vosotros, a menos que estéis reprobados?" (2 Co. 13:5). El material intelectual del cristiano puede y debe estar modificado y condicionado por el Espíritu de Cristo, que habita en su naturaleza. Dios desea que pensemos como Él lo hace. El cristiano lleno del Espíritu, el cristiano que ora, posee la mente de Cristo, de modo que sus reacciones ante el mundo externo son las mismas que las de Él. Piensa en las personas y en las cosas como lo hace Cristo. Para él, toda vida se convierte en el néctar primario que el Espíritu que vive en él convierte en la miel del paraíso.

**Si queremos experimentar la santificación de nuestras mentes, Dios debe ocupar todos nuestros pensamientos.**

Sin embargo, esto no es automático. Para realizar su obra de gracia, Dios debe contar con la cooperación inteligente de su pueblo. Si tenemos los pensamientos de Dios, debemos aprender a pensar constantemente en Él. "Dios piensa constantemente en cada uno de nosotros como si no hubiera nadie más en el mundo", dijo François Malaval; "por consiguiente, es justo que pensemos constantemente en Él, como si no tuviéramos a nadie más en el mundo".

Debemos pensar en el mundo que nos rodea, lleno de personas y de cosas, usándolo como telón de fondo para nuestros pensamientos sobre Dios. El cristiano experimentado nunca pensará directamente en algo; sus pensamientos acudirán primero a Dios y de Él a su creación. Sus pensamientos, como los ángeles de la escalera de Jacob, ascienden y descienden, pero Dios siempre está en lo más alto, presidiendo sobre todo.

Para tener una mente celestial, debemos tener pensamientos que lo sean. "Por lo tanto, regresemos a nosotros mismos, hermanos... porque es imposible que nos reconciliemos con Dios y nos unamos a Él si primero no volvemos a nosotros mismos... esforzándonos constantemente por centrar la atención en el reino de los cielos que está en nuestro interior".

Esto es lo que escribió Nicéforo, un padre de la iglesia ortodoxa griega, en el siglo IV, y desde entonces nada ha cambiado. Si queremos experimentar la santificación de nuestras mentes, Dios debe ocupar todos nuestros pensamientos.

24

# Volvemos a necesitar hombres de Dios

En estos momentos, la Iglesia necesita hombres, los hombres idóneos, hombres valientes. Hablamos de que necesitamos un avivamiento, que necesitamos un bautismo del Espíritu, y Dios sabe que precisamos ambas cosas; pero Dios no revivirá a ratones. No pondrá su Espíritu Santo en conejos.

Anhelamos hombres que se consideren prescindibles en la batalla del alma, a los que nadie pueda asustar con amenazas de muerte porque ya hayan muerto a los atractivos de este mundo. Esos hombres estarán libres de las compulsiones que controlan a hombres más débiles. No les podrán obligar a hacer cosas mediante la presión de las circunstancias; su única compulsión vendrá de dentro... o de lo alto.

Este tipo de libertad es necesario si queremos tener a profetas ante nuestros púlpitos, en vez de tener mascotas. Esos hombres libres servirán a Dios y a la humanidad con unos motivos demasiado elevados como para que los comprenda la masa de criados religiosos que hoy entran y salen del santuario. No tomarán decisiones movidos por el miedo, no seguirán un rumbo con el deseo de complacer a otros, no aceptarán un servicio basado en consideraciones económicas, no realizarán actos religiosos por pura costumbre; tampoco permitirán que les influya el amor por la publicidad o el deseo de obtener fama.

Buena parte de lo que la Iglesia (incluyendo la iglesia evangélica) hace en nuestros tiempos lo hace por miedo a lo que pasaría si no lo hiciera. Las asociaciones ministeriales aceptan proyectos por el mero hecho de que las asustan para que los emprendan. En cuanto llegue el lunes por la mañana harán exactamente lo que su exploración de las circunstancias, con la oreja pegada al suelo y dominados por el temor, les indique que el mundo espera que hagan, con todo tipo de celo fraudulento y manifestaciones de piedad. Lo que respalda a estos profetas es la presión de la opinión pública, no la voz de Jehová.

La verdadera Iglesia nunca ha sondeado las expectativas públicas antes de emprender una cruzada. Sus líderes escucharon las órdenes de Dios y se pusieron en marcha, sin tener en cuenta si el mundo les respaldaba o no. Conocían la voluntad de su Señor y la cumplían, y su gente les seguía (unas pocas veces al triunfo, muchas más veces a los insultos y a la persecución pública), y su recompensa suficiente era la satisfacción de hacer lo correcto en un mundo equivocado.

**Dios escuchará el clamor de su pueblo y enviará liberación por medio de liberadores.**

Otra característica del profeta genuino ha sido el amor. El hombre libre que ha aprendido a escuchar la voz de Dios y se ha atrevido a obedecerla ha sentido la carga moral que quebrantó los corazones de los profetas del Antiguo Testamento, aplastó el alma de nuestro Señor Jesucristo e hizo manar lágrimas de los ojos de los apóstoles.

El hombre libre nunca ha sido un tirano religioso, ni ha intentado enseñorearse de la herencia de Dios. Lo que ha inducido a los hombres a intentar aplastar a otros bajo sus pies ha sido el miedo y la falta de seguridad en sí mismos. Han tenido que proteger algún interés, asegurarse alguna posición, de modo que han exigido el sometimiento de sus seguidores como garantía de su propia seguridad. Pero el hombre libre nunca hace esto; no tiene nada que proteger, ninguna ambición tras la cual correr y ningún enemigo al que temer. Por este motivo le es totalmente indiferente la opinión que tengan de él los hombres. Si le siguen, estupendo; si no, no pierde nada que le resulte valioso. Pero, tanto si le aceptan como si le rechazan, seguirá amando a su pueblo con una devoción sincera. Solo la muerte podrá silenciar su tierna intercesión por ellos.

Sí, si queremos que el cristianismo evangélico se mantenga con vida, debe volver a tener hombres, el tipo adecuado de hombres. Debe rechazar a los debiluchos que no se atreven a abrir la boca, y debe buscar, en oración y con gran humildad, hombres hechos del mismo material que los profetas y los mártires. Dios escuchará el clamor de su pueblo como escuchó el clamor de Israel en Egipto, y enviará liberación por medio de liberadores. Así es como actúa entre los hombres.

Y cuando lleguen esos liberadores (reformadores, promotores del avivamiento, profetas), serán hombres de Dios y hombres valientes. Tendrán a Dios de su parte, porque tendrán la precaución de estar del lado de Dios. Serán colaboradores de Cristo e instrumentos en manos del Espíritu Santo. Tales personas serán bautizadas sin duda con el Espíritu y, por medio de sus actos, Él bautizará a otros y enviará ese avivamiento tan postergado.

25

# La cruz que interfiere

Un famoso británico dijo una vez, muy irritado: "Las cosas se han puesto realmente mal cuando permitimos que la religión interfiera en nuestras vidas privadas".

A esto podemos responder que las cosas se han puesto realmente mal cuando un hombre inteligente que vive en un país protestante puede hacer semejante comentario. ¿Es que nunca ha leído el Nuevo Testamento? ¿No ha oído hablar de Esteban? ¿O de Pablo, o de Pedro? ¿Nunca ha pensado en los millones que siguieron alegremente a Cristo a una muerte violenta, repentina o lenta, porque *permitieron* que la religión interfiriese con sus vidas privadas?

Mejor dejemos a ese hombre a su conciencia y a su Juez, y miremos nuestros propios corazones. Quizá él se limite a expresar en voz alta lo que algunos de nosotros piensan en secreto. ¿En qué medida ha interferido nuestra religión con el ordenado patrón de nuestras vidas? Quizá sería mejor que primero respondiésemos a esta pregunta.

Durante mucho tiempo he creído que un hombre que rechaza de primeras la fe cristiana es más respetable delante de Dios y de los poderes celestiales que aquel que finge ser religioso pero se niega a someterse a su dominio completo. El primero es un enemigo declarado; el segundo, un falso amigo. Este último es el que será escupido de la boca de Cristo; y no es difícil entender el motivo.

Una imagen de un cristiano es la de un hombre que lleva a cuestas una cruz. "Si alguno quiere venir en pos de mí, niéguese a sí mismo, y tome su cruz, y sígame" (Mt. 16:24). El hombre que lleva una cruz ya no controla su destino; perdió el control cuando tomó la cruz. Esa cruz se convirtió de inmediato para él en un interés insuperable, en una interferencia ineludible. Da igual lo que desee hacer: solo hay una cosa que *puede* hacer, que es seguir avanzando hacia el lugar de la crucifixión.

**El hombre que no soporta las interferencias no siente el impulso de seguir a Cristo.**

El hombre que no soporta las interferencias no siente el impulso de seguir a Cristo. "Si alguno quiere", dijo nuestro Señor, dando así libertad a todos los hombres y colocando la vida cristiana dentro del ámbito de la elección voluntaria.

Sin embargo, nadie puede eludir las interferencias. Todo perturba nuestros planes: la ley, el deber, el hambre, los accidentes, las catástrofes naturales, la enfermedad, la muerte... y a largo plazo no hay nada que podamos hacer al respecto. La dilatada experiencia con las ásperas necesidades de la vida ha enseñado a los hombres que se les impondrán estas interferencias tarde o temprano, de manera que aprenden a hacer lo que puedan con lo inevitable. Aprenden a mantenerse dentro del estrecho círculo que marca la senda conocida, donde puedan encontrar cuantas menos interferencias, mejor. Es posible que los más osados desafíen al mundo, ampliando un poco el círculo y aumentando así el número de sus problemas, pero nadie busca problemas deliberadamente. La naturaleza humana no está hecha así.

La verdad es una jefa gloriosa pero exigente. Nunca consulta, regatea ni cede. Clama desde los lugares más altos: "Recibid mi enseñanza, y no plata; y ciencia antes que el oro escogido" (Pr. 8:10). Después de esto, cada hombre está solo. Puede aceptar o rechazar, recibir o menospreciar como quiera; y nadie intentará obligarle a nada, aunque esté en juego todo el destino del hombre.

Si un hombre se enamora de la Sabiduría eterna y pone el corazón en conquistarla, convierte esta búsqueda en un proceso a tiempo completo que le absorbe por entero. A partir de ese instante no tendrá tiempo para mucho más. A partir de entonces su vida estará llena de búsquedas y hallazgos, negaciones de sí mismo, rígidas disciplinas y muertes diarias, cuando es crucificado para el mundo y el mundo para él.

Si este mundo no hubiera caído, el sendero de la verdad sería llano y fácil. Si la naturaleza humana no hubiera padecido una tremenda dislocación moral, no habría discordancia entre el camino de Dios y el de los hombres. Doy por hecho que en el cielo los ángeles viven durante mil milenios apacibles sin sentir el más mínimo desacuerdo entre sus deseos y la voluntad de Dios. Pero con los hombres de la tierra no pasa lo mismo. Aquí el hombre natural no percibe las cosas del Espíritu de Dios (1 Co. 2:14); la carne lucha contra el Espíritu y este contra la carne, pues son adversarios (Gá. 5:17). Solo puede haber un resultado para esa lucha: debemos rendirnos, y Dios tiene que hacer su voluntad. Su gloria y nuestro bienestar eterno requieren que así sea.

**El cristiano es un hombre del cielo que vive temporalmente en el mundo.**

Otro motivo por el que nuestra religión debe interferir con nuestras vidas privadas es que vivimos en el mundo, el nombre que da la Biblia a la sociedad humana. El hombre regenerado se ha separado internamente de la sociedad, igual que Israel fue separada de Egipto cuando cruzó el Mar Rojo. El cristiano es un hombre del cielo que vive temporalmente en el mundo. Aunque está dividido en su espíritu de la raza de los hombres caídos, en la carne aún debe vivir entre ellos. En muchos sentidos es como ellos, pero en otro difiere tanto de los demás que ellos no pueden por menos que detectarlo y estar resentidos. Desde los tiempos de Caín y Abel, el hombre de la tierra ha castigado al hombre del cielo por ser distinto. La larga historia de persecución y de martirios confirma esto.

Sin embargo, no debemos llevarnos la impresión de que la vida cristiana es un conflicto incesante, una lucha irritante y constante contra el mundo, la carne y el diablo. ¡No, mil veces no! El corazón que aprende a morir con Cristo pronto conoce la bendita experiencia de resucitar con Él, y todas las persecuciones del mundo no pueden silenciar la elevada nota de gozo santo que brota del alma que se ha convertido en la morada del Espíritu Santo.

26

# CADA UNO SU CRUZ

Una cristiana sincera pidió a Henry Suso que la ayudase con su vida espiritual. Ella se había impuesto durante un tiempo una serie de rígidas limitaciones con objeto de experimentar los padecimientos de Cristo en la cruz. Las cosas no le iban muy bien, y Suso sabía por qué.

Aquel viejo santo escribió a su hija espiritual y le recordó que el Señor no había dicho: "Si alguno quiere venir en pos de mí, niéguese a sí mismo, y tome *mi* cruz, y sígame". Lo que dijo fue "tome *su* cruz" (Mt. 16:24). La diferencia se encuentra solo en un breve pronombre, pero es una diferencia enorme e importante.

Todas las cruces se parecen, pero no hay ninguna idéntica a otra. Ni antes ni después ha habido una experiencia de la cruz como la que soportó el Salvador. Esa terrible experiencia de morir que padeció Cristo fue algo único en la experiencia de toda la humanidad. Si la cruz quería ofrecer vida al mundo, debía ser así. La carga del pecado, las tinieblas, el rechazo del Padre, fueron agonías exclusivas de la Persona que hizo ese sacrificio santo. Si una persona afirma haber tenido una experiencia remotamente similar a la de Cristo, hace algo más que cometer un error: es un sacrilegio.

Toda cruz era y es un instrumento de muerte, pero ningún hombre podía morir en la cruz de otro; cada hombre moría en su propia cruz. Jesús dijo: "tome *su* cruz, y sígame".

Ahora bien, hay un sentido muy real en el que la cruz de

Cristo abarca todas las cruces, y la muerte de Cristo engloba todas las muertes. "Si uno murió por todos, luego todos murieron" (2 Co. 5:14)... "Con Cristo estoy juntamente crucificado" (Gá. 2:20)... "Pero lejos esté de mí gloriarme, sino en la cruz de nuestro Señor Jesucristo, por quien el mundo me es crucificado a mí, y yo al mundo" (Gá. 6:14). Esta es la obra judicial de Dios en la redención. El cristiano, como miembro del Cuerpo de Cristo, está crucificado juntamente con su Cabeza divina. Ante Dios, se atribuye a todo creyente genuino haber muerto cuando Cristo murió. Toda experiencia posterior de crucifixión personal se fundamenta en esta identificación con Cristo en la cruz.

**"Con Cristo estoy juntamente crucificado" (Gá. 2:20).**

Sin embargo, en la puesta por obra práctica y cotidiana de la crucifixión del creyente, lo que entra en juego es su propia cruz. "Tome *su* cruz". Está claro que esta no es la cruz de Cristo. Más bien es la cruz personal del creyente, mediante la cual la cruz de Cristo se vuelve eficaz para matar su naturaleza maligna y liberarlo del poder de esta.

La propia cruz del creyente es algo que este ha elegido voluntariamente. Aquí radica la diferencia entre su cruz y la cruz en las que morían los condenados en Roma. Ellos iban a la cruz en contra de su voluntad; el creyente lo hace porque elige hacerlo. Ningún oficial romano señaló jamás una cruz diciendo: "Si alguien quiere venir, que venga". Solo Cristo dijo esto y, al hacerlo, puso todo el asunto en manos del cristiano. Este puede negarse a tomar su cruz o puede agacharse, cargarla y empezar el camino hacia la colina oscura. La diferencia entre la gran santidad y la mediocridad espiritual depende de la elección que haga la persona.

Seguir a Cristo paso a paso y punto por otro en el sufrimiento idéntico de la crucifixión romana no es posible para ninguno de nosotros, y sin duda que nuestro Señor no lo desea. Lo que sí quiere es que cada uno de nosotros se considere muerto con Cristo, y luego acepte voluntariamente cualquier negación de sí mismo, arrepentimiento, humildad y sacrificio que pueda hallar en el camino de la vida cotidiana obediente. Esta es *su* cruz, y es la única que el Señor le ha invitado a soportar.

27

# La religión lleva a la acción

El propósito supremo de la religión cristiana es hacer hombres parecidos a Dios para que actúen como Él lo hace. En Cristo, los verbos *ser* y *hacer* siguen este orden.

La religión genuina lleva a la acción moral. El único cristiano verdadero es aquel que practica lo que cree. Esta persona es, en la práctica, una encarnación de Cristo como Cristo es una encarnación de Dios; no en el mismo grado y plenitud de perfección, porque en el universo moral no hay nada semejante a ese terrible misterio de la santidad que hizo que Dios y el hombre se uniesen eternamente en la Persona de Jesucristo Hombre; pero de la misma manera que la plenitud de la deidad estaba y está en Cristo, este está en la naturaleza de aquel que cree en Él tal como prescriben las Escrituras.

Dios siempre actúa como Él es, esté donde esté y haga lo que haga. Cuando Dios se hizo carne y habitó entre nosotros, no dejó de actuar como lo había hecho desde toda la eternidad. "Veló su deidad, pero no renunció a ella". La antigua llama redujo su brillo para salvaguardar los ojos indefensos del hombre mortal, pero lo que este pudo ver de ella era fuego puro. Cristo contuvo sus poderes, pero no violó su santidad. En todo lo que hizo fue santo, inofensivo, separado de los pecadores y más alto que los cielos más altos.

De la misma manera que Dios actuó conforme a Él es y

cuando se encarnó en el ser humano siguió siendo fiel a su santidad, en toda su conducta, lo mismo hace cuando entra en la naturaleza del hombre creyente. Este es el método con el que santifica al hombre redimido. Entra en la naturaleza humana en la regeneración igual que entró en la naturaleza humana en la encarnación, y actúa conforme a cómo es Dios, usando esa naturaleza como medio de expresión de sus perfecciones morales.

**El único cristiano verdadero es aquel que practica lo que cree.**

En cierta ocasión, Cicerón, el orador romano, advirtió a sus oyentes que corrían el peligro de convertir la filosofía en un sustituto de la acción, en lugar de permitirle que les indujera a ella. Lo que es cierto de la filosofía también lo es de la religión. La fe de Cristo nunca pretendió ser un fin en sí mismo, ni servir para otra cosa. Según el pensamiento de algunos maestros, la fe ocupa el lugar de la conducta humana, y todo aquel que busque a Dios debe elegir entre ambas. Estamos delante del tan conocido "una cosa u otra". O tenemos fe o tenemos obras, y la fe salva mientras que las obras nos condenan. De aquí el tremendo énfasis sobre la fe y el enfoque apologético, rebuscado, a la doctrina de la santidad personal propia del evangelismo moderno. Este error ha rebajado los estándares morales de la Iglesia, y contribuyó a llevarnos a ese desierto en el que nos encontramos actualmente.

Cuando se entiende bien, la fe no es un sustituto de la conducta moral, sino un medio que conduce a ella. El árbol no sustituye al fruto, sino que es el agente que permite su existencia. El fruto, no el árbol, es el fin que tiene en mente Dios para todos los huertos; de modo que la conducta semejante a la de Cristo es el fin de la fe cristiana. Oponer la fe a las obras es convertir el fruto en el enemigo del árbol; sin embargo, eso es precisamente lo que hemos logrado hacer. Y las consecuencias han sido desastrosas.

Un error de cálculo al echar los cimientos de un edificio hará que toda la superestructura pierda su alineación, y el error que nos ofreció la fe como sustituto de la acción en lugar de la fe en acción ha levantado en nuestra época templos asimétricos y horrorosos de los que debemos avergonzarnos, y de los cuales deberemos sin duda dar cuenta cuando Cristo juzgue los secretos de nuestros corazones.

**La conducta semejante a la de Cristo es el fin de la fe cristiana.**

En la práctica podemos detectar la sustitución sutil (y a menudo inconsciente) cuando escuchamos a un cristiano asegurar a alguien que "orará" por su problema, sabiendo muy bien que pretende usar la oración como sustituto del servicio. Es mucho más fácil orar que Dios supla las necesidades de su amigo pobre que satisfacerlas uno mismo. Las palabras de Santiago destilan ironía: "Y si un hermano o una hermana están desnudos, y tienen necesidad del mantenimiento de cada día, y alguno de vosotros les dice: Id en paz, calentaos y saciaos, pero no les dais las cosas que son necesarias para el cuerpo, ¿de qué aprovecha?" (2:15-16). Y también Juan, el místico, destaca lo incongruente que es sustituir la acción por la religión:

> Pero el que tiene bienes de este mundo y ve a su hermano tener necesidad, y cierra contra él su corazón, ¿cómo mora el amor de Dios en él? Hijitos míos, no amemos de palabra ni de lengua, sino de hecho y en verdad. Y en esto conocemos que somos de la verdad, y aseguraremos nuestros corazones delante de él (1 Jn. 3:17-19).

Entender correctamente todo este asunto destruirá ese dilema "una cosa u otra", que es falso y artificial. Entonces no tendremos menos fe, sino más obras piadosas; no habrá menos oración, sino más servicio; no habrá menos palabras, sino más actos santos; no una profesión más débil, sino una posesión más valiente; no una religión como sustituto de la acción sino la religión en una acción llena de fe.

¿Y qué es esto sino decir que habremos vuelto una vez más a las enseñanzas del Nuevo Testamento?

28

# Los nacidos una vez y los nacidos dos veces

La clasificación es una de las tareas más difíciles de llevar a cabo. Incluso dentro del ámbito de la religión existen suficientes luces y sombras como para que sea imprudente trazar una línea demasiado fina entre unos hombres y otros. Si el mundo religioso estuviera formado de cuadrados blancos y negros, la clasificación sería fácil, pero, lamentablemente, no es así.

Para nosotros los evangélicos es un grave error dar por hecho que los hijos de Dios son todos los que están de acuerdo con nuestra fe, y que todos aquellos que no están asociados con nosotros son, inmediatamente, enemigos del Señor. Los fariseos cometieron ese error y, en consecuencia, crucificaron a Cristo.

Teniendo todo esto en mente, y tendiendo a ser justos y caritativos, aún queda una distinción que nos atrevemos a hacer, que ciertamente *debemos* hacer si queremos tener los pensamientos de Dios, imitándole, y poniendo nuestras creencias en armonía con las Sagradas Escrituras. Esta distinción es la que existe entre dos tipos de seres humanos: los que han nacido una vez y los que nacieron dos.

Nuestro Señor enseñó, con gran claridad, que existe realmente esta distinción, y lo hizo dentro de contextos que eliminan la posibilidad de que estuvieran hablando figurativamente. "El que no naciere de nuevo, no puede ver el reino de Dios" (Jn. 3:3), dijo, y todo el capítulo donde encontramos estas palabras confirma que hablaba con precisión, estableciendo significados tan contundentes y categóricos como le es posible transmitir al lenguaje.

"Os es necesario nacer de nuevo", dijo Cristo. "Lo que es nacido de la carne, carne es; y lo que es nacido del Espíritu, espíritu es" (Jn. 3:6-7). Esta línea clara de demarcación atraviesa todo el Nuevo Testamento, separando literalmente a un ser humano de otro, y haciendo una distinción tan clara como la que existe entre los distintos géneros del reino animal.

No siempre es posible juzgar quién pertenece a una clase y quién a la otra, aunque normalmente los dos tipos de vida se separan entre sí. Quienes nacen dos veces cristalizan en torno a la Persona de Cristo y se reúnen en comunidades, mientras que los nacidos una sola vez solo están conectados por los vínculos de la naturaleza, ayudados por los nexos de la raza o por intereses políticos y sociales comunes.

Nuestro Señor advirtió a sus discípulos que serían perseguidos. "En el mundo tendréis aflicción" (Jn. 16:33), dijo, y "Bienaventurados los que padecen persecución por causa de la justicia, porque de ellos es el reino de los cielos. Bienaventurados sois cuando por mi causa os vituperen y os persigan, y digan toda clase de mal contra vosotros, mintiendo" (Mt. 5:10-11).

Estos son solo dos de los numerosos pasajes que en el Nuevo Testamento advierten sobre la persecución o que hablan del hecho del acoso y los ataques que padecen los seguidores del Señor. Esta misma idea recorre toda la Biblia, desde ese Caín nacido una vez, que mató al Abel nacido dos veces, hasta el libro de Apocalipsis, donde vemos el final de la historia humana en un estallido de sangre y fuego.

Todo estudioso de la Biblia sabrá que existe esa hostilidad entre los nacidos una vez y los nacidos dos veces; el motivo ya lo dejó claro Cristo cuando dijo: "Si fuerais del mundo, el mundo amaría lo suyo; pero porque no sois del mundo, antes yo os elegí del mundo, por eso el mundo os aborrece" (Jn. 15:19). La norma la estableció el apóstol Pablo cuando escribió: "Pero como entonces el que había nacido según la carne perseguía al que había nacido según el Espíritu, así también ahora" (Gá. 4:29).

**El espíritu que vive en los nacidos una vez se opone para siempre al Espíritu que habita en el corazón de los nacidos dos veces.**

La diferencia entre los estándares morales de los nacidos una vez y los nacidos dos, y sus estilos de vida opuestos, puede ser una causa contribuyente a esta hostilidad; pero el verdadero motivo se encuentra en un lugar más profundo. En este mundo hay dos espíritus que andan libres: el espíritu que obra en los hijos de desobediencia y el Espíritu de Dios. Estos dos no se pueden reconciliar ni en el tiempo ni en la eternidad. El espíritu que vive en los nacidos una vez se opone para siempre al Espíritu que habita en el corazón de los nacidos dos veces. La hostilidad empezó en algún momento del pasado remoto, antes de la creación del hombre, y prosigue hasta ahora. El esfuerzo moderno por hacer la paz entre estos dos espíritus no solo es inútil, sino contrario a las leyes morales del universo.

Enseñar que el espíritu de los nacidos una vez es enemigo del Espíritu de los nacidos dos veces supone atraer sobre nuestra cabeza todo tipo de maltrato. No hay lenguaje que sea lo bastante amargo como para lanzarlo contra el fanático orgulloso que quiere trazar semejante línea divisoria entre los hombres. "Estas ideas malignas contradicen la hermandad de todos los hombres", dicen los nacidos una vez, "y solo las proclaman los apóstoles de la desunión y del odio". Esta intensa ira contra los nacidos dos veces solo consigue confirmar la verdad que estos enseñan. Pero no parece que nadie se dé cuenta de esto.

Lo que necesitamos para restaurar su poder al testimonio

cristiano no son palabras suaves sobre la hermandad, sino la admisión honesta de que en este mundo hay dos razas humanas que lo habitan simultáneamente: una raza caída que nació de los lomos de Adán y una raza regenerada que nace del Espíritu por medio de la redención que está en Cristo Jesús.

Aceptar esta verdad exige una firmeza mental y una madurez espiritual que el cristianismo moderno no posee. Plantar cara a esto no contribuye precisamente a la "paz mental" que buscan tan lastimosamente nuestros debiluchos religiosos.

Por lo que a mí respecta, hace mucho tiempo que decidí que prefería conocer la verdad que ser feliz en mi ignorancia. Si no puedo tener la verdad y la felicidad, dame la verdad. Ya tendremos mucho tiempo para ser felices en el cielo.

29

# La comunión de los santos[1]

*Creo en la comunión de los santos.*

Credo de los Apóstoles

Estas palabras se incorporaron al Credo en torno a mediados del siglo V.

Para nosotros sería difícil, por no decir imposible, saber exactamente en nuestra época actual qué tenían en mente los Padres de la Iglesia que introdujeron estas palabras en el Credo, pero en el libro de Hechos hallamos una descripción de la primera comunión cristiana: "Así que, los que recibieron su palabra fueron bautizados; y se añadieron aquel día como tres mil personas. Y perseveraban en la doctrina de los apóstoles, en la comunión unos con otros, en el partimiento del pan y en las oraciones" (2:41-42).

Aquí encontramos la comunión apostólica original, el patrón sobre el que debe construirse toda comunión cristiana genuina.

A pesar de lo mucho que se ha abusado de ella, la palabra "comunidad" sigue siendo un concepto hermoso y significativo. Cuando se entiende correctamente, significa lo mismo que la

1. Extraído de *Foundations of the Faith*, Fleming H. Revell, Westwood, NJ. Usado con permiso.

palabra "comunión", es decir, el acto y la condición de compartir una bendición común entre diversas personas. Por lo tanto, la comunión de los santos significa un compartir íntimo y amoroso de determinadas bendiciones espirituales por parte de unas personas que tienen una misma condición ante la bendición que comparten. Esta comunidad debe incluir a todos los miembros de la Iglesia de Dios desde Pentecostés hasta este momento presente y hasta el final de los tiempos.

Ahora bien, antes de que pueda haber *comunión,* tiene que haber *unión.* Los participantes son uno en un sentido que trasciende la organización, la nacionalidad, la raza o la denominación. Esta unidad es algo divino, algo que produce el Espíritu Santo mediante el acto de la regeneración. Quien ha nacido de Dios es uno con todos los que han nacido de Dios. De la misma manera que el oro siempre es oro, donde quiera que se encuentre e independientemente de su forma, y al igual que toda partícula aislada de oro pertenece a la misma familia genuina y está formada por los mismos elementos, toda alma regenerada pertenece a la comunidad cristiana universal y a la comunión de los santos.

**Antes de que pueda haber *comunión,* tiene que haber *unión.***

Toda alma redimida nace de la misma vida espiritual que cualquier otra alma redimida, y es partícipe de la naturaleza divina exactamente de la misma manera. Así, cada persona se convierte en miembro de la comunidad cristiana y partícipe de todo aquello de lo que disfruta esa comunidad. Esta es la auténtica comunión de los santos. Pero saber esto no basta. Si queremos acceder a su poder, debemos ejercitarnos en esta verdad: debemos *practicar* el pensamiento y la oración recordando que somos miembros del Cuerpo de Cristo y hermanos de todos los santos redimidos (vivos y muertos) que han creído en Cristo y le han reconocido como Señor.

Hemos dicho que la comunión de los santos es una comunidad, una participación en determinadas cosas que Dios nos ha dado a través de personas a las que Él llama. Ahora bien, ¿cuáles son esas cosas?

La primera y más importante es la *vida*, "la vida de Dios en el alma humana", tomando prestada una expresión de Henry Scougal. Esta vida es el fundamento de todo lo demás que recibimos y compartimos. Y esta vida es nada más y nada menos que el propio Dios. Es evidente que no puede existir una verdadera comunión cristiana a menos que primero se haya impartido vida. Una organización y un nombre no constituyen una iglesia. Cien personas religiosas cohesionadas en una unidad mediante una organización exhaustiva no forman una iglesia, de la misma manera que once hombres muertos no son un equipo de fútbol. El primer requisito siempre es la vida.

La comunión apostólica también es una comunión de *verdad*. La inclusividad de esta comunión debe acompañar siempre a su exclusividad. La verdad introduce en su círculo de gracia a todos aquellos que admiten y aceptan la Biblia como fuente de toda verdad y al Hijo de Dios como Salvador de los hombres. Pero que nadie se atreva a comprometerse débilmente con los hechos, a recitar sentimentalmente las antiguas expresiones: "Todos vamos al mismo sitio. Todos buscamos nuestra propia manera de complacer al Padre y convertir el cielo en nuestro hogar". La verdad hace libres a los hombres, y la verdad atará y desatará, abrirá y cerrará, incluirá y excluirá según su elevada voluntad sin respeto por las personas. Rechazar o negar la verdad de la Palabra supone excluirnos de la comunión apostólica.

**La verdad hace libres a los hombres.**

Sin embargo, alguien puede preguntar: "¿Cuál es esa verdad de la que hablas? ¿Mi destino es depender de la verdad bautista, presbiteriana, anglicana, todas ellas o ninguna de ellas? Para conocer la comunión de los santos, ¿debo creer en el calvinismo o en el arminianismo? ¿En el gobierno eclesial al estilo de los congregacionalistas o los episcopales? ¿Debo interpretar la profecía de acuerdo con los premilenaristas o los postmilenaristas? ¿Debo creer en la inmersión, la aspersión o el derramamiento?". La respuesta a estas preguntas es fácil. La confusión es aparente, no real.

Los primeros cristianos, sometidos al fuego de la persecución, perseguidos de un lugar a otro, a veces privados de la oportunidad de recibir una enseñanza cuidadosa sobre la fe, querían una "regla" que resumiera todo lo que debían creer para garantizar su bienestar eterno. Los credos surgieron de esta necesidad crítica. De los numerosos ejemplos, el Credo Apostólico es el más conocido y querido, y es el que más ha repetido reverentemente el mayor número de creyentes a lo largo de los siglos. Para millones de buenas personas, este credo contiene la esencia de la verdad. No todas las verdades, ciertamente, pero sí la esencia de la verdad. En los días de la prueba fue una especie de contraseña secreta que inmediatamente unía a las personas entre sí cuando los seguidores del Cordero lo hacían circular de boca en boca. Por lo tanto, es justo decir que la verdad compartida por los santos en la comunión apostólica es la misma verdad que se esboza por necesidad en el Credo Apostólico.

En nuestra época, en la que la verdad del cristianismo está sometida a ataques procedentes de tantas direcciones, es muy importante que sepamos lo que creemos y que lo protejamos cuidadosamente. Pero cuando nos esforcemos para interpretar y exponer las Sagradas Escrituras conforme a la fe antigua de todos los cristianos, debemos recordar que el alma que busca puede hallar la salvación por medio de la sangre de Cristo pero, al mismo tiempo, saber poco de las enseñanzas más plenas de la teología cristiana. Por consiguiente, debemos admitir en nuestra comunidad a todas las ovejas que han escuchado la voz del Pastor y que han intentado seguirle.

El principiante en Cristo que aún no ha tenido tiempo de aprender muchas verdades cristianas, y el creyente desfavorecido que ha tenido la mala fortuna de crecer en una iglesia donde la Palabra ha sido desterrada del púlpito, se encuentran en una situación casi idéntica. Su fe capta solo una pequeña porción de la verdad, y su "participación" se ve limitada necesariamente a esa pequeña porción que entienden. Sin embargo, lo importante es que lo poco de lo que disfrutan sea la *auténtica verdad*. Es posible que no sea más que esto, que "Cristo Jesús vino al mundo para salvar a los pecadores" (1 Ti. 1:15); pero si caminan a la luz de esta verdad, no hace falta nada más para que sean incluidos en el círculo de los benditos y para que sean auténticos miembros de la comunión apostólica.

Por lo tanto, la auténtica comunión cristiana consiste en participar de una *presencia*. Esto no es simple poesía, sino un hecho que expone destacadamente el Nuevo Testamento. Dios se nos ha entregado en la persona de su Hijo. "Porque donde están dos o tres congregados en mi nombre, allí estoy yo en medio de ellos" (Mt. 18:20). La inmanencia de Dios en su universo posibilita que los santos de Dios tanto en el cielo como en la tierra disfruten simultáneamente de la "presencia auténtica". Estén donde estén, Dios está presente para ellos en la plenitud de su deidad.

**Todos nos pertenecemos unos a otros; el bienestar espiritual de cada uno es o debe ser el objetivo amoroso de todos los demás.**

No creo que la Biblia enseñe la posibilidad de que los santos de la tierra y los que están en el cielo se puedan comunicar. Pero, aunque no puede darse esa comunicación, sin duda puede haber comunión. La muerte no arranca al creyente individual del lugar que ocupa en el Cuerpo de Cristo. Como sucede en los cuerpos humanos, cada miembro se nutre de la misma sangre que, al mismo tiempo, aporta vida y unidad a todo el organismo; de modo que, en el Cuerpo de Cristo, el espíritu vivificador que fluye por cada miembro aporta vida y unidad a todos. Nuestros hermanos cristianos a los que ya hemos perdido de vista siguen conservando su lugar en la comunión universal. La Iglesia es una, ya sea durmiendo o vigilando mediante la unidad de la vida eterna.

Lo más importante de la doctrina de la comunión de los santos son sus efectos prácticos sobre la vida de los cristianos. Sabemos muy poco de los santos que están en el cielo, pero de los que están en la tierra sabemos, o podemos saber, mucho más. Los protestantes no creemos (dado que la Biblia no lo enseña) que los santos que han ido al cielo antes que nosotros se vean afectados de alguna manera por las oraciones o los esfuerzos de los santos que permanecen en este planeta. Nuestro interés concreto no debe centrarse en aquellos a los que Dios ya ha honrado con su visión beatífica, sino en aquellos peregrinos agobiados y esforzados que siguen viajando hacia la ciudad de Dios. Todos nos pertenecemos unos a otros; el bienestar espiritual de cada uno es o debe ser el objetivo amoroso de todos los demás.

Debemos orar pidiendo un engrandecimiento del alma para recibir en nuestros corazones a todo el pueblo de Dios, sea cual sea su raza, su color o su denominación. Entonces debemos tratar de pensar en nosotros mismos como miembros de la bendita familia de Dios, y esforzarnos en oración por amar y apreciar a todo aquel que es nacido del Padre.

También sugiero que intentemos familiarizarnos todo lo posible con las almas buenas y santas que vivieron antes de nuestra época y que ahora pertenecen a la compañía de los redimidos en los cielos. ¡Qué triste es limitar nuestra simpatía a los que viven en nuestros tiempos, cuando Dios, en su providencia, nos ha dado la posibilidad de disfrutar de los ricos tesoros de las mentes y los corazones de tantos santos con talento de otros tiempos! Confinar nuestra lectura a las obras de unos pocos autores favoritos de hoy o de la semana pasada supone limitar nuestro horizonte y limitar peligrosamente nuestra alma.

No me cabe duda de que la lectura en oración de algunos de los grandes clásicos espirituales de los siglos destruiría en nosotros, para siempre, esa angostura del alma que parece ser la marca distintiva del evangelismo moderno.

Para muchos de nosotros es necesario reabrir los pozos del pasado. Agustín, por ejemplo, nos aportaría una visión de la majestad asombrosa de Dios que haría mucho para curar la superficialidad espiritual que detectamos entre tantos cristianos modernos. Bernardo de Cluny nos cantaría de "la Jerusalén dorada" y de la paz del día de reposo eterno, hasta que los miserables placeres de este mundo nos resultaran intolerables; Richard Rolle nos mostraría cómo escapar de "la abundancia de riquezas, los halagos de las mujeres y la belleza de la juventud", para que conociésemos a Dios con una intimidad que se convertirá en nuestros corazones en "calor, fragancia y canción"; Tersteegen nos susurraría palabras sobre "el amor oculto de Dios" y la presencia temible hasta que nuestros corazones "se aquietaran en su presencia" y "postrados, en lo más hondo, le adorasen"; ante nuestros ojos, el dulce San Francisco abarcaría, con sus brazos de amor, el sol y la luna, los árboles y la lluvia, las aves y los animales, y daría gracias a Dios por todos ellos sumido en un arrebato puro de devoción espiritual.

Pero ¿quién es capaz de completar esta lista de santos? Les debemos una gratitud demasiado grande para comprenderla: profetas y apóstoles, mártires y reformadores, eruditos y traductores, escritores de himnos y compositores, maestros y evangelistas, por no mencionar esas diez mil veces diez mil almas sencillas y anónimas que mantuvieron encendida la llama de la religión pura incluso en aquellos tiempos en los que la fe de nuestros padres estaba casi apagada por todo el mundo.

Nos pertenecen, todos ellos, y nosotros les pertenecemos. Ellos y nosotros, y todos los hombres y mujeres redimidos de todas las épocas o climas, estamos incluidos en la comunidad universal de Cristo, y juntos formamos el "real sacerdocio, nación santa, pueblo adquirido por Dios" (1 P. 2:9), que disfrutan de una comunión de los santos común pero bendita.

30

# ¿Responde Dios siempre a la oración?

Contrariamente a lo que afirma la opinión popular, el cultivo de una psicología de la creencia acrítica no es algo neutro y, si se lleva demasiado lejos, puede ser claramente nocivo. Todo el mundo ha sido engañado por el diablo, y la trampa más mortífera de todas es la religiosa. El error nunca parece tan inocente como cuando se encuentra dentro del santuario.

Un lugar donde aparecen trampas letales en apariencia inofensivas es en el campo de la oración. Existen más conceptos dulces de la oración de los que podríamos incluir en un gran libro, pero todos ellos son erróneos y son de lo más ofensivo para las almas de los hombres.

Pienso en uno de esos conceptos falsos que hallamos a menudo en lugares agradables, donde se relaciona sonriente con otros conceptos cuya ortodoxia es incuestionable: es el que dice que *Dios siempre responde a la oración*.

Este error figura entre los santos como una especie de terapia filosófica multifunción que impide que cualquier cristiano decepcionado padezca una conmoción demasiado fuerte cuando descubra sin asomo de duda que no se cumplen las expectativas que tenía para la oración. Se le explica que Dios siempre responde a la oración, diciendo que sí o diciendo que no, o sustituyendo el favor pedido por otro distinto.

Ahora bien, sería difícil inventarse un truco más hábil que

este para consolar al peticionario cuyas oraciones no han sido respondidas a causa de su desobediencia. Así, cuando una oración no recibe respuesta, solo tiene que sonreír abiertamente y explicar: "Dios me ha dicho que no". Resulta de lo más cómodo. Su fe tambaleante se ve libre de la confusión, y su conciencia queda inalterada. Pero me pregunto si es sincero.

Para recibir una respuesta a la oración tal como la Biblia usa este término, y tal como lo han entendido los cristianos a lo largo de la historia, deben estar presentes dos elementos: (1) una petición clara hecha a Dios rogando un favor concreto; (2) la concesión clara de Dios de ese favor como respuesta a la petición. No puede existir una tergiversación semántica, nada de cambiar etiquetas ni de alterar el mapa durante el viaje para ayudar al turista avergonzado a encontrarse a sí mismo.

**Es inútil pedir a Dios que actúe contrariamente a sus propósitos revelados.**

Cuando acudimos a Dios con la petición de que modifique la situación en la que nos encontramos, es decir, que responda a nuestra oración, hay dos condiciones que debemos satisfacer: (1) debemos orar según la voluntad de Dios y (2) debemos estar en lo que los cristianos de otros tiempos llamaban "terreno de oración"; es decir, debemos llevar vidas que agraden a Dios.

Es inútil pedir a Dios que actúe contrariamente a sus propósitos revelados. Para orar con confianza, el peticionario tiene que estar seguro de que su súplica está dentro de la voluntad general de Dios para su pueblo.

La segunda condición también tiene una importancia vital. Dios no se ha obligado a satisfacer las peticiones de cristianos mundanos, carnales o desobedientes. Solo escucha y responde a las oraciones de quienes andan en sus caminos. "Amados, si nuestro corazón no nos reprende, confianza tenemos en Dios; y cualquiera cosa que pidiéremos la recibiremos de él, porque guardamos sus mandamientos, y hacemos las cosas que son agradables delante de él... Si permanecéis en mí, y mis palabras permanecen en vosotros, pedid todo lo que queréis, y os será hecho" (1 Jn. 3:21-22; Jn. 15:7).

Dios quiere que oremos, y quiere responder a nuestras oraciones, pero hace que nuestro uso de la oración sea un privilegio que se combine con su uso de la oración como disciplina. Para recibir las respuestas a la oración debemos satisfacer las condiciones de Dios. Si ignoramos sus mandamientos, Él no atenderá nuestras peticiones. Solamente alterará las circunstancias cuando se lo pidan almas obedientes y humildes.

El sofismo que dice "Dios siempre responde a las oraciones" hace que el que ora carezca de disciplina. Mediante el ejercicio de esta astuta casuística, ignora la necesidad de vivir sobriamente, justa y piadosamente en este mundo presente, y en realidad entiende la negativa de Dios a responder su oración como si fuera la propia respuesta. Por supuesto, semejante persona no crecerá en santidad; nunca aprenderá a rogar constantemente y esperar; nunca conocerá la corrección; nunca llegará al punto en que sea moral y espiritualmente digno de que Dios responda a sus oraciones. Su filosofía equivocada le ha arruinado.

Por esto me desvío para exponer esa pizca de mala teología sobre la que se fundamenta esta mala filosofía. El hombre que la acepta nunca sabe dónde está; nunca sabe si tiene o no una fe auténtica, porque si Dios no le concede sus peticiones, evita la consecuencia de esto mediante el simple recurso de decir que Dios dio la vuelta a todo el asunto y le concedió otra cosa. No se permitirá apuntar a una diana, de modo que nunca sabrá si es buen o mal tirador.

Hay algunas personas de las que Santiago dice claramente: "Pedís, y no recibís, porque pedís mal, para gastar en vuestros deleites" (4:3). Gracias a esta frase tan breve, descubrimos que

Dios se niega a responder a determinadas peticiones porque quienes las hacen no son moralmente dignos de recibir la respuesta. Pero esto no significa nada para aquel que ha sido seducido para creer que Dios siempre responde a la oración. Cuando ese hombre pide y no recibe, mete la mano en su chistera y encuentra la respuesta de alguna otra manera. Hay algo a lo que se aferra con gran tenacidad: Dios nunca rechaza a nadie, sino que invariablemente concede todas las peticiones.

Lo cierto es que Dios siempre responde la oración que está conforme con su voluntad tal como se revela en las Escrituras, siempre que quien la formule sea obediente y confíe en Él. Que nadie se atreva a ir más allá de esto.

31

# LA IMPORTANCIA DE LA SANA DOCTRINA

Sería imposible enfatizar demasiado la importancia que tiene la sana doctrina en la vida de un cristiano. Si queremos tener una vida recta, es esencial que tengamos el pensamiento correcto sobre los asuntos espirituales. Igual que no podemos cosechar uvas de los espinos ni higos de los cardos, el carácter adecuado no nace de una enseñanza equivocada.

La palabra *doctrina* no significa otra cosa que las creencias religiosas que se sostienen y se enseñan. Es la tarea sagrada de todo cristiano, primero como creyente y luego como maestro de conceptos religiosos, estar seguro de que esas creencias se corresponden exactamente con la verdad. La sana doctrina es el fruto del acuerdo preciso entre la creencia y el hecho. No podemos permitirnos tener menos que eso.

Los apóstoles no solo enseñaron la verdad, sino que defendieron su pureza frente a todos aquellos que pretendieran corromperla. Las epístolas paulinas se resisten a todos los intentos de los falsos maestros por introducir caprichos doctrinales. Las epístolas de Juan condenan radicalmente a aquellos maestros que acosaban a la joven Iglesia negando la encarnación y sembrando dudas sobre la doctrina de la Trinidad; y Judas, en su epístola breve pero poderosa, alcanza las cotas más altas de la elocuencia ardiente cuando se burla de los falsos maestros que pretenden engañar a los santos.

Cada generación de santos debe examinar sus creencias. Aunque la verdad es inmutable, las mentes de los hombres son vasijas porosas, de las que puede escaparse la verdad y en las que puede colarse el error para diluir la verdad que contienen. El corazón humano es hereje por naturaleza, y cría el error con tanta naturalidad como un jardín cría malas hierbas. Lo único que necesita una persona, una iglesia o una denominación para garantizar el deterioro de la doctrina es darlo todo por hecho y no hacer nada. El jardín descuidado pronto estará repleto de hierbajos; el corazón que no cultive la verdad y arranque el error pronto será una selva teológica; la iglesia o la denominación que crece sin prestar atención al camino de la verdad pronto se encontrará perdida, atascada en alguna charca de fango de la que no podrá escapar.

**El corazón humano es hereje por naturaleza, y cría el error con tanta naturalidad como un jardín cría malas hierbas.**

En todos los campos del pensamiento y de la actividad humana, la precisión se considera una virtud. Errar, aunque sea un poco, supone exponerse a graves pérdidas, por no decir a la muerte. La verdad solo se considera una lacra dentro del pensamiento religioso. Cuando los hombres tratan con las cosas terrenales y transitorias, exigen la verdad; cuando se plantean las cosas celestiales y eternas, vacilan y dudan como si fuera imposible conocer la verdad o, de cualquier modo, no tuviera importancia.

Montaigne dijo que un embustero es alguien que es valiente ante Dios y cobarde ante los hombres; porque un mentiroso se enfrenta a Dios y se oculta de los hombres. ¿Acaso esto no es una prueba de incredulidad? ¿No supone decir que el mentiroso cree en los hombres pero no está convencido de la existencia de Dios, y está dispuesto a arriesgarse a incurrir en el reproche de un Dios que quizá no existe en lugar de en el de los hombres, que claramente existen?

Creo también que el descuido con el que tratan los hombres la religión se fundamenta en la incredulidad profunda y básica. El científico, el médico, el navegante tratan de cosas que saben que son reales; y como esas cosas son reales, el mundo exige que tanto el maestro como el practicante dominen el conocimiento de ellas. Al maestro de cosas espirituales solo se le pide que esté inseguro de sus creencias, que se muestre ambiguo en sus declaraciones y tolere cualquier opinión religiosa que expresen las personas, incluso el hombre menos capacitado para tener opinión.

La doctrina difuminada ha sido siempre el distintivo de los liberales. Cuando rechazan las Sagradas Escrituras como autoridad final sobre la creencia religiosa, hay que encontrar algo que ocupe su lugar. Durante la historia, ese algo ha sido la razón o el sentimiento. En el caso del sentimiento, ha sido el humanismo. A veces se ha producido una mezcla de ambas cosas, como puede verse en las iglesias liberales modernas. Estas no quieren renunciar del todo a la Biblia, ni quieren dejar de creer en ella; el resultado es un conjunto indeterminado de creencias, más parecido a la niebla que a un monte, donde todo *puede* ser verdad pero no podemos fiarnos de que nada sea *absolutamente* verdad.

**Las creencias definitivas siempre han ido acompañadas de fuerza moral.**

Nos hemos acostumbrado a esos bancos borrosos de niebla gris que se presentan como doctrina en las iglesias modernistas, y no esperamos nada mejor, pero cuando vemos que últimamente la niebla ha empezado a infiltrarse en muchas iglesias evangélicas, tenemos motivos para alarmarnos. De fuentes que en otro tiempo fueron intachables surgen ahora afirmaciones difusas hechas de una mezcla lechosa de Escrituras, ciencia y sentimiento humano, que no es fiel a ninguno de sus ingredientes porque cada uno opera para borrar del mapa a los otros.

Algunos de nuestros hermanos evangélicos parecen estar convencidos de que son pensadores progresistas porque están replanteándose la evolución y evaluando otra vez diversas doctrinas bíblicas o incluso la propia inspiración divina; pero están tan lejos de ser pensadores progresistas que no son más que tímidos seguidores del modernismo... con cincuenta años de retraso.

Poco a poco, en nuestros tiempos, a los cristianos evangélicos les están lavando el cerebro. Una de las evidencias de esto es que cada vez son más numerosos los que se avergüenzan de que los encuadren inequívocamente en el bando de la verdad. Dicen que creen, pero sus creencias se han diluido hasta tal punto que es imposible definirlas con claridad.

Las creencias definitivas siempre han ido acompañadas de fuerza moral. Los grandes santos siempre han sido dogmáticos. Necesitamos urgentemente regresar a un dogmatismo amable que sonría pero manteniéndose firme sobre la Palabra de Dios que vive y permanece para siempre.

32

# Yo lo llamo herejía

*Como hijos obedientes, no os conforméis a los deseos que antes teníais estando en vuestra ignorancia.*

1 Pedro 1:14

Las Escrituras no enseñan que la persona de Jesucristo ni ninguna de las funciones importantes que Dios le ha concedido se puedan dividir o ignorar según los caprichos de los hombres.

Por consiguiente, debo ser franco al expresar lo que siento: que una gran herejía se ha extendido por nuestros círculos evangélicos. Se trata del concepto tan ampliamente aceptado de que los seres humanos podemos elegir aceptar a Cristo solo porque le necesitamos como Salvador, ¡y que tenemos derecho a posponer nuestra obediencia a Él como Señor tanto como lo deseemos!

Este concepto ha brotado de forma natural de una mala interpretación de lo que dice en realidad la Biblia sobre el discipulado y la obediencia cristianos. Hoy día se encuentra en casi toda nuestra literatura sobre el evangelio. Confieso que yo me contaba entre quienes la predicaban antes de que empezase a orar intensamente, a estudiar con diligencia y a meditar con ansiedad sobre este tema.

Creo que lo que viene a continuación es una exposición justa de lo que me enseñaron durante mi experiencia cristiana temprana y, si no queremos caer en un error, sin duda necesita muchas modificaciones y un gran número de precisiones.

"Somos salvos al aceptar a Cristo como nuestro Salvador. Somos santificados al aceptar a Cristo como nuestro Señor. Podemos hacer lo primero sin hacer lo segundo".

La verdad es que la salvación separada de la obediencia no figura en las Sagradas Escrituras. Pedro deja claro que somos "elegidos según la presciencia de Dios Padre en santificación del Espíritu, para obedecer" (1 P. 1:2).

¡Qué trágico es que en nuestros tiempos a menudo escuchemos cómo se presenta el evangelio sobre este tipo de fundamento!:

"¡Ven a Jesús! No tienes que obedecer a nadie. No tienes que cambiar nada. No tienes que renunciar a nada, alterar nada, rechazar nada, devolver nada. Simplemente, ¡ven a Él y confía en Él como Salvador!".

Así que vienen y creen en el Salvador. Más adelante, en alguna reunión o conferencia, escucharán otro llamado:

"Ahora que le has recibido como Salvador, ¿qué te parece aceptarle como Señor?"

**La salvación separada de la obediencia no figura en las Sagradas Escrituras.**

El hecho de que escuchemos esto por todas partes no lo convierte en verdad. Invitar a los hombres y a las mujeres a creer en un Cristo dividido es una mala enseñanza, porque nadie puede recibir la mitad de Cristo, o una tercera parte de Cristo, ¡o un cuarto de la Persona de Cristo! No somos salvos por creer en un oficio o en una obra.

He escuchado a obreros bienintencionados que decían: "Ven y cree en la obra consumada". Esa obra no te salvará. La Biblia no nos dice que creamos en un oficio o en una obra, sino que creamos en el propio Señor Jesucristo, la Persona que ha hecho esa obra y que desempeña esos oficios.

Ahora bien, notemos de nuevo el énfasis de Pedro sobre la

obediencia entre los cristianos esparcidos y perseguidos de su época.

Para mí, lo más importante es que Pedro habla de sus hermanos cristianos como "hijos obedientes" (1 P. 1:14). No les estaba dando un mandamiento ni una exhortación a ser obedientes. En realidad, lo que dice es: "Dando por hecho que sois creyentes, llego a la conclusión de que sois obedientes. De modo que ahora, como hijos obedientes, haced esto y lo otro".

**La esencia del pecado es la rebelión contra la autoridad divina.**

Hermanos, quiero señalar que la obediencia se enseña por toda la Biblia, y que la verdadera obediencia es uno de los requisitos más difíciles de la vida cristiana. Sin obediencia no puede haber salvación, porque la salvación sin obediencia es una imposibilidad que se contradice a sí misma.

La esencia del pecado es la rebelión contra la autoridad divina.

Dios dijo a Adán y a Eva: "mas del árbol de la ciencia del bien y del mal no comerás; porque el día que de él comieres, ciertamente morirás" (ver Gn. 2:17). Aquí vemos un requisito de Dios, que llama a la obediencia a aquellos que tenían la capacidad de elegir y de ejercer su voluntad.

A pesar de la prohibición clara, Adán y Eva extendieron sus manos y comieron del fruto, desobedeciendo y rebelándose, y acarreando sobre ellos el pecado.

En el libro de Romanos, Pablo escribe muy clara y directamente sobre "la desobediencia de un hombre" (Ro. 5:19) (y esta es una expresión dura que el Espíritu Santo nos transmite por medio del apóstol); ¡por la desobediencia de un hombre cayó toda la raza humana!

En la primera carta de Juan, la Palabra es muy clara y directa cuando dice que el pecado es "infracción de la ley" (1 Jn. 3:4), que el pecado supone desobedecer la ley de Dios. La imagen que usa Pablo de los pecadores en el libro de Efesios sostiene que los habitantes del mundo son "los hijos de desobediencia" (Ef. 5:6). Sin duda, Pablo quiere decir que la desobediencia les caracteriza, les condiciona, les moldea. La desobediencia se ha convertido en parte de su naturaleza.

Todo esto nos ofrece el trasfondo de la gran pregunta constante que se le plantea a la raza humana: "¿Quién manda?". Esta se divide en una serie de tres preguntas: "¿A quién pertenezco?", "¿a quién debo lealtad?", y "¿quién tiene autoridad para exigirme que le obedezca?".

Ahora bien, supongo que, de todos los habitantes del mundo, los estadounidenses son los que tienen mayor dificultad para obedecer algo o a alguien. Se supone que los estadounidenses son hijos de la libertad. Fuimos el resultado de una revuelta. Originamos una revolución, tirando el té por la borda en el puerto de Boston. Hicimos discursos y dijimos: "El sonido del choque de las armas flota en los vientos que soplan desde el parque de Boston Common"; y al final, "¡Dadme la libertad o dadme la muerte!".

Los norteamericanos llevan esto en la sangre y, cuando alguien dice "Tienes que obedecerme", ¡reaccionamos inmediatamente! En un sentido natural, no nos gusta nada la idea de obedecer a nadie.

En ese mismo sentido, los habitantes de este mundo tienen una respuesta rápida y preparada para las preguntas "¿A quién pertenezco?" y "¿A quién le debo obediencia?".

Su respuesta es: "Soy dueño de mí mismo. ¡Nadie tiene autoridad para exigirme obediencia!".

Nuestra generación le da mucha importancia a esto, y lo hace en nombre del *individualismo*. Basándonos en nuestra individualidad, reclamamos el derecho de la autodeterminación.

En un avión, el piloto sentado ante el panel de control es quien determina a dónde se dirige la aeronave. Debe decidir el destino.

Ahora bien, si Dios nos hubiera creado seres humanos como simples máquinas, no tendríamos la capacidad de autodeterminación. Pero dado que nos hizo a su propia imagen y nos creó para que fuéramos seres morales, nos ha concedido ese poder de autodeterminación.

Insisto en que no tenemos el derecho de autodeterminación porque Dios nos ha dado solamente la capacidad de elegir el mal. Viendo que Dios es santo y que nosotros somos criaturas morales, que tienen la capacidad pero no el derecho de elegir el mal, nadie tiene derecho a mentir.

Tenemos la capacidad de mentir, pero ningún hombre tiene derecho a mentir.

Tenemos la capacidad de robar: yo podría salir y conseguirme un abrigo mejor que el que tengo. Podría colarme por una puerta lateral y marcharme con el abrigo. Tengo esa capacidad, ¡pero no ese derecho!

Tengo el poder de usar un cuchillo, una navaja o una pistola para matar a otra persona, ¡pero no tengo ese derecho! Solo tengo la capacidad de hacerlo.

**Tenemos la capacidad de mentir, pero ningún hombre tiene derecho a mentir.**

En realidad, solo tenemos derecho a ser buenos; nunca tenemos derecho a ser malos, porque Dios es bueno. Solo tenemos el derecho a ser santos; nunca tenemos derecho a ser impíos. Si eres impío, estás usando un derecho que no te pertenece. Adán y Eva no tenían el derecho moral para comer de aquel árbol del bien y del mal, pero ellos lo hicieron y usurparon un derecho que no era suyo.

El poeta Tennyson debió haber reflexionado sobre esto, porque escribió en su obra *In Memoriam*: "Nuestras voluntades son tuyas, no sabemos cómo; ¡nuestras voluntades son nuestras para hacerlas tuyas!".

¡Oh, este misterio del libre albedrío humano es demasiado grande para nosotros! Tennyson dijo: "no sabemos cómo", pero luego se corrige y añade: "Sí, nuestras voluntades son nuestras para hacerlas tuyas". Y este es el único derecho que tenemos aquí para hacer, de nuestras voluntades, la voluntad de Dios, ¡para hacer que la voluntad de Dios sea la nuestra!

Debemos recordar que Dios es quien es, y nosotros somos lo que somos. Dios es el Soberano, nosotros las criaturas. Es el Creador, y por consiguiente tiene derecho a encomendarnos la obligación de que le obedezcamos. Es una obligación estupenda, diría yo, porque "su yugo es fácil y ligera su carga" (ver Mt. 11:30).

Ahora bien, aquí es donde vuelvo a plantear la cuestión de nuestra insistencia humana en que Cristo pueda mantener una relación dividida con nosotros. Es un tema que se predica con tanta frecuencia que oponerse a él u objetar significa que nos estamos saliendo del rebaño, y que más vale que nos preparemos para lo que nos pasará.

Pero ¿cómo podemos insistir en que nuestro Señor Jesucristo puede ser nuestro Salvador sin ser nuestro Señor, y predicarlo? ¿Cómo podemos seguir enseñando que podemos ser salvos sin pensar en obedecer a nuestro Señor Soberano?

Estoy convencido de que cuando un hombre cree en Jesucristo, debe creer en toda su Persona, ¡sin reservas! Estoy convencido de que está mal contemplar a Jesús como una especie de enfermera divina a la que podemos acudir cuando el pecado nos ha enfermado y, después de que nos haya ayudado, decirle "adiós" y seguir nuestro camino.

Supón que entro en un hospital y digo al personal que necesito una transfusión de sangre o, quizá, una radiografía de mi vesícula biliar. Después de que me hayan atendido y me hayan prestado sus servicios, ¿me marcho del hospital diciendo un alegre "adiós", como si no les debiera nada y como si fuera muy amable por su parte ayudarme cuando lo necesitaba?

Puede que esto te parezca una imagen grotesca, pero expone con bastante precisión la actitud de aquellos a los que han enseñado que pueden usar a Jesús como Salvador en sus necesidades sin reconocerle como Soberano y Señor, y sin deberle obediencia y lealtad.

La Biblia nunca, en ningún sentido, nos ofrece este concepto de la salvación. Nunca se nos lleva a creer que podemos usar a Jesús como Salvador y no reconocerle como Señor. Él es el Señor, y como Señor nos salva, ¡porque concentra en su Persona los oficios de Salvador, Cristo, Sumo Sacerdote, Sabiduría y Justicia, Santificación y Redención! Él es todas estas cosas, y todas ellas se encarnan en Él como Cristo el Señor.

Hermanos, no tenemos permiso para acercarnos a Jesucristo como agentes astutos diciendo: "Tomaremos esto y esto otro, ¡pero aquello no lo queremos!". No venimos a Él como alguien que, comprando muebles para su casa, declara: "Me llevo esta mesa pero esa silla no me interesa", separando una cosa de otra.

**La felicidad de todos los seres morales radica en prestar obediencia a Dios**

¡No, señor! ¡O tomamos todo de Cristo o no tomamos nada!

Creo que necesitamos predicar de nuevo al mundo un Cristo entero, un Cristo que no necesite nuestras disculpas, un Cristo que no tolera que lo dividamos, ¡un Cristo que será Señor de todo o no será Señor de nada!

Creo que es importante estar de acuerdo en que la verdadera salvación restaura el derecho de la relación Creador-criatura, porque admite el derecho que tiene Dios a tener comunión con nosotros.

Mira, en nuestra época hemos enfatizado demasiado la psicología del estado del pecador. Nos pasamos mucho tiempo describiendo la triste situación del pecador, su tristeza y la gran carga que soporta. Es cierto que lleva todo eso, pero lo hemos enfatizado tanto que hemos olvidado el hecho principal: ¡que en realidad el pecador es un rebelde que se opone a una autoridad constituida con pleno derecho!

Esto es lo que hace que el pecado sea pecado. Somos rebeldes. Somos hijos de la desobediencia. El pecado es la transgresión de la ley, y estamos en rebelión, y somos fugitivos de las leyes justas de Dios mientras seamos pecadores.

A modo de ilustración, supongamos que un hombre se escapa de la cárcel. Está claro que estará angustiado. Estará dolorido después de haber chocado con troncos, piedras y vallas mientras avanzaba en la oscuridad para esconderse. Tendrá hambre, frío y estará agotado. Le crecerá la barba, tendrá calambres y sentirá cansancio y frío; tendrá todas estas experiencias, pero son secundarias al hecho de que es un fugitivo de la justicia y un rebelde contra la ley.

Lo mismo pasa con los pecadores. Ciertamente están afligidos y llevan una carga pesada. Sin duda que avanzan penosamente y están muy cargados. La Biblia tiene muy en cuenta estas cosas, pero son secundarias ante el hecho de que si el pecador es pecador, se debe a que se ha rebelado contra las leyes de Dios y es un fugitivo del juicio divino.

Esto es lo que constituye la naturaleza del pecado, no el hecho de que lleve sobre sus espaldas una pesada carga de angustia, tristeza y culpa. Estas cosas son solo efectos secundarios de su naturaleza pecaminosa, pero la raíz del pecado es la rebelión contra la ley, la rebelión contra Dios. ¿Acaso el pecador no dice

"Me pertenezco a mí mismo. No le debo lealtad a nadie a menos que quiera dársela"? Esta es la esencia del pecado.

Sin embargo, afortunadamente, la salvación cambia esto y restaura la relación anterior, de modo que lo primero que hace el pecador que regresa es confesar: "Padre, he pecado contra el cielo y contra ti. Ya no soy digno de ser llamado tu hijo; hazme como a uno de tus jornaleros" (Lc. 15:18-19, 21).

Así, al arrepentirnos, esa relación se restaura y nos sometemos por entero a la Palabra de Dios y a su voluntad, como hijos obedientes.

Ahora bien, la felicidad de todos los seres morales radica justo aquí, hermanos, en prestar obediencia a Dios. El salmista clamaba en el salmo 103: "Bendecid a Jehová, vosotros sus ángeles, poderosos en fortaleza, que ejecutáis su palabra, obedeciendo a la voz de su precepto" (v. 20).

Los ángeles del cielo encuentran su máxima libertad y su felicidad más suprema en obedecer los mandamientos de Dios. No lo consideran una tiranía, sino un placer.

**Cada persona toma su propia decisión respecto al mundo eterno en el que vivirá.**

He vuelto a estudiar los misterios del primer capítulo de Ezequiel, y no lo entiendo. Hay criaturas con cuatro rostros y cuatro alas, seres extraños que hacen cosas extrañas. Tienen ruedas y otras ruedas en medio de esas ruedas. Hay un fuego que viene del norte y criaturas que andan, y otras que bajan las alas y las sacuden. Son seres extraños, hermosos, y se lo están pasando estupendamente. ¡Están totalmente encantados con la presencia de Dios y con la posibilidad de servirle!

El cielo es un lugar de entrega a la voluntad plena de Dios, y es el cielo porque es precisamente eso.

Por otro lado, el infierno es sin duda el mundo de la desobediencia. Todo lo demás que podamos decir del infierno puede ser cierto, pero esto es la esencia misma: ¡el infierno es el mundo del rebelde! El infierno es el Alcatraz de los rebeldes impenitentes que se niegan a someterse a la voluntad de Dios.

Doy gracias a Dios porque el cielo es el ámbito de los hijos obedientes de Dios. Por mucho que hablemos de sus puertas de perla, de sus calles de oro y de sus muros de jaspe, el cielo es el cielo porque es el mundo de los hijos obedientes. El cielo es el cielo porque los hijos del Dios Altísimo descubren que allí se encuentran en su esfera natural, como seres morales obedientes.

Jesús dijo que en el infierno hay fuego y gusanos, pero este no es el motivo de que sea el infierno. Tú puedes soportar el fuego y los gusanos, pero la esencia del infierno y del juicio es que una criatura moral sepa y sea consciente de que está donde está porque es un rebelde. Es el mundo eterno de todos los rebeldes desobedientes que han dicho "¡No le debo nada a Dios!".

Este es el tiempo del que disponemos para elegir. Cada persona toma su propia decisión respecto al mundo eterno en el que vivirá.

Esta decisión es trascendental. Nadie aborda semejante decisión como si fuera una entrevista de trabajo o la obtención de un diploma estudiantil.

No tenemos fundamento alguno para pensar que podemos acercarnos como si tal cosa al Señor Jesús y decirle: "Mira, Señor, he venido a que me ayudes. Entiendo que eres Salvador, de modo que voy a creer y ser salvo, y luego voy a apartarme y, en algún momento del futuro, ya me plantearé esas otras cuestiones del señorío, la lealtad y la obediencia".

Te lo advierto: así no obtendrás la ayuda divina, porque el Señor no salvará a aquellos a quienes no pueda mandar.

No dividirá sus funciones. No puedes creer en un Cristo a medias. Le aceptamos por lo que es: el Salvador ungido y el Señor que es Rey de reyes y Señor de todos los señores. No sería quien es si nos salvara, nos llamara y nos eligiera sin entender que también puede guiarnos y controlar nuestras vidas.

Hermanos, creo en la vida y experiencia cristiana más profunda, ¡oh, sí! Pero creo que nos equivocamos cuando intentamos añadir esa vida profunda a una salvación imperfecta, obtenida de forma imperfecta mediante un concepto imperfecto de todo este asunto.

Por medio de la obra del Espíritu de Dios en hombres como Finney y Wesley, nadie se habría atrevido a levantarse en una reunión para decir "Soy cristiano" si no hubiera entregado todo su ser a Dios y aceptado a Jesucristo como su Señor además de como su Salvador, sometiéndose en obediencia a la voluntad del Señor. Era solo entonces cuando podía decir "Soy salvo".

Hoy día, dejamos que digan que son salvos por imperfecta e incompleta que sea la transacción, con la condición de que, en algún momento futuro, busquen la vida cristiana más profunda.

¿De verdad es posible que pensemos que no debemos obediencia a Jesucristo?

Le debemos nuestra obediencia desde el mismo segundo en que clamamos a Él pidiendo salvación y, si no le damos esa obediencia, ¡tengo motivos para dudar de si realmente nos hemos convertido!

**Dios desea que seamos sinceros con Él.**

Veo y escucho las cosas que están haciendo algunos cristianos y, cuando los veo actuar bajo su profesión de ser cristianos, me planteo la pregunta de si realmente se han convertido o no.

Hermano, creo que esto es, para empezar, la consecuencia de una enseñanza defectuosa. Esas personas consideran al Señor un hospital y, a Jesús, un jefe administrativo que saca de apuros a los pecadores que están en problemas.

"Arréglame, Señor", insisten, "¡para que luego pueda seguir por mi propio camino!".

Hermano, esta es una mala enseñanza. Está llena de autoengaño. Miremos a Jesús nuestro Señor, alto, santo, coronado, Señor de señores y de Rey de todos, que tiene el derecho absoluto de pedir una obediencia plena a todo su pueblo salvado.

Recuerda lo que dice la Biblia sobre la Persona y los títulos y oficios de Jesús: "a este Jesús a quien vosotros crucificasteis, Dios le ha hecho Señor y Cristo" (Hch. 2:36). Jesús significa "Salvador", Señor significa "Soberano", Cristo significa "Ungido". Por consiguiente, el apóstol no predicó a Jesús como Salvador; les predicó a Jesús como Señor y como Cristo y Salvador, sin dividir jamás su Persona ni sus oficios.

Recuerda también que Pablo escribió a los cristianos romanos:

> Mas ¿qué dice? Cerca de ti está la palabra, en tu boca y en tu corazón. Esta es la palabra de fe que predicamos: que si confesares con tu boca que Jesús es el Señor, y creyeres en tu corazón que Dios le levantó de los muertos, serás salvo. (Ro. 10:8-9)

El apóstol no dijo "si confesares con tu boca que Jesús es el Salvador". Dijo: "si confesares con tu boca que Jesús es el Señor... Porque con el corazón se cree para justicia, pero con la boca se confiesa para salvación... Porque no hay diferencia entre judío y griego, pues el mismo que es Señor de todos, es rico para con todos los que le invocan; porque todo aquel que invocare el nombre del Señor, será salvo" (vv. 10, 12-13).

Tres veces se refiere a Jesús en estos pasajes diciéndonos cómo ser salvos. Dice que la fe en el Señor Jesús más la confesión de esa fe al mundo nos trae la salvación.

Por encima de todas las cosas, Dios desea que seamos sinceros con Él. Estudia las Escrituras, lee el Nuevo Testamento y verás que he expuesto el germen de la verdad; entonces te exhorto a que hagas algo al respecto. Si te han llevado a creer de forma imperfecta en un Salvador dividido, ¡alégrate de que aún tengas tiempo de hacer algo para arreglarlo!

33

# La Biblia no está anticuada

*La palabra de Dios que vive y permanece para siempre... Y esta es la palabra que por el evangelio os ha sido anunciada.*
1 Pedro 1:23, 25

Hoy día hay cristianos entre nosotros que, según parece, creen que sus vidas espirituales habrían mejorado sensiblemente si nuestro Señor, el apóstol Pedro o Pablo les hubieran dado consejos cara cara.

Sé que es justo decir que si uno de los apóstoles o cualquiera de los grandes padres de la iglesia primitiva volviese a este mundo desde el otro, no habría ninguna sala lo bastante grande como para albergar a las multitudes que acudirían corriendo.

Si el mundo supiera que san Agustín, Crisóstomo, Francisco de Asís, Knox, Lutero o cualquiera de los otros grandes personajes que han vivido en este planeta había vuelto para dar un sermón, todos le prestaríamos la máxima atención y lo escucharíamos como si estuviésemos recibiendo la misma palabra de Dios.

Dadas nuestras circunstancias, no podemos albergar la esperanza de escuchar a esos hombres de Dios que hace ya siglos acabaron sus ministerios y se fueron para estar con el Señor. Las voces de los grandes santos y de los poderosos guerreros del ayer ya no se escuchan en nuestro siglo XX.

Sin embargo, ¡hay buenas noticias para aquellos que ansían escuchar un mensaje del Señor! Si tenemos la disposición de escuchar, aún podemos "oír" la voz de un apóstol, porque estamos leyendo las palabras que escribió Pedro. Ciertamente fue un gran santo, aunque puede que no lo consideremos el mayor de los apóstoles. Creo que es justo decir que fue el segundo de los apóstoles. Es posible que solo Pablo ocupase un lugar más elevado que Pedro.

De modo que, cuando leamos su mensaje, será Pedro el que nos hable a pesar de que lo haga a través de un "intérprete".

A menudo los misioneros nos han contado los momentos difíciles que han pasado con sus intérpretes. A veces un misionero quiere decir una cosa que, una vez traducida, tiene un sentido distinto para el oyente, y creo que, cuando exponemos las Escrituras, a menudo somos intérpretes imperfectos. Haré lo que pueda para captar el espíritu de Pedro y determinar qué intenta decirnos Dios, reduciendo al mínimo las interferencias.

Pues bien, supongo que yo le gustaría a más personas si declarase que predico la Biblia y nada más que la Biblia. Esto es algo que intento hacer, pero la honestidad me obliga a decir que lo máximo que puedo hacer es predicar la Biblia tal como la entiendo. Confío en que, por medio de tus oraciones y del Espíritu de Cristo, mi forma de interpretarla sea la correcta. Si tú oras y yo me someto y confío, quizá lo que obtengamos de la primera epístola de Pedro será aproximadamente lo que él nos diría si estuviera aquí en persona. Nos mantendremos todo lo cerca que podamos de la Palabra del Dios vivo.

Pedro tenía fama de ser el primero porque era un hombre muy impetuoso. Era el primero o uno de los primeros en participar en casi todo lo que sucedía, y eso le afectó mientras estuvo en este mundo.

Por este motivo supongo que Pedro hubiera sido un estadounidense fantástico. Normalmente abría la boca y hablaba antes de pensar, y esta es una característica de muchos de nosotros. Se apresuraba a hacer lo que debía hacer, y eso también es típico de nuestra cultura.

Según nos cuentan los Evangelios, parece ser que Pedro fue el primero, o al menos uno de los primeros, en convertirse en discípulo de Juan el Bautista. Se contó entre los primeros discípulos que acudieron a Jesús cuando Juan el Bautista le señaló y dijo: "He aquí el Cordero de Dios, que quita el pecado del mundo" (Jn. 1:29).

**Avanzamos hacia el cielo zigzagueando, en lugar de recorrer una línea recta.**

Pedro fue el primer apóstol al que llamó nuestro Señor para seguirle. Creo que Pedro fue el primer convertido, porque fue el primer hombre que dijo: "Tú eres el Cristo, el Hijo del Dios viviente" (Mt. 16:16).

Pedro figuró entre los primeros que vieron a nuestro Señor después de que resucitara de entre los muertos. Hay quienes insisten en que Pedro fue el primero de todos, creyendo que el Señor Jesús no se apareció a nadie más hasta haberse reunido con su amado amigo Pedro.

Además, recuerda que Pedro fue el primero de los predicadores del Nuevo Testamento. Es bastante propio del temperamento de este hombre que, cuando el Espíritu Santo descendió en Pentecostés y surgió la oportunidad de que alguien se pusiera en pie y declarase la verdad, fuese Pedro quien lo hizo.

Creo que aquí no encontramos ningún motivo teológico profundo. Creo que es cuestión de temperamento y de disposición. Cuando el Espíritu Santo desciende de repente sobre 120 personas, llenándolas, y a una de ellas le da por ponerse en pie y expresar con palabras el milagro que acaba de suceder, es normal que ese hombre sea Pedro. Así que se puso en pie y pronunció el gran sermón que encontramos en el segundo capítulo del libro de Hechos, ¡el gran sermón que convirtió a 3.000 personas!

Pero Pedro era un hombre, y durante su discipulado y su ministerio tempranos en su vida hubo flagrantes contradicciones e incoherencias. No tenemos derecho a vanagloriarnos y a decir que este hombre, el segundo apóstol más grande, nunca se apartó ni un centímetro del camino correcto desde el momento de su conversión hasta el de su muerte. Creo en el realismo dentro de la religión, y no pienso que sea nada positivo ocultar lo malo e intentar reflejar una justicia antinatural que no es fiel al carácter de Pedro.

De hecho, me gustaría que todos y cada uno de nosotros fuésemos como los ángeles o como esas criaturas extrañas que aparecen en el primer capítulo de Ezequiel, de las cuales se dice que cuando andaban, caminaban derecho hacia adelante (v. 9).

No sé exactamente lo que significa esto, pero sé que es una prueba intrigante: cuando andaban, caminaban recto. Ojalá que, desde el momento en que me convertí a los 17 años, hubiera caminado hacia adelante, pero no lo hice, y la mayoría de nosotros tampoco. Avanzamos hacia el cielo zigzagueando, en lugar de recorrer una línea recta. Esto es algo que lamento. No lo disculpo, ¡pero intento entenderlo!

Bueno, pues Pedro era un manojo de contradicciones, y desde mi punto de vista aún se glorifica más la gracia de Dios viendo que fue capaz de tomar a un hombre como Pedro, débil, vacilante e incoherente, y convertirlo en san Pedro.

Si vuelves a leer todo lo que el Nuevo Testamento dice sobre Pedro, descubrirás contradicciones evidentes. En la primera conversación que tuvo Jesús con Pedro, le dijo: "Tú eres Simón, hijo de Jonás; tú serás llamado Cefas (que quiere decir, Pedro)" (Jn. 1:42). Cuando Jesús llamó a Pedro, le otorgó un nombre nuevo que significa "piedra", que por supuesto es un objeto sólido e inconmovible.

Sin embargo, este hombre, esta "piedra", fue tan fluctuante ¡que negó a su Señor! En un arrebato para defender a su Maestro, le cortó la oreja a un hombre, pero al cabo de pocas horas negó que hubiera conocido a Jesús. Tenía la tendencia a apresurarse en cualquier situación, a actuar sin pensar y a tener que disculparse con frecuencia. Esa fue la piedra, una piedra vacilante, ¡vaya contradicción!

También me doy cuenta de que Pedro no se acobardaba cuando quería reprender a su Señor y Maestro. Era capaz de acercarse a Jesús y reprenderle como si fueran iguales. Pero al momento siguiente podía caer de rodillas, temblando y dominado por la reverencia, clamando: "Apártate de mí, Señor, porque soy hombre pecador" (ver Lc. 5:8).

Ese era Pedro, más temerario que cualquiera de los otros apóstoles, y a menudo con más fe que ellos... ¡pero su osadía era mayor que su fe! ¿Has conocido a algún hijo de Dios que sea así?

Recordarás que Pedro fue tan osado que saltó de la barca y caminó realmente sobre las aguas, y aun así tenía tan poca fe que esta no respaldaba su valentía. Así que se hundió, ¡y el Señor tuvo que ayudarle para que no se ahogase!

Sí, Pedro fue el primero que confesó a su Señor, y también el primero que le negó.

Fue el hombre al que el Señor llamó "bendito", y poco después lo llamó Satanás: "Bienaventurado eres, Simón, hijo de Jonás", y luego "¡Quítate de delante de mí, Satanás!" (Mt. 16:17, 23).

Mencionaré algunas otras contradicciones acerca de Pedro, el hombre. Una parte de la iglesia cristiana dice que fue el vicario de Cristo en el mundo, ¡pero según parece el propio Pedro nunca fue consciente de esto! Nunca habló de sí mismo como el vicario o el segundo al mando de Cristo; se consideraba un apóstol, uno de los ancianos. Eso es todo. El diácono más humilde de cualquier iglesia presbiteriana tiene un título tan elevado como el que reclamaba Pedro para sí, exceptuando el hecho de que Pedro dijo que era uno de los apóstoles.

Podría señalar que muchos suponen que Pedro fue el primero

de los papas, y sin embargo lo sobrepasó uno de sus compañeros en el apostolado, porque no cabe ninguna duda de que Pablo destacó más que Pedro.

Pedro fue un gran hombre, pero Pablo fue más grande. Me parece que si Dios quisiera elegir un papa, el primero de todos, habría elegido a Pablo, el más poderoso, el más intelectual de todos ellos, en lugar de a Pedro, vacilante e incoherente.

**La sensación de pertenecer a otro mundo, y no a este, se filtra en lo más hondo del cristiano y le señala como alguien distinto a las personas que le rodean.**

Destacaré también que Pedro se esfuma del libro de Hechos y, cuando lo hace, entra en escena Pablo. Cuando llegamos al final de Hechos, a Pedro ya no se le ve por ninguna parte. Pablo llena el horizonte y, cuando Dios echó los cimientos de su Iglesia, formando sus doctrinas profundas y firmes, eligió a Pablo, no a Pedro.

De modo que este es un esbozo breve de Pedro el hombre. Podríamos decir muchas otras cosas de él, pero él mismo nos las puede decir por medio de sus epístolas en el Nuevo Testamento, porque fue declarado apóstol a los judíos como lo fue Pablo a los gentiles.

Los judíos habían sido dispersados, y este es el motivo de la carta que escribe Pedro. Habían sido esparcidos por muchas naciones, y el día de Pentecostés habían regresado a Jerusalén, en un número de cientos de miles. Entonces, cuando predicó Pedro, se convirtieron en grandes cantidades y, al volver a sus propios países, transmitieron el mensaje del Salvador resucitado y la venida del Espíritu Santo. Así nacieron colonias de cristianos en todas las provincias de Roma, y Pedro sintió que debía ser pastor de ese gran número de judíos cristianos repartidos por todo el mundo. Aceptó su apostolado sobre los judíos con gran seriedad, y escribió su primera epístola pastoral a los judíos convertidos a Cristo y repartidos por toda el Asia romana.

Lo cierto es que las circunstancias de las provincias romanas que indujeron a Pedro a escribir su carta eran muy difíciles. Los emperadores romanos habían desatado intensas persecuciones contra los cristianos. Jesús les había dicho que debían esperar persecución, y ahora esta empezaba a cernirse sobre sus cabezas como las olas gigantescas sobre un barco que se hunde.

Uno de los hombres que obtuvo un gran poder político fue el emperador Nerón, a quien la historia recuerda como el más malvado de todos los hijos de Roma. Su vida, sus obras y sus costumbres figuran entre las más lamentables y ofensivas de toda la historia, de modo que nadie puede mencionar en público todos los crímenes de los que fue culpable. Pero era el emperador, y Pedro y el resto de los cristianos estaban sometidos a su control.

Se dice que Nerón incendió la ciudad de Roma, y luego, en su propia torre, tocó el arpa entonando canciones griegas mientras la urbe se quemaba. Pero luego se asustó, dándose cuenta de que los romanos se le echarían encima si se daban cuenta de que había provocado el incendio, de modo que buscó un chivo expiatorio; ¿y qué solución más fácil que echar la culpa a los cristianos problemáticos?

Estos creyentes se hacían oír, y estaban por todas partes. De modo que Nerón se volvió contra los cristianos como Hitler lo hizo contra los judíos, e hizo que los mataran por decenas de miles. Les arrebataron sus bienes, fueron encarcelados, fueron torturados de muchas maneras y asesinados, y todo esto por las regiones de Bitinia, el Ponto, Capadocia y el Asia romana.

Pedro, el amado hombre de Dios, sabía lo que estaba pasando. Había visto parte de la situación en la ciudad de Jerusalén, y conocía la ferocidad de la persecución. De este conocimiento provino esta carta de exhortación, una carta inspirada por el Espíritu de Dios mientras esperaba en el Señor durante largas e increíbles horas de oración por sus hermanos y hermanas que padecían en la fe.

Creo que debemos decir de Pedro que en su interior sentía con gran intensidad la soledad de los "desconocidos" a los que escribía. Estaban esparcidos, eran perseguidos, llevaban una carga, estaban aislados en este mundo debido a su fe cristiana.

El cristiano, el cristiano auténtico, sabe que ciertamente es un alma solitaria en medio de un mundo que no le ofrece comunión. Sostengo que si el cristiano se viene abajo en algunos momentos y cede a las lágrimas, no debería pensar que es débil. Es una soledad normal en medio de un mundo que le ha rechazado. ¡No puede evitar estar solo!

**En el libro de Dios no hay nada pasado de moda.**

Aquellos a los que escribía Pedro eran desconocidos en muchos sentidos, y el primero de todos es que eran judíos. Eran judíos repartidos entre los romanos, y nunca podían aceptar la manera de actuar romana ni someterse a ella. Aprendieron el idioma griego en el mundo de sus tiempos, pero nunca aprendieron la forma de vida romana. Eran judíos, un pueblo aparte, como lo siguen siendo hoy.

Además de esto, se habían convertido en creyentes cristianos, de modo que ya no eran simplemente judíos. Su sensación de alienación del mundo que les rodeaba había aumentado, se había duplicado. No solo eran judíos (diferentes a los gentiles que les rodeaban) sino también cristianos, ¡a diferencia de los judíos tanto como de los gentiles!

Este es el motivo por el que es muy posible que un creyente en Cristo sea la persona más sola del mundo bajo determinadas circunstancias. Esta sensación de no encajar forma parte de nuestra herencia cristiana. Esta sensación de pertenecer a otro mundo, y no a este, se filtra en lo más hondo del cristiano y le señala como alguien distinto a las personas que le rodean. Muchos de nuestros himnos nacieron de esa misma soledad, esta sensación de tener una ciudadanía distinta y más elevada.

Esto es precisamente lo que mantiene separado a un cristiano: saber que su ciudadanía no es de este mundo sino de los cielos, y que espera que vuelva el Salvador. ¿Quién puede esperar con mayor anhelo la venida del Señor Jesús que aquel que siente que es una persona sola en medio de un mundo solitario?

Pedro amaba al Señor Jesucristo, y sus epístolas dirigidas a los creyentes que padecían revelan claramente que en su vida se habían producido grandes cambios. Se había vuelto estable, se había vuelto equilibrado, se había convertido en un siervo firme y confiable de Cristo. Ahora entendía que sufrir por Cristo era uno de los privilegios de la vida cristiana, y preparó a sus hermanos y hermanas para el futuro con este consejo: "Amados, no os sorprendáis del fuego de prueba que os ha sobrevenido... sino gozaos por cuanto sois participantes de los padecimientos de Cristo" (1 P. 4:12-13).

Hermanos creyentes, en el siglo XX vivimos en el mismo mundo que entonces. ¡Haremos bien en dejar que el apóstol Pedro nos hable!

**La Palabra de Dios es tan fresca como cada nuevo amanecer.**

No tiene importancia quién seas ni cuál sea tu formación: puedes leer la primera epístola de Pedro y entenderla razonablemente bien, y puedes decirte a ti mismo: "¡El Espíritu Santo es quien me está diciendo esto!".

En el libro de Dios no hay nada pasado de moda. Cuando acudo a mi Biblia, encuentro fechas pero no antigüedad. Quiero decir con esto que me produce la sensación de que todo lo que contiene me pertenece. En ella no encuentro nada que pertenezca claramente a otra era, otros tiempos, otras personas.

Hay muchos otros volúmenes, muchos otros libros de historia, que contienen el fruto apasionado del intelecto de los hombres en situaciones concretas, pero pronto nos aburren. A menos que nos dediquemos a la investigación, no sentiremos mucho interés por algo tan pasado de moda, algo que pertenece a otra época.

Sin embargo, cuando el Espíritu Santo escribió las epístolas, por medio de Pedro, Pablo y los demás, las escribió y las dirigió a determinadas personas y las hizo tan aplicables universalmente que todo cristiano que las lea hoy en cualquier punto del mundo, en cualquier idioma o dialecto, olvida que fueron escritas para otras personas, y dice: "Esto va dirigido a mí. El Espíritu Santo estaba pensando en mí. No está anticuado ni pasado de moda. Esta es la Verdad viva para mí, ¡ahora! Es como si Dios se hubiera enterado de mis problemas y me hablase y me animase en el momento de mi angustia".

Hermanos, este es el motivo de que la Biblia siempre sea joven. Por esto, la Palabra de Dios es tan fresca como cada nuevo amanecer, tan dulce y tan vivificante como el rocío matinal que cubre la hierba después de una noche despejada: ¡porque es la Palabra de Dios para los hombres!

¡Esta es la maravilla de la inspiración divina y la naturaleza impactante del Libro de Dios!

34

# LA SANTIDAD NO ES UNA OPCIÓN

*Sino, como aquel que os llamó es santo, sed también vosotros santos en toda vuestra manera de vivir; porque escrito está: Sed santos, porque yo soy santo.*
1 Pedro 1:15-16

No es posible estudiar la Biblia con diligencia y seriedad sin que nos salte a la vista un hecho evidente: ¡para Dios el tema de la santidad personal es muy importante!

Tampoco hace falta que estudies mucho tiempo las actitudes de los cristianos modernos para discernir que, por lo general, consideramos que la expresión de la verdadera santidad cristiana es una decisión personal: "Sí, la he examinado y me la he planteado, ¡pero no me la quedo!".

Siempre me ha gustado más el verbo *exhortar* que *ordenar*, así que te recuerdo que Pedro ha proporcionado a todos los cristianos una potente exhortación para que sus vidas y sus conversaciones sean santas. Fundamenta claramente esta exhortación en dos grandes hechos: primero, el carácter de Dios y, segundo, el mandamiento de Dios.

Su argumento es tan sencillo que nosotros, que somos tan sofisticados, tropezamos con él: los hijos de Dios deben ser santos ¡porque el propio Dios es santo! Pasamos por alto muy fácilmente el hecho de que Pedro fue apóstol, y aquí nos confronta con la fuerza de una afirmación apostólica, que encaja a la perfección con la verdad del Antiguo Testamento sobre la Persona y el carácter de Dios, y también sigue la línea de lo que había enseñado y revelado el Señor Jesús a sus discípulos y a sus seguidores.

Personalmente, opino que los que afirmamos ser cristianos apostólicos no tenemos el privilegio de pasar por alto estos mandamientos apostólicos. No quiero decir que un pastor pueda prohibir o que una iglesia pueda obligar. Solo quiero decir que, moralmente, no podemos ignorar el mandamiento "sed santos".

**¡Para Dios, el tema de la santidad personal es muy importante!**

Dado que se trata de un mensaje apostólico, debemos reconocer el hecho de que tendremos que asimilarlo de alguna manera, no ignorarlo como hacen algunos cristianos.

Sin duda, nadie nos ha dado la posibilidad de elegir en este asunto. ¿Quién nos ha concedido el derecho o el privilegio de leer la Biblia y decir, usando expresiones modernas: "Estoy dispuesto a plantearme este asunto y, si me gusta, me lo apropiaré"?

En nuestro cristianismo y en nuestra espiritualidad hay algo que anda mal si podemos imaginar como si tal cosa que si no nos gusta una doctrina bíblica y optamos por no "comprarla", no pasa nada.

Los cristianos sinceros y comprometidos no pueden pasar por alto los mandamientos que hemos recibido de nuestro Señor o de los apóstoles. Dios nunca nos ha enseñado que debamos pesar lo que desea para nosotros y sus mandamientos en la balanza de nuestro propio juicio, y luego decidir lo que queremos hacer al respecto.

Un cristiano practicante puede decir: "He encontrado un lugar para la auténtica libertad cristiana; esas cosas no se aplican a mí".

¡Por supuesto que puedes esquivar el tema! Dios nos ha dado a cada uno de nosotros la capacidad de tomar nuestras propias decisiones. No digo que estemos obligados a doblar la rodilla y aceptar este yugo, y no tenemos por qué aplicarlo a nuestras personas. Es cierto que si no nos gusta, podemos darle la espalda.

La historia del Nuevo Testamento clarifica este asunto: muchas personas siguieron a Jesús durante un tiempo y luego se apartaron.

Una vez, Jesús dijo a sus discípulos: "Si no coméis la carne del Hijo del Hombre, y bebéis su sangre, no tenéis vida en vosotros" (Jn. 6:53). Muchos volvieron atrás y ya no andaban con Él (v. 66).

Jesús se volvió a los que quedaban y les dijo: "¿Queréis acaso iros también vosotros?" (v. 67).

Pedro dio la respuesta que sigue siendo la mía hoy: "Señor, ¿a quién iremos? Tú tienes palabras de vida eterna" (v. 68).

Esas fueron unas palabras sabias, sin duda, unas palabras nacidas del amor y de la devoción.

De modo que en la vida cristiana no estamos obligados a obedecer, pero sí a tomar una decisión en muchos puntos de nuestra madurez espiritual.

Tenemos en nuestro interior la capacidad de rechazar las instrucciones de Dios, pero ¿adónde iremos? Si rehusamos sus palabras, ¿adónde acudiremos? Si nos apartamos de la autoridad de la Palabra de Dios, ¿a qué autoridad nos someteremos? El error que cometemos es que, generalmente, recurrimos a algún otro humano, un hombre con aliento en su nariz.

Yo tengo una postura tradicional sobre la Palabra de Dios y su autoridad. Me he comprometido a creer que si la ignoramos o consideramos que este mandamiento es optativo, ponemos en peligro nuestras almas y nos exponemos a recibir un severo juicio en el futuro.

Ahora bien, hermanos, he dicho que el asunto de la santidad es muy importante para Dios. He estado contabilizando la palabra *santidad* en una concordancia exhaustiva, y he descubierto que este término aparece 650 veces en la Biblia. No he contado las palabras que tienen un significado parecido, como *santificar* y *santificado*, porque si contásemos esas palabras que tienen un significado semejante, el resultado ascendería a casi mil.

El adjetivo *santo* se usa para describir el carácter de los ángeles, la naturaleza del cielo y el carácter de Dios. Está escrito que los ángeles son santos, y a los ángeles que observan las cosas que hace la humanidad se les llama vigilantes y santos.

Se dice que el cielo es un lugar santo, donde no puede entrar nada impuro. Al propio Dios se le describe con el adjetivo *santo*: el Espíritu Santo, el Señor Santo y el Santo Dios Todopoderoso. Estas palabras se aplican a Dios por toda la Biblia, demostrando así que el mayor adjetivo que se puede atribuir a Dios, el máximo atributo que se puede aplicar a Dios es el de la santidad y, en un sentido relativo, incluso los ángeles en los cielos participan de la santidad divina.

**Dios nos pide y espera de nosotros que seamos hombres y mujeres santos.**

En la Biblia también hallamos que la ausencia de la santidad es un motivo para no ver a Dios. Conozco algunas de las grotescas interpretaciones que se han hecho de este pasaje: "Seguid la paz con todos, y la santidad, sin la cual nadie verá al Señor" (ver He. 12:14). Mi postura es la siguiente: no pienso rechazar este pasaje bíblico simplemente porque algunas personas lo hayan usado mal para respaldar su propia teoría patentada sobre la santidad. Este pasaje tiene un sentido, y debería preocuparnos hasta que descubramos qué significa y cómo podemos satisfacer sus requisitos.

¿Qué significa realmente la palabra *santidad*? ¿Se trata de ese tipo negativo de piedad de la que tantas personas se han alejado?

¡No, claro que no! En la Biblia, la santidad significa plenitud moral, una cualidad positiva que incluye la amabilidad, la misericordia, la pureza, la irreprensibilidad moral y la piedad. Siempre se le debe atribuir un sentido puro, positivo.

Siempre que leamos que Dios es santo significa que Dios es bueno, misericordioso y limpio en un grado superlativo, santo. Cuando se usa para hablar de los hombres, no significa una santidad absoluta, como sucede cuando define a Dios, pero aun así conserva la intensidad positiva del grado de santidad, no es negativa.

Por eso, la genuina santidad bíblica es positiva: podemos fiarnos de un santo. A un santo se le puede probar. La gente que intente vivir según un estándar de piedad negativo, una fórmula que han patentado otros seres humanos, descubrirá que su piedad no está a la altura cuando lleguen épocas de pruebas difíciles.

La santidad genuina puede llevarse sin temor al lugar de la prueba. Siempre que se produce un incumplimiento de la santidad, es una prueba de que ya de entrada la persona carecía de un grado real de santidad.

Personalmente, el hecho de leer los testimonios y los comentarios de hombres humildes de Dios que considero que se cuentan entre las grandes almas de la historia de la iglesia cristiana ha afectado realmente mi corazón.

De ellos he aprendido que la palabra y la idea de la santidad, tal como se usaron originariamente en hebreo, no tenían sobre todo una connotación moral. ¡No quería decir que Dios era antes que nada puro, porque eso se sobreentendía!

La raíz originaria de la palabra *santo* hablaba de algo más allá, algo extraño, misterioso y que inspiraba temor. Cuando reflexionamos sobre la santidad de Dios, hablamos de algo celestial, que inspira temor reverente, misterioso y que también provoca temor. Ahora bien, es supremo cuando se refiere a Dios, pero también se manifiesta en los hombres de Dios y se vuelve más profundo cuando los hombres se van pareciendo más a Él.

Esto supone la consciencia del otro mundo, una cualidad y una diferencia misteriosas que reposan sobre algunos hombres: eso es la santidad. Ahora bien, si un hombre tiene ese sentido y su vida moral no es correcta, yo diría que lo que experimenta es una falsificación del diablo.

Siempre que Satanás tiene motivos para temer seriamente una verdad, crea una falsificación. Intentará colocar esa verdad bajo una luz tan negativa que las mismas personas que desean ardientemente obedecerla son las que se apartan de ella espantadas. Satanás es muy astuto, y tiene mucha experiencia en la creación de parodias de las verdades a las que más teme, y luego presenta su parodia como si fuera auténtica, espantando a los santos que se toman en serio la vida espiritual.

Lamento decir que algunos que se han atribuido cierto tipo de santidad patentada han permitido que la doctrina se endurezca en una fórmula que se ha convertido en un obstáculo para el arrepentimiento, porque esta doctrina se ha utilizado para enmascarar la frivolidad y la codicia, el orgullo y la mundanalidad.

He visto las consecuencias. Ha habido personas sinceras, honestas, que se han apartado de la idea de la santidad debido a aquellos que la han defendido pero luego han vivido con egoísmo y arrogancia.

Sin embargo, hermanos, seguimos sometidos a la autoridad santa del mandato apostólico. Los hombres de Dios nos han recordado, en su Palabra, que Dios nos pide y espera de nosotros que seamos hombres y mujeres santos de Dios, porque somos hijos de Dios, quien es santo. Es posible que la doctrina de la santidad se haya visto perjudicada gravemente y a menudo, pero la provisión de Dios por medio de su Espíritu puro, amable y amante, sigue siendo la respuesta positiva para aquellos que tienen hambre y sed de la vida y del espíritu que complacen a Dios.

Cuando un hombre dotado de esta cualidad especial y esta presencia misteriosa vive de una forma moralmente correcta y recorre los santos caminos de Dios, y lleva en su vida sin saberlo siquiera la fragancia del reino que es supremo por encima de los reinos de este mundo, estoy dispuesto a aceptar que esto es de Dios y viene de Él.

A modo de ilustración, recuerda que Moisés poseía estas señales y cualidades cuando descendió del monte. Había pasado allí cuarenta días y noches con Dios y, cuando descendió, todo el mundo veía claramente dónde había estado. Su rostro todavía relucía, en él permanecía la gloria de la presencia. Se pintaba en su cara ese "algo" misterioso que los hombres no logran comprender o identificar.

Lamento que esta cualidad misteriosa de la presencia santa prácticamente haya abandonado el mundo en nuestros días. Hace tiempo, los teólogos la llamaban "lo numinoso", que significa ese elemento extra que es más que lo justo, pero es justo en un sentido temible, que inspira temor reverente, asombroso, celestial. Es como si estuviera bañado en luz, como si reluciera con un fuego misterioso.

He comentado que esta última cualidad prácticamente ya no se ve en este mundo, y creo que el motivo es muy evidente. Somos hombres que han reducido a Dios a sus propios términos. Dentro del contexto de la Iglesia cristiana, se nos dice que hagamos circular el evangelio como un rumor ¡y que "vendamos" a Jesús al mundo!

Seguimos hablando de la justicia, pero carecemos de esa

cualidad brillante, ese factor "numinoso" que escapa a toda descripción.

Recordarás que este fuego misterioso estaba en la zarza del Antiguo Testamento. Un pequeño fuego no asusta a nadie a menos que se extienda y escape a nuestro control. No nos da miedo el fuego en ese sentido, pero sin embargo leemos que Moisés, arrodillado frente a un pequeño arbusto que ardía, ¡escondió su rostro porque tuvo miedo! Se había topado con esa cualidad misteriosa; estaba lleno de temor reverente frente a esa presencia manifiesta.

**Hay un silencio que puede ser más elocuente que todas las lenguas humanas.**

Más tarde, a solas en el monte y cuando oyó el sonido de una trompeta, Moisés se estremeció y dijo: "Estoy espantado y temblando" (He. 12:21).

Una y otra vez somos llevados a esa gloria de Dios que se cernía sobre Israel, porque esta resume maravillosamente la santidad de la presencia divina. Allí estaba aquella nube que durante el día se movía por encima de ellos, claramente visible. Era una nube misteriosa, no compuesta de vapor de agua, que no proyectaba ninguna sombra, misteriosa.

A medida que la luz del día empezaba a desvanecerse, esa nube comenzaba a ponerse incandescente y, cuando llegaban las tinieblas, brillaba con fuerza como una enorme lámpara cerniéndose sobre Israel.

Todas las tiendas de aquel campamento en forma de rombo quedaban plenamente iluminadas por la asombrosa *shekiná* que pendía sobre ellas. Nadie había encendido ese fuego. Nadie añadía combustible a las llamas; nadie lo avivaba ni lo controlaba. Era Dios quien se situaba dentro de los confines de la visión humana y hacía que su presencia reluciese sobre Israel.

Imagino a una madre que tomase de la mano a su hijo pequeño para cruzar juntos el campamento.

Estoy seguro de que se habría arrodillado y le susurraría al pequeño: "Quiero enseñarte algo maravilloso. ¡Mira, mira eso!".

Seguramente la respuesta sería: "¿Qué es eso, mamá?".

Entonces ella respondería, en voz baja: "Eso es Dios. ¡Dios está ahí! Nuestro líder Moisés vio una zarza ardiendo. Luego vio un fuego en el monte. Desde que abandonamos Egipto, el fuego de Dios nos ha seguido, se ha cernido sobre nosotros durante todos esos años".

"Pero ¿cómo sabes que es Dios, mamá?".

"Gracias a la presencia que hay en ese fuego, la presencia misteriosa de otro mundo".

Esta *shekiná*, esta presencia, no tenía ninguna connotación concreta de moralidad para Israel; esta se daba por hecho. Sí que connotaba reverencia y temor reverente, lo solemne e inspirador, diferente y maravilloso y glorioso... allí estaba todo esto, como también estaba en el templo.

Y todo esto descendió de nuevo en Pentecostés (y esa misma llama se situó sobre cada uno de ellos), y se cernió sobre ellos con una visibilidad invisible. No creo que, de haber habido cámaras, se pudiera haber fotografiado esas lenguas de fuego, pero estaban allí. Era la sensación de estar dentro de ese elemento santo, o de estar rodeados por él, y fue tan poderoso que, en Jerusalén, cuando los cristianos se reunieron en el pórtico de Salomón, el pueblo se apartó de ellos como los lobos se apartan de la fogata de un campamento. Les observaban, pero la Biblia dice que "ninguno se atrevía a juntarse con ellos" (Hch. 5:13).

¿Por qué? ¿Se lo impedía alguna prohibición o restricción?

A nadie le habían advertido que no se acercase a aquellas personas que oraban, humildes e inofensivas, limpias y puras. Pero la multitud no se aproximaba. No se acercaban corriendo a pisotearlo todo. Se mantenían alejados del pórtico de Salomón porque percibían una cualidad santa, una presencia misteriosa y santa que se movía dentro de esa agrupación de creyentes.

Más adelante, cuando Pablo escribió a los cristianos corintios para explicarles la misteriosa plenitud del Espíritu Santo de Dios, les dijo en esencia: "Algunos de ustedes, cuando se reúnen y escuchan a Dios y le obedecen, saben que se produce una sensación de la presencia de Dios tan grande que los incrédulos caen sobre sus rostros y luego salen por ahí diciendo a todos que Dios está con ustedes" (ver 1 Co. 14).

Pues este tipo de presencia emana de Dios tal como la santidad emana de Él.

Si somos lo que debemos ser en Cristo y por su Espíritu, si la suma total de nuestras vidas (empezando por la interior) cada vez se parece más a Dios y a Cristo, creo que vendrá sobre nosotros una parte de esa cualidad y esa presencia divinas y misteriosas.

**El amor solo se puede entender cuando se siente.**

He conocido a algunos santos de Dios que parecían estar bañados en esa luminosidad sagrada, pero no lo sabían porque eran humildes y tenían un espíritu afable. No dudo en confesar que mi comunión con ellos ha supuesto más para mí que todas las enseñanzas que haya recibido en mi vida. Tengo una profunda deuda de gratitud con todos los maestros bíblicos que he tenido durante los años, pero hicieron poco más que instruir mi mente. Los hermanos a los que he conocido y que poseían esta extraña y misteriosa cualidad y consciencia de la Persona y de la presencia de Dios instruyeron mi corazón.

¿Entendemos la gracia que supone poder decir de un hombre, un hermano en el Señor, "Realmente es un hombre de Dios"? No tiene que decirnos nada, pero vive con calma y confianza un día tras otro, con esta sensación de una presencia misteriosa que provoca temor reverente, y que desciende sobre algunas personas y significa mucho más que todas las lenguas elocuentes de este mundo.

En realidad, me dan miedo las lenguas elocuentes. Temo al hombre que siempre puede abrir la Biblia y responder a todas las preguntas; ¡sabe demasiado! Temo al hombre que lo tiene todo sistematizado y guarda una docena de frases impactantes que puede recitar, las respuestas que ha elaborado con el paso de los años para dejar claro todo lo espiritual. Hermanos, ¡la gente así me da miedo!

Hay un silencio que puede ser más elocuente que todas las lenguas humanas. A veces la confusión reflejada en el rostro, y la cabeza inclinada, transmiten más verdad divina que la que puede expresar el predicador más elocuente del mundo.

De modo que Pedro nos recuerda que es el Señor quien ha dicho: "sed santos, porque yo soy santo" (1 P. 1:16).

Primero, arregla moralmente tu vida, de manera que Dios pueda santificarla; luego ordena tu vida espiritual, para que Dios venga sobre ti por medio del Espíritu Santo, para que te visite con esa cualidad de lo maravilloso, lo misterioso y lo divino.

Esto es algo que no cultivas y que ni siquiera sabes que está ahí, pero lo está, y es esta cualidad de la humildad invadida por la presencia de Dios lo que le falta a la Iglesia de nuestros tiempos. ¡Oh, si anhelásemos el conocimiento y la presencia de Dios en nuestras vidas a cada momento, de modo que, sin que los hombres la cultivasen ni se esforzasen por encontrarla, viniera sobre nosotros esta visitación que da sentido a nuestro testimonio! Es una fragancia dulce y radiante, y sugiero que, en algunas de nuestras iglesias, se puede percibir y sentir intensamente.

Ahora que he dicho esto es mejor que me detenga, y preveo que alguien me preguntará: "¿Usted no actúa basándose en sus sentimientos, verdad, señor Tozer?".

Bueno, no rechazo este asunto del sentimiento, ¡y tiene usted mi permiso para citarme si es necesario!

El sentimiento es un órgano del conocimiento, y no dudo en decirlo. El sentimiento es un órgano del conocimiento.

Para desarrollar esto, ¿me puedes definir la palabra *amor*?

No creo que realmente se pueda definir el amor; se lo puede describir, pero no es posible definirlo. Una persona, un grupo de personas o una raza que jamás haya oído la palabra *amor* nunca podrá entender lo que es el amor incluso si logra memorizar las definiciones de este concepto que aparecen en todos los diccionarios del mundo.

No obstante, pensemos en lo que le pasa a un niño sencillo, pecoso, de grandes orejas y con el pelo rojizo alborotado, cuando se enamora por primera vez y ese sentimiento invade hasta el último rincón de su ser. ¡De inmediato sabe más del amor que todos los diccionarios juntos!

**En Dios hay cualidades que nunca se pueden explicar al intelecto; solo el corazón las puede conocer.**

Esto es lo que quiero decir: el amor solo se puede entender cuando se siente. Lo mismo sucede con la calidez del sol. Dile a un hombre que no tiene sensibilidad que hace un día cálido y no entenderá lo que le quieres decir. Pero toma a un hombre normal que está bajo el sol cálido, y pronto conocerá esa calidez. Puedes saber más del sol cuando lo sientes que gracias a cualquier descripción.

De modo que en Dios hay cualidades que nunca se pueden explicar al intelecto; solo el corazón las puede conocer, el ser más interior. Por eso digo que creo en el sentimiento. Creo en lo que los escritores de la antigüedad llamaban "afecto religioso", y hoy día tenemos poco porque no hemos echado los cimientos para edificarlo. El trabajo preliminar es el arrepentimiento, la obediencia, la separación y la vida santa.

Estoy seguro de que, cuando hayamos realizado este trabajo previo, nos invadirá una sensación de la presencia sobrenatural de Dios, que se convertirá en algo maravillosamente real.

En ocasiones he escuchado una expresión que aparece en nuestras oraciones: "¡Oh, Dios, acércate a nosotros para que te sintamos!".

No creo que esté muy lejos, a pesar de quienes lo único que saben hacer es distanciarse y juzgar a otros.

"¡Oh, Dios, acércate para que te sintamos!". Dios se acercó sensiblemente a Moisés en la zarza y en el monte. Se acercó sensiblemente a la Iglesia en Pentecostés, y se aproximó tangiblemente a la iglesia de Corinto cuando los incrédulos se dispersaron, asombrados, para informar a otros de que "¡Realmente Dios está con ellos!".

Estoy dispuesto a confesar humildemente que esto es lo que necesitamos en nuestros días.

35

# MARIDO Y MUJER: UNA SOCIEDAD

*Asimismo vosotras, mujeres, estad sujetas a vuestros maridos... Vosotros, maridos, igualmente, vivid con ellas sabiamente, dando honor a la mujer... [cuyo atavío] no sea el externo... sino el interno, el del corazón, en el incorruptible ornato de un espíritu afable y apacible.*

1 Pedro 3:1, 7, 3-4

Hemos llegado a un punto lamentable de la historia, cuando a los oradores públicos (incluyendo a muchos predicadores) les parece pertinente abordar los problemas entre hombres y mujeres, esposos y esposas, como una especie de técnica humorística para provocar grandes carcajadas.

A lo largo de la existencia humana, las posturas biológicas de ambos sexos se han mantenido inalteradas, pero las actitudes psicológicas y las relaciones sociales se han visto alteradas radicalmente de vez en cuando.

Durante los últimos años se ha producido una revolución positiva y radical con respecto a las relaciones entre los sexos, y creo que sus orígenes se pueden encontrar en gran medida en Estados Unidos. Me resulta imposible analizar aquí el ímpetu y los detalles de este movimiento, que ha recibido grandes alabanzas porque busca la "liberación" de las mujeres del mundo.

Lo que quiero decir sobre las relaciones entre maridos y esposas se reduce a lo siguiente: para el cristiano de cualquiera de los sexos solo hay una regla que debe seguir, que es "¿Qué dice la Biblia?".

Los cristianos son hijos de Dios antes que nada y, como tales, estamos comprometidos con la Palabra de Dios. Estamos comprometidos con un Hombre y un Libro, siendo el primero el Señor Jesucristo y, el Libro, por supuesto, las Sagradas Escrituras.

Cuando hemos descubierto lo que tiene que decir categóricamente la Biblia sobre un tema determinado, y hemos clarificado qué complace al Hombre de gloria, ya no hay lugar para más argumentos.

En su primera epístola, Pedro hace una afirmación clara: que las esposas cristianas deben someterse a sus maridos, lo cual refuerza lo que la Biblia parece enseñar en otros pasajes: que el hombre, como cabeza de la raza, es la cabeza del hogar.

Vuelve a Génesis y descubrirás que Dios hizo a Adán del polvo de la tierra, y sopló en su nariz el aliento de vida. Entonces, como no era bueno que el hombre estuviera solo, Dios hizo a la mujer de una parte del hombre, y esto es algo que la mujer debe comprender y aceptar.

Sin embargo, rápidamente y por otro lado, hemos de decir que no existe absolutamente ninguna autoridad escritural, ningún precepto ni ejemplo bíblico, que permita a un marido comportarse como un señor brutal, dirigiendo su hogar con mano de hierro.

Vuelve a leer la historia de Abraham y Sara y descubrirás el noble liderazgo del primero. ¡Nunca gobernó con mano de hierro!

Sigue leyendo sobre el pobre Jacob y todas sus dificultades domésticas. Dentro de su círculo familiar ¡siempre abundaron la gracia y el cariño!

Podemos seguir con la historia del Antiguo Testamento y,

aunque se encuentra un poco entre sombras si la comparamos con el Nuevo Testamento, nunca vemos que en las familias con las que trataba Dios hubiera ningún tipo de dominación brutal masculina.

Si estudias con seriedad la Biblia como Palabra de Dios, tendrás que estar de acuerdo en que parece enseñar que el esposo y su mujer deben complementarse mutuamente. En otras palabras, parece que la voluntad de Dios es que el marido y la esposa se conviertan en lo que ninguno de los dos podría ser por su cuenta.

Sin duda, la imagen bíblica es clara cuando niega al marido el derecho de ser un déspota dominante que se complazca en manejar con dureza a su esposa y a su familia.

**La Biblia enseña los ideales del entendimiento y la cooperación.**

Por otro lado, las Escrituras ¡tampoco reconocen ni aprueban a una esposa dominante y rebelde!

Una esposa controladora y rencillosa es el producto del pecado y la incredulidad, y semejante papel no tiene lugar en la voluntad de Dios para la familia cristiana.

En realidad, creo que podemos interpretar que la Biblia enseña que Dios nunca pretendió que existiera una rivalidad y una competición constantes entre maridos y esposas. Al contrario, enseña los ideales del entendimiento y la cooperación.

Debe existir el entendimiento de que dos personas han entrado en un pacto por propia voluntad y por la fuerza de las circunstancias, viviendo en el mismo hogar y situación. Este entendimiento debe incluir el hecho de que el marido, según las Escrituras y la voluntad de Dios, es la cabeza de la raza y del hogar, pero que debe comportarse sabiamente, según nos exhorta amablemente Pedro: "Vosotros, maridos, igualmente, vivid con ellas sabiamente" (1 P. 3:7).

Pedro aconseja al marido que use su cabeza y el sentido común que se le ha concedido: "dando honor a la mujer como a vaso más frágil, y como a coherederas de la gracia de la vida" (3:7).

En otras palabras, el marido y la esposa son hijos de Dios juntos, herederos por igual de la gracia de la vida.

Si recordamos este hecho en oración, creo que nos daremos cuenta de que es en este punto cuando nació la caballerosidad. Estoy hablando de la caballerosidad cristiana, tal como la entendemos.

El mundo en el que vivimos y la sociedad de la que formamos parte han intentado a menudo satirizar y burlarse del concepto de la mujer como el vaso más frágil. Ha habido miles de chistes, y los dibujantes de viñetas cómicas han tenido una fuente inagotable en la típica mujer voluminosa que arrastra calle abajo a su marido, pequeño y manso como un corderito.

Sin embargo, nosotros recordamos que las Escrituras nos dicen que el hombre y la mujer son coherederos de la gracia de la vida. El marido y la esposa, si son cristianos, ¡son herederos juntos! Están unidos por el máximo vínculo: ¡son uno en Jesucristo su Salvador!

Ahora bien, en este pasaje Pedro hace un comentario muy poderoso pensando en los maridos: "Para que vuestras oraciones no tengan estorbo" (v. 7).

Supongo que hay muchos esposos cristianos cuyas oraciones no reciben respuesta, y seguro que se les ocurren muchas explicaciones. Pero el hecho es que los maridos irreflexivos son simplemente grandes y prepotentes estúpidos que no saben dar a sus esposas la consideración que merecen.

Si el marido enderezase su propia mente y su espíritu, y viviera con su esposa de acuerdo con el conocimiento, tratándola con la caballerosidad que le corresponde como el vaso más frágil, recordando que ella es en realidad su hermana en Cristo, sus oraciones recibirían respuesta a pesar del diablo y de cualquier otro motivo que se le ocurra para que no se respondan.

Los problemas espirituales de un marido no se encuentran en el Kremlin ni en el Vaticano, sino en el corazón del propio hombre; en su actitud y en su incapacidad de resistirse a la tentación de murmurar, gruñir y dominar.

En el hogar cristiano no hay lugar para ese tipo de gobierno masculino. Lo que la Biblia nos exige es el reconocimiento pertinente y amoroso de las verdaderas relaciones de comprensión y amor, y la aceptación de un espíritu de cooperación entre marido y esposa.

Pedro también quiere darnos en este pasaje una respuesta clara relativa a la vida y a la conducta de una esposa cristiana que tiene un marido incrédulo y despreciativo.

No nos atrevamos a pensar que esto solo era un problema durante la historia antigua de la humanidad. En todas nuestras congregaciones nos enfrentamos a la pregunta de la esposa cristiana: "¿Cómo adapto mi vida cristiana de modo que pueda ser obediente a las Escrituras mientras, al mismo tiempo, vivo con un hombre que odia a Dios, que no para de quejarse de todo y me falta al respeto cuando insisto en que voy a la casa de Dios?".

Primero, debemos admitir que existe ese tipo de mujer que dice que ora por su marido pero que nunca lo verá convertirse, porque rechaza la postura bíblica que Dios le ha concedido a ella y, dicho más claramente, porque su marido nunca ha visto en la vida de ella ninguna característica espiritual que quisiera para su propia vida.

Sería imposible que Pedro diera a las esposas cristianas un consejo más claro: "vosotras, mujeres, estad sujetas a vuestros maridos; para que también los que no creen a la palabra, sean ganados sin palabra por la conducta de sus esposas, considerando vuestra conducta casta y respetuosa" (3:1-2).

El consejo escritural se resume en esto: que la esposa cristiana apacible y cooperadora es un instrumento poderoso para hacer el bien en el hogar y, sin tener que usar demasiadas palabras, es una evangelista a quien cuesta resistirse. Pedro sostiene firmemente que el hombre, que en apariencia rechaza la doctrina de ella y se burla de su fe, recibe un poderoso impacto en su conciencia al ver la actitud mansa y apacible de ella y su conversación casta, unidas a un temor santo.

En resumen, hemos mencionado dos extremos: el esposo áspero cuyas oraciones no reciben respuesta, y la esposa cuya vida no refleja una santidad coherente y la paciencia frente a la adversidad.

**¡El verdadero atractivo de la persona no está fuera, sino en el interior!**

Doy gracias a Dios porque entre esas dos posturas hay una gran cantidad de personas buenas, honradas, que intentan hacer todo lo que pueden por Dios dentro de sus circunstancias vitales, pasando por alto las irritaciones evidentes y experimentando por ello la gracia de Dios.

Doy gracias a Dios por ese gran número de mujeres y hombres creyentes que avanzan por la vida con los vínculos de Cristo y, contando con la ayuda del Espíritu de Dios, consiguen dar un ejemplo coherente a sus familias, sus vecinos y sus amigos.

Soy consciente que, a estas alturas, alguno se estará preguntando si voy a pasar por alto el resto de la exhortación que hace Pedro a las cristianas de su época.

En este pasaje hay un problema, pero yo podría morirme mañana y no quiero morirme sabiendo que solo un día antes había sido lo bastante cobarde o tímido como para no exponer lo que dice un pasaje de las Escrituras.

Aquí tenemos el consejo de Pedro para las esposas:

"Vuestro atavío no sea el externo de peinados ostentosos, de adornos de oro o de vestidos lujosos, sino el interno, el del corazón" (3:3-4).

Primero, fijémonos en la manera en que Pedro eleva todas las preguntas llevándolas mucho más allá del plano en que existe división entre los sexos, situándolas en un plano espiritual donde no hay división y donde lo que realmente importa es el ser oculto del corazón y del espíritu.

Segundo, en este pasaje, ¿qué enseña de verdad la Biblia sobre los ornamentos externos y el vestido? ¿Realmente prohíbe que las mujeres se arreglen el peinado, se pongan joyas y demás complementos? Esta es una pregunta que se hace a menudo.

Vamos a decir que "sí" y partiendo de esto veamos adónde nos lleva.

Cuando yo era niño, no había más que un tipo de trenzas. Toda niña pequeña llevaba una trenza que le llegaba hasta la cintura. Cuanto más larga era la coleta, ¡más orgullosa estaba la niña!

Mi hermana solía llevar trenzas en el pelo, y esto es lo que significa el versículo; lo que en otros tiempos en Inglaterra llamábamos *plaiting*.

Entonces, ¿dice la Biblia que una mujer no debe adornarse con trenzas en el cabello?

Si decimos "Sí, significa eso", esto descarta que te puedas trenzar el pelo.

El consejo sigue diciendo: "de adornos de oro".

¿Quiere esto decir que las mujeres cristianas jamás pueden ponerse nada de oro?

Por el momento, vamos a aceptar que así es y descartar el oro.

"O de vestidos lujosos".

Sin embargo, ¡un momento! Aquí tenemos un problema con nuestro razonamiento, porque esto no quiere decir, de ninguna de las maneras, que la mujer no tenga que vestirse.

Si este pasaje no supone una prohibición estricta contra el peinado, las joyas de oro o los vestidos, ¿qué significa?

¡Pues significa que el verdadero atractivo de la persona no está fuera, sino en el interior! Por consiguiente, la mujer cristiana debería recordar que el atractivo no se puede comprar; que esa luz que se expresa realmente en la belleza está en el corazón y en el espíritu, no en el cuerpo.

Esto es lo que quería decir Pedro, y todo lo demás, ya sea por exclusión o estructura, es una interpretación estrecha y privada, ¡y conducirá a un fanatismo carente de amor!

**La belleza está en el corazón y en el espíritu, no en el cuerpo.**

Aquí no hallamos una sola expresión que nos induzca a pensar que Pedro establece la ley de que está mal que una mujer se trence el pelo. ¡Las mujeres saben que tienen que hacer algo con su cabello!

En las Escrituras tampoco hay nada que enseñe que el uso del oro está prohibido siempre que se haga de forma correcta. Durante la creación, Dios hizo el oro y lo repartió por el mundo. Es un metal hermoso a la vista, y un elemento por sí mismo. Si tenemos algo de oro y nos lo podemos permitir, en las Escrituras no hay ningún pasaje que diga: "No lo lleves", de la misma manera que no dice "¡No se vistan!".

Por lo tanto, la enseñanza es clara: no permitan que sus vestidos sean lo que les hace hermosas. No intenten sustituir la verdadera belleza de su ser por el oro o las joyas.

Estoy seguro de que no nos equivocaríamos al pensar que Pedro tenía un motivo para escribir esto, porque la historia respalda el hecho de que en aquellos tiempos también había costumbres, modas y estilos.

Supongo que la moda, la costumbre de aquel momento, era convertir las trenzas del pelo en una especie de obra de arte, y que era habitual que las mujeres mundanas y no salvas de aquella época pagana combinasen su peinado con oro, joyas y vestidos lujosos.

Quizá, a algunos, Pedro les parezca un poco severo cuando escribe diciendo: “Ustedes, las cristianas, son personas diferentes a como eran antes de convertirse al Señor. Como cristianas, debe interesarles más el carácter y la vida espiritual interior que sus vestidos y adornos”.

Una vez dicho esto sobre el verdadero atractivo de una persona, también hemos de decir que ninguna mujer debe caer en una forma de vestir desaliñada o no cuidar su aspecto. ¿Cómo sería posible que una cristiana, que lleva su Biblia y el libro de maestra de la escuela dominical, fuera conocida como una “mujer que no sabe ni vestirse”?

Esa persona no me puede impresionar con su supuesta espiritualidad. Solo puedo encogerme de hombros y pensar en su vestido desaliñado. “¿Qué ha hecho, subir al armario viejo del desván en busca de ese vestido tan gastado, o es que ayer se acostó con el vestido puesto?”.

**Ninguna mujer debe caer en una forma de vestir desaliñada o no cuidar su aspecto.**

Puedo ser muy firme sobre esto: no creo que la verdadera espiritualidad se pueda permitir dar este tipo de impresión de descuido personal. En el corazón de Jesucristo ni en el del tierno y artístico Espíritu Santo no hay lugar alguno para la falta de elegancia, de aseo o de coherencia.

Recuerdo la anécdota de aquel hermano cuáquero que tenía que hacer una visita a casa de una de las hermanas cristianas que vivía en la ciudad.

Se saludaron siguiendo el protocolo tradicional y muy digno de los cuáqueros, y luego mantuvieron una breve conversación sobre las cosas de Dios.

Cuando él estaba a punto de irse, ella le dijo: “Hermano, ¿querría orar conmigo antes de despedirnos?”.

"No", repuso él. "¿Por qué?", preguntó ella.

Él respondió: "Tiene usted la casa sucia, y Dios nunca me dijo que me arrodillase en una casa sucia. Limpie su casa, y entonces volveré y oraremos".

Quizá ella había estado demasiado ocupada orando como para limpiar la casa, pero creo que una casa ordenada y limpia habría contribuido a su testimonio cristiano, y quizá incluso ella podría haber orado mejor.

Ahora bien, tiene que haber algún grado de adorno externo, y yo lo resumiría en cuatro palabras familiares: *limpio*, *arreglado*, *modesto*, *adecuado*.

Nadie podrá decir que no entiende el adjetivo *limpio*. Por muy pobres que seamos, podemos ser limpios. Casi todo el mundo dispone de agua suficiente para mantener una limpieza básica.

¿Por qué no podemos tener buen aspecto cuando mantenemos nuestras relaciones cotidianas? No creo que sea necesario que nadie tenga que tener pinta de haberse visto afectado por un ciclón y no haber tenido tiempo de "arreglarse" un poco.

En nuestros tiempos, algunos llegan a pensar que la palabra *modesto* es cómica. Si quieres, puedes reírte, pero es una de las palabras a las que nos enfrentaremos en aquel gran día del juicio venidero.

Dentro de nuestras vidas cristianas deberíamos conocer la fuerza de la palabra *adecuado*. Creo que toda mujer cristiana debe vestir adecuadamente, de forma pertinente para sus circunstancias y para sus ingresos. Una mujer cristiana que intente repartir folletos o bien vestida con una ropa llamativa o bien con un aspecto desaliñado será un mal ejemplo del evangelio que intenta proclamar públicamente.

Sé que algunas mujeres excusan su forma de vestir en público recurriendo al hecho de que disponen de poco dinero para gastarlo en ropa.

Aun así, sostengo que una mujer no debe tener un aspecto

grotesco incluso cuando tenga que lidiar con el problema de unos ingresos bajos.

Ya sabes que de vez en cuando me desplazo en el autobús, y por el reducido precio del billete es un lugar maravilloso donde observar la naturaleza humana.

Cuando veo algunas de las prendas inadecuadas y grotescas que llevan las mujeres que suben al autobús, me pregunto cómo es que otros miembros de su familia no se quejan: "Por favor, mamá, ¡no salgas a la calle así vestida! La gente pensará que has huido de la cárcel...".

Creo que entre nosotros hay una gran contradicción evidente. Muchas mujeres trabajan tanto en todo tipo de empleos que parecen mayores de lo que son debido a sus esfuerzos por ganar dinero suficiente para comprar las prendas de vestir y los cosméticos que, supuestamente, las harán parecer jóvenes.

Por lo que a mí respecta, cualquier mujer que supera conscientemente sus posibilidades económicas para arreglar su aspecto por amor a la opinión ajena no manifiesta ni sentido común ni espiritualidad.

Por último, creo que una cristiana debe tener cuidado con el tipo de persona que manifiesta como modelo de carácter y de ejemplo en la vida cotidiana. Es triste ocupar nuestras mentes en el tipo incorrecto de personas.

No creo que los libros de historia en inglés expliquen nunca que Suzanna Wesley era una de las mujeres mejor vestidas de su época, o que recibió una medalla por sus actividades sociales. Pero fue la madre de Charles y John Wesley, esos príncipes del himnario y de la teología cristiana. Ella educó a su propia familia, y su vida espiritual y su ejemplo han colocado su nombre en un lugar destacado del salón de la fama de Dios, para toda la eternidad.

De modo que si quieres encontrar modelos a los que imitar día tras día, por favor, no te fijes en las mujeres artificiales y trotamundos que solo se centran en sí mismas, en sus carreras profesionales y en su publicidad. Más bien, fíjate en Sara, la princesa que entregó su amor y su obediencia a Abraham; en Suzanna Wesley o en Florence Nightingale, Clara Barton o Mary Fuller.

¡Hay tantos buenos ejemplos!, y es un asunto importante, porque el juicio declarará la fe, la obra y la influencia de cada persona.

Aquí no he intentado desempeñar el papel de un consejero femenino, sino recordarte lo que dijo hace tanto tiempo el apóstol Pedro, un gran hombre de Dios. El verdadero adorno es la belleza duradera que hay en el interior. Es el ser reluciente pero oculto del corazón, ¡más radiante que todas las joyas que se puedan comprar!

Que Dios nos ayude, a hombres y mujeres de todo estado matrimonial, social o doméstico, para que hagamos la voluntad de Dios y así obtengamos nuestra corona.

36

# ¿QUIÉN LLEVÓ A JESÚS A LA CRUZ?

*Mas él herido fue por nuestras rebeliones, molido por nuestros pecados; el castigo de nuestra paz fue sobre él, y por su llaga fuimos nosotros curados.*

ISAÍAS 53:5

Hoy día, en el mundo impera una extraña conspiración de silencio (incluso en círculos religiosos) sobre la responsabilidad humana por el pecado, la realidad del juicio y sobre un Dios airado y la necesidad de un Salvador crucificado.

Por otro lado, existe un movimiento abierto y poderoso que recorre el mundo pensado para dar a las personas tranquilidad al liberarlas de toda responsabilidad histórica por el juicio y la crucifixión de Jesucristo. El problema con los decretos y los pronunciamientos modernos en nombre de la fraternidad y la tolerancia es que, ya de entrada, entienden mal la teología cristiana.

Una gran sombra se cierne sobre todo hombre y toda mujer, el hecho de que nuestro Señor fue golpeado, herido y crucificado por toda la raza humana. Esta es la responsabilidad humana básica de la que intentan librarse los hombres, eludiéndola.

No culpemos elocuentemente a Judas ni a Pilato. No hagamos una mueca de disgusto mirando a Judas y diciendo: "¡Le vendió por dinero!".

Compadezcamos a Pilato, el de débil voluntad, porque no

tuvo suficiente coraje como para defender la inocencia del hombre de quien dijo que no había hecho nada malo.

No maldigamos a los judíos por entregar a Jesús para que fuera crucificado. No apuntemos a los romanos, culpándoles de llevar a Jesús a la cruz.

¡Oh, sin duda que fueron culpables! Pero fueron nuestros cómplices en ese crimen. Ellos, junto a nosotros, lo clavaron en la cruz; no fueron ellos solos. Lo que le puso en la cruz fue esa creciente malicia y esa ira que arden hoy con tanta fuerza en tu corazón. Esa falta de honestidad básica que sale a la luz en tu ser cuando engañas adrede al hacer tu declaración de los impuestos, defraudando: eso llevó a Jesús a la cruz. La maldad, el odio, la sospecha, los celos, la lengua embustera, la carnalidad, el amor carnal al placer; todas estas cosas del hombre natural se unieron para clavarle en la cruz.

Más vale que lo admitamos. Todos nosotros, miembros de la raza de Adán, ¡tomamos parte en la crucifixión de Jesús!

A menudo me he preguntado cómo cualquier hombre o mujer cristiano se puede acercar a la mesa de la comunión y participar del memorial de la muerte de nuestro Señor sin sentir el dolor y la vergüenza de la confesión interna: "¡Yo también me cuento entre aquellos que contribuyeron a colgarle en la cruz!".

Te recuerdo que una característica del hombre natural es que se mantiene tan ocupado con asuntos sin importancia que así es capaz de eludir la reflexión sobre los asuntos más importantes relativos a la vida y a la existencia.

Los hombres y las mujeres son capaces de reunirse donde sea para hablar de todo, para debatir desde la última moda hasta Platón y la filosofía, toda una lista de temas. Hablan de la necesidad de que haya paz. Puede que hablen de la iglesia, y de cómo puede ser un baluarte contra el comunismo. Estos temas no tienen nada de vergonzoso.

No obstante, la conversación se detiene, y el tabú del silencio se hace con el control, cuando alguien se atreve a sugerir que existen ciertas cuestiones espirituales que tienen una importancia vital para nuestras almas, y que deberíamos estudiar y meditar en ellas. En la sociedad de la buena educación parece existir la norma no escrita de que, si es necesario tocar algún tema religioso, debe ser dentro del marco de la teoría; "que nunca llegue al terreno personal".

**Todos nosotros, miembros de la raza de Adán, ¡tomamos parte en la crucifixión de Jesús!**

Entre tanto, en realidad solo existe una cosa que tiene una importancia vital y duradera: el hecho de que nuestro Señor Jesucristo "herido fue por nuestras transgresiones, molido por nuestros pecados. El castigo que nos trajo paz fue sobre él, y por sus heridas fuimos nosotros sanados" (Is. 53:5, RVR-2015).

Aquí figuran dos palabras muy fuertes y terribles: *transgresiones* y *pecados.*

Una *transgresión* es una ruptura con la autoridad, una rebelión contra ella. En todo el universo moral, solo el hombre y los ángeles caídos se han rebelado y transgredido la autoridad de Dios, y los hombres siguen sumidos en una rebelión flagrante contra esa autoridad.

En nuestro idioma no hay ninguna expresión que pueda transmitir el peso y el horror inherentes en las palabras *transgresiones* y *pecados.* Pero en la caída del ser humano y en su transgresión contra el orden creado y la autoridad divina, reconocemos perversión, tergiversación, deformación, tortuosidad y rebelión. Son cosas que están ahí, y que innegablemente reflejan el motivo y la necesidad de la muerte de Jesucristo en la cruz.

La palabra *pecado* o *iniquidad* no es nada buena, ¡y Dios sabe cuánto la odiamos! Pero las consecuencias del pecado son ineludibles.

El profeta nos recuerda claramente que el Salvador fue herido por "nuestros pecados".

Nosotros lo negamos y decimos "¡No!", pero las huellas dactilares de toda la humanidad son una evidencia palpable contra nosotros. A las autoridades no les cuesta encontrar y detener al ladrón descuidado que deja sus huellas dactilares en las mesas y los pomos de las puertas, porque tienen su ficha. Por lo tanto, las huellas dactilares del ser humano aparecen en todos los sótanos oscuros, los callejones, los lugares malignos iluminados por una luz mortecina; las huellas del hombre están en todas partes, y Dios sabe distinguir a una persona de otra. Es imposible eludir nuestra culpabilidad y delegar nuestra responsabilidad moral en otra persona. Es una cuestión muy personal: "nuestros pecados".

Él fue herido y golpeado por causa de nuestros pecados y nuestras transgresiones. Ni siquiera me gusta hablarte de las consecuencias de sus heridas. Lo que significa de verdad es que fue profanado y quebrantado, manchado y contaminado. Era Jesucristo cuando los hombres lo agarraron con sus manos malignas. Pronto le humillaron y profanaron. Le tiraron de la barba; se vio manchado por su propia sangre, sucio con la mugre del mundo. Sin embargo, no acusó ni maldijo a nadie. Era Jesucristo, el herido.

La gran carga y el tremendo error de Israel fue su conclusión de que este Hombre herido en la colina detrás de Jerusalén era castigado debido a su propio pecado.

El profeta previó este error de juicio histórico (y él mismo era judío), diciendo: "y nosotros le tuvimos por azotado, por herido de Dios y abatido. Mas él herido fue por nuestras rebeliones, molido por nuestros pecados" (ver v. 4).

Fue profanado por nuestras culpas. Aquel que es la segunda Persona de la Deidad no solo fue herido por nosotros, sino que fue profanado a manos de hombres ignorantes e indignos.

Isaías dice que "el castigo de nuestra paz fue sobre él" (v. 5).

¡Qué pocos son los que se dan cuenta de que es esta paz (la salud, la prosperidad, el bienestar, la seguridad del individuo) la que nos restaura a Dios! Sobre Él cayó un castigo para que nosotros, como seres humanos individuales, pudiéramos experimentar la paz con Dios si lo deseábamos. Pero el castigo recayó sobre Él. La reprensión, la disciplina y la corrección; tales cosas fueron parte del castigo. Fue golpeado y azotado a la vista del público por el decreto de los romanos. Como luego harían con Pablo, lo azotaron y castigaron a la vista de un público que expresaba su aprobación, y su persona herida, sangrante e hinchada fue la respuesta a la paz del mundo y a la del corazón humano. Fue castigado por nuestra paz; los golpes cayeron sobre Él.

No creo que haya un castigo más humillante creado por la humanidad que el que consiste en golpear y azotar a hombres adultos en público. Muchos hombres a los que han metido en la cárcel se han convertido en una especie de héroes a ojos del público. Se han impuesto grandes multas a diversos transgresores de la ley, pero no es infrecuente que tales personas se jacten de cómo se han librado de la cárcel. Pero cuando a un hombre malvado lo llevan ante un público que le increpa y se burla de él, le desnudan hasta la cintura y le azotan como a un niño (un niño malo), se avergüenza y pierde las ganas de jactarse. Seguramente nunca volverá a ser aquel hombre osado y malvado que fue antes. Ese tipo de azotes y de castigo rompe el espíritu y humilla. La vergüenza es peor que el látigo que cae sobre la espalda.

**El cristiano debe sentir el deseo de tener un corazón puro.**

Hablo personalmente, como pecador perdonado y justificado, y creo que hablo también por una gran multitud de hombres y mujeres, perdonados y nacidos de nuevo, cuando digo que en nuestro arrepentimiento percibimos solo un fragmento y un indicio de las heridas y el castigo que recayeron sobre

Jesucristo cuando ocupó nuestro lugar para salvarnos. Un hombre realmente arrepentido, que ha entendido la enormidad de su pecado y de su rebelión contra Dios, experimenta una repugnancia violenta contra sí mismo; no tiene la sensación de que puede atreverse a pedir a Dios que le deje escapar. Pero la paz ya se ha conseguido, porque los golpes cayeron sobre Jesucristo, humillado y avergonzado públicamente como si fuera un simple ladrón, herido, azotado y sangrando bajo el látigo por unos pecados que no cometió; por rebeliones en las que no participó; por la iniquidad de la raza humana, que era una ofensa para un Dios y Creador amoroso.

Isaías resume este mensaje de una expiación sustitutoria con la buena noticia de que "por su llaga fuimos nosotros curados" (v. 5).

En el idioma original, el significado de esas llagas no es una descripción agradable. Significa estar herido y lesionado hasta que todo el cuerpo adquiere un tono negro o morado, como un gran hematoma. La humanidad siempre ha usado este tipo de laceración física como técnica de castigo. La sociedad siempre ha insistido en el derecho de castigar a un hombre por sus crímenes. Normalmente, el castigo es proporcional a la naturaleza del crimen. Es una especie de venganza: la sociedad se venga de la persona que se ha atrevido a ignorar las normas.

Sin embargo, el sufrimiento de Jesucristo no fue punitivo. No fue por sí mismo ni para castigar algo que Él hubiera hecho.

El sufrimiento de Jesús fue correctivo. Estuvo dispuesto a sufrir para corregirnos y perfeccionarnos, de modo que su sufrimiento no comenzara y acabara en sufrimiento, sino que comenzara en sufrimiento y acabara en sanación.

Hermanos, ¡esta es la gloria de la cruz! ¡Esta es la gloria del tipo de sacrificio que estuvo durante tanto tiempo en el corazón de Dios! Esta es la gloria del tipo de expiación que permite que un pecador arrepentido entre en una comunión pacífica y llena de gracia con su Dios y Creador. Empezó con su sufrimiento y acabó en nuestra sanación. Empezó en sus heridas y acabó en nuestra purificación. Empezó en sus llagas y acabó en nuestra limpieza.

¿Qué es nuestro arrepentimiento? He descubierto que el arrepentimiento no es otra cosa que el remordimiento por la parte que tuvimos en la rebelión que hirió a Jesucristo, nuestro Señor. Además, he descubierto que los hombres realmente arrepentidos nunca lo superan, porque el arrepentimiento no es un estado de mente y de espíritu que nos abandona en cuanto Dios nos ha concedido el perdón y una vez se ha puesto por obra la limpieza.

Es posible que esta convicción dolorosa y aguda que acompaña al arrepentimiento se debilite y sintamos cierta paz y limpieza, pero incluso el más santo de todos los hombres justificados recordará su papel en las heridas y en el sufrimiento del Cordero de Dios. Seguirá sintiéndose impresionado; seguirá sintiéndose asombrado, al ver que el Cordero que fue herido convirtió sus heridas en la limpieza y el perdón de aquel que le había herido.

Esto me trae a la mente un movimiento misericordioso que tiene lugar en algunos círculos evangélicos: la disposición de avanzar hacia la pureza espiritual del corazón enseñada y ejemplificada tan bien por John Wesley en una época de sequía espiritual.

A pesar del hecho de que la palabra *santificación* es un término bíblico sólido, hemos experimentado un periodo en el que los miembros de las iglesias evangélicas apenas se han atrevido a susurrar esta palabra por miedo a que las clasificaran entre los "santurrones".

Este gran término, *santificación*, no solo está volviendo a usarse, sino que tengo la esperanza de que vaya acompañado por lo que significa este término en el corazón y en la mente de Dios.

El cristiano que cree, el hijo de Dios, debe sentir un anhelo santo y el deseo de tener un corazón puro y unas manos limpias, que complacen a su Señor. Fue por esto por lo que Jesucristo permitió que le humillaran, maltrataran, laceraran. Fue golpeado, herido y castigado para que el pueblo de Dios pudiera estar compuesto por personas limpias y espirituales, para que nuestras mentes y nuestros pensamientos sean puros. Esta provisión empezó en su sufrimiento y acaba en nuestra limpieza. Empezó en sus heridas abiertas, sangrantes, y acaba en corazones apaciguados, y en la actitud calma y gozosa de su pueblo.

**Dios sigue buscando corazones humildes, limpios y confiados por medio de los cuales revelar su poder, su gracia y su vida.**

Todo creyente humilde y entregado a Jesucristo debe tener sus propios periodos en los que se sienta maravillado y sorprendido por este misterio de la piedad: la disposición que tuvo el Hijo del Hombre para ocupar nuestro lugar en el juicio y en el castigo. Si ese asombro ha desaparecido, es que algo anda mal, ¡y necesitas que Dios vuelva a romper la tierra pedregosa!

A menudo te recuerdo que Pablo, uno de los hombres más santos que haya vivido, no se avergonzó de aquellos momentos en los que recordó la gracia y el amor de Dios y se asombró de ellos. Sabía que Dios no le echaría en cara sus pecados para siempre. Sabiendo que la cuenta estaba saldada, el corazón feliz de Pablo le aseguraba una y otra vez que todo iba bien. Al mismo tiempo, Pablo solo podía menear la cabeza, atónito, confesando: "Soy indigno de ser llamado, pero, por su gracia, ¡soy nueva criatura en Cristo Jesús!".

Si expongo esta idea sobre la fe, la seguridad y el regocijo de Pablo, es para decir que si la sensación humilde de penitencia perpetua abandona nuestro ser justificado, vamos de camino al abandono de la fe.

Charles Finney, uno de los mayores hombres de Dios de todos los tiempos, testificó diciendo que, en medio de sus trabajos y sus esfuerzos para llevar a los hombres a Cristo, en ocasiones sentía frialdad en su propio corazón.

Finney no la excusaba. En sus obras dice que se vio obligado a apartarse de todas sus actividades, buscando de nuevo el rostro de Dios y su Espíritu mediante el ayuno y la oración.

"Fui arando hasta que saltaron chispas y encontré a Dios", escribió. ¡Qué fórmula tan útil y bendita para los hijos inquietos de Dios en todas las generaciones!

Si queremos ser gozosamente eficaces para nuestro Señor, quienes componemos el Cuerpo de Cristo, su Iglesia, debemos ser conscientes internamente de dos hechos básicos.

Debemos tener el conocimiento positivo de que sus heridas nos limpian, que la paz de Dios viene sobre nosotros por sus llagas. Así es como Dios nos garantiza que estemos bien por dentro. En este estado espiritual, atesoraremos la pureza de su limpieza y no excusaremos ninguna maldad ni vileza.

Además, debemos conservar siempre una sensación alegre y estimulante de gratitud por el Herido, nuestro Señor Jesucristo. ¡Oh, qué misterio de la redención, que las llagas de Uno sanasen las llagas de muchos, que las heridas de Uno curasen las heridas de millones, que las cicatrices de Uno borrasen las cicatrices de muchos!

Las heridas y los moratones que deberían haber caído sobre nosotros cayeron sobre Él, ¡y fuimos salvos por su muerte!

Hace muchos años, un grupo histórico de presbiterianos se quedaron atónitos frente a la maravilla y el misterio del hecho de que Cristo viniera en la carne para entregarse como ofrenda por el pecado de todos los hombres.

Aquellos humildes cristianos se dijeron unos a otros: "Caminemos con calma, examinemos nuestros corazones y esperemos en Dios, buscando su rostro durante los tres próximos meses. Entonces nos acercaremos a la mesa de la comunión con corazones preparados, no sea que la mesa de nuestro Señor se convierta en algo ordinario e informal".

Dios sigue buscando corazones humildes, limpios y confiados por medio de los cuales revelar su poder, su gracia y su vida. Un botánico profesional de alguna universidad puede describir una acacia del desierto mejor de lo que Moisés habría soñado con hacerlo, pero Dios sigue buscando almas humildes que no quedan satisfechas hasta que Dios les habla con el fuego sobrenatural en la zarza.

Se puede contratar a un científico investigador para que nos hable de los elementos y las propiedades del pan y el vino dándonos mucha más información que los apóstoles. Pero este es el peligro: puede que hayamos perdido la luz y el calor de la presencia de Dios, y que solo tengamos pan y vino. Es posible que el fuego de la zarza se haya apagado, y que ya no haya gloria en nuestra comunión con Dios y unos con otros.

Lo más importante no es que conozcamos toda la historia y todos los datos científicos, pero tiene una importancia vital que deseemos y conozcamos y valoremos la presencia del Dios vivo, que nos ha dado a Jesucristo para que sea "la propiciación por nuestros pecados; y no solamente por los nuestros, sino también por los de todo el mundo" (1 Jn. 2:2).

37

# ¿CUÁL ES EL MAYOR PECADO DE UNA SOCIEDAD PROFANA?

*En el mundo estaba, y el mundo por él fue hecho; pero el mundo no le conoció.*

JUAN 1:10

La Biblia nos dice, de diversas maneras, que existe una antigua maldición que siempre nos ha acompañado hasta este mismo instante: el deseo que siente la sociedad humana de estar completamente inmersa en un mundo impío.

El pecado supremo del hombre no regenerado sigue siendo que, a pesar de que Jesucristo ha venido a este mundo, no puede sentir su presencia omnipresente, no puede ver la verdadera Luz, ¡y no logra escuchar su voz de amor y su llamado!

Nos hemos convertido en una sociedad "profana", absorbida y volcada solo en los aspectos materiales y físicos de esta vida terrenal. Los hombres y las mujeres se glorían en el hecho de que ahora pueden vivir rodeados de un lujo al que no estaban acostumbrados, en hogares caros; que a menudo pueden reemplazar cada año un automóvil reluciente y caro por otro más reluciente y más caro, y que los trajes a medida y los vestidos de seda y de satén representan un gasto que nunca había sido posible en una sociedad de personas trabajadoras y sencillas.

Esta es la maldición que pesa sobre el hombre moderno: es insensible, ciego y sordo, porque está dominado por su ansia de olvidar que existe un Dios, perdido en su extraña creencia de que el materialismo y el humanismo proporcionan "la buena vida".

Dime, prójimo, ¿no sabes que tu gran pecado consiste en que la presencia omnipresente y eterna está ahí y tú no puedes sentirla?

¿No eres consciente de que existe una gran Luz verdadera que brilla con fuerza, y no la ves?

¿No has escuchado en tu interior una Voz tierna que te habla en susurros sobre el valor eterno de tu alma, y sin embargo has dicho "No oigo nada"?

Esta es, en esencia, la acusación que lanza Juan contra la raza humana: Jesucristo, el Verbo de Dios, estuvo en el mundo, y el mundo no logró reconocerle.

**Nos hemos convertido en una sociedad "profana", absorbida y volcada solo en los aspectos materiales y físicos de esta vida terrenal.**

Ahora bien, el término *mundo* requiere cierta definición. En la Biblia tiene tres significados diferentes, dos de los cuales tienen que ver con este pasaje del Evangelio de Juan. En este caso, *mundo* significa "naturaleza y humanidad", porque ambos sentidos proceden de la misma palabra griega. Se usan juntas sin que haya una distinción clara, de modo que cuando la Biblia dice: "en el mundo estaba, pero el mundo no le conoció", los dos significados están claros. Debes examinar el contexto para descubrir cuál es cada sentido, porque ambos proceden de una palabra concreta en el original.

En la Biblia, la palabra *mundo* procede de una raíz que significa "cuidar", "proporcionar". Es decir, que también se refiere a una disposición ordenada más una decoración.

Por lo que a mí respecta, mire adonde mire en este mundo, veo a Dios, y mi alma se deleita. Consulto un libro antiguo y aburrido que es como una guía telefónica enloquecida (lo llamamos "diccionario"), y descubro que, en el Nuevo Testamento, el término *mundo* significa "un sistema ordenado, muy decorativo, que recibe los cuidados y la provisión de alguien". En una sola palabra hallamos todo este contenido.

Todo el que conozca a Dios, aunque sea por encima, esperará que Dios haya creado un mundo ordenado, porque el propio Dios es la esencia del orden. Dios nunca fue el autor del caos, ya sea dentro de la sociedad, el hogar o el cuerpo y la mente del ser humano.

Me he dado cuenta de que algunas personas descuidan su aspecto de diversas maneras, pensando que eso las vuelve más espirituales, pero no estoy de acuerdo. Creo que está bien peinarse el cabello, quien lo tenga. No creo que el hecho de que un hombre se olvide de que una camisa sucia se puede lavar fácilmente, y que los pantalones sin forma alguna se diseñaron para tener una raya recta, sean señales de su espiritualidad interior. Estoy seguro de que a Dios no le molesta que sus hijos cristianos dediquen cierto tiempo cada día a adoptar una apariencia limpia y ordenada.

Algunos de los santos de Dios insisten también en tener una adoración totalmente informal y espontánea. No creo que a nuestro Señor le ofenda un culto de adoración en el que sepamos lo que vamos a cantar, porque Dios es un Dios de orden.

Es decir, que el término *mundo* contiene esta idea de orden, y podemos esperar que Dios sea ordenado porque esto es necesario para su naturaleza. El mundo es un entorno matemático, y la esencia de las matemáticas es el orden; tiene que ser así.

Quienes han querido conocer mejor a Dios esperarán también que Él haya creado un mundo hermoso, y esto es exactamente lo que enseña la Biblia. Dios ha creado un mundo ordenado y hermoso, y lo cuida, proveyendo lo que necesita y protegiéndolo.

Creo que esto es maravilloso: Dios puede tomar un mundo viejo y seco, que lleva muerto durante cientos de años, y hablar a los huesos para que se levanten, se afirmen sobre sus pies y canten un solo. Esto es lo que ha hecho Dios aquí con la palabra *mundo*.

Pensarás en esto la próxima vez que te pidan que cantes:

*Por la belleza del mundo, por la gloria de los cielos,*
*por el amor que nos rodea desde el día en que nacimos,*
*Señor de todo, a ti elevamos nuestro himno de alabanza*
*agradecida.*
*Por el prodigio de cada hora de cada día y de la noche,*
*colina y valle, árbol y flor, sol y luna y estrellas relucientes,*
*Señor de todo, a ti elevamos nuestro himno de alabanza*
*agradecida.*

Permíteme que te diga que el hombre que escribió esto no se había dejado llevar simplemente por un arrebato poético. Dispuso en un lenguaje armonioso una verdad, que es que Dios creó un mundo hermoso en su orden.

A estas alturas preveo un comentario discrepante del Sr. Sabio Según el Mundo, el hombre que tiene más cerebro que corazón, que piensa más que ora, y que intenta comprender y medir la inaccesible gloria de Dios con su pobre mente diminuta.

Es probable que diga: "¡A ver, espere un momento! Dice que Dios ha hecho el mundo hermoso, pero ¿no sabe que *belleza* no es más que una palabra, un término que usamos para describir cosas que nos agradan? Si a una persona le gusta el aspecto de algo, dice que es bello. Por otro lado, si no nos gusta la pinta que tiene algo, decimos que es feo. Es decir, que nada es hermoso o feo por naturaleza; todo depende de si nos gusta o no".

De modo que el Sr. Sabio Según el Mundo nos dice que esta idea de que Dios creó un mundo hermoso es un error. Opina que semejante idea no es más que la creación de una imaginación religiosa sobrecalentada.

Francamente, el Sr. Sabio Según el Mundo no me asusta con su crítica sofisticada, y no busco ningún escondite, porque creo que a fin de cuentas el necio es él.

**En este universo, todo tiene un sentido.**

Escuchen, hermanos, Dios nos ha hecho a su imagen y a su semejanza, y existe una similitud entre las mentes de los hombres y la mente de Dios, con excepción del pecado. Saquemos el pecado de la mente humana y la similitud con Dios estará ahí, porque Dios hizo al hombre a su imagen. Repito: si la raza humana entendiera que Dios nos hizo a su imagen, dejaríamos de revolcarnos en la alcantarilla e intentaríamos comportarnos como Dios nos lo mandó cuando nos hizo a su propia imagen y semejanza.

Cuando Dios nos hizo a su imagen, una parte de esta fue mental y estética, de modo que en cuanto quito el pecado de mi mente, esta se parece a la de Dios. No cabe duda de que cuando Dios hace una cosa hermosa y ordenada, agrada a su mente.

Afirmo que quien insiste en que *belleza* no es más que una palabra que atribuimos a algo que nos agrada es un hombre educado a medias. El simple hecho es que Dios hizo las cosas (y nos creó) para agradarle y para disfrutarlas (ver Ap. 4:11). ¿Por qué deberíamos disculparnos por tener la capacidad, que Dios nos ha dado, de que nos guste lo que a Él le gusta y de que nos desagrade lo que a Él no le agrada?

Ahora bien, yo creo que Dios, antes que nada, hace las cosas ordenadas por su utilidad. Siempre que creó algo en el universo, fue porque tenía un propósito para ello. No creo que en este universo haya nada que llegase a Él por casualidad. En este universo todo tiene un sentido.

Mi padre era muy filosófico respecto a muchas cosas, y recuerdo que durante el verano solía sentarse a reflexionar por qué Dios creó a los mosquitos. Aún no tengo la respuesta, pero solo soy un ser humano y, por el mero hecho de no tener la respuesta, no pienso acusar al Creador de cometer un error cósmico. Sé que el mosquito no es un error, solo una molestia. Pero Dios lo creó.

Este mismo principio es aplicable a muchas otras cosas. No sé por qué Dios hace determinadas cosas, pero estoy convencido de que en su universo no hay nada accidental. El hecho de que desconozcamos el motivo de algunas cosas no es fundamento suficiente para que las consideremos accidentes divinos.

Si me permiten que entre en el quirófano de un hospital, encuentro muchas cosas extrañas y complejas a mi alrededor. No tengo ni la menor idea de qué son la mayoría de ellas, ni cómo se supone que se deben usar. Pero el cirujano sí lo sabe; todos esos objetos e instrumentos no están ahí por casualidad.

**Dios ha creado un mundo ordenado con un propósito, y todas las cosas tienen un motivo para existir.**

Si pudiera entrar en la cabina de una de esas grandes y potentes locomotoras diésel, me sentiría perplejo y confuso intentando imaginar por qué hay tantos botones y palancas. Si empezase a pulsar teclas y a mover palancas, podría destruir todo el invento. Pero el ingeniero sabe qué hacer y, cuando acciona los botones correctos, obtiene los resultados pretendidos.

De modo que cuando el Dios Todopoderoso entró en la cabina de su locomotora, a la que llamamos "cosmos", se puso ante los controles y presionó siempre los botones correctos. El simple hecho de que en este universo haya cosas que escapan a mi explicación humana, no me permite acusar a Dios de haber creado un montón de cosas innecesarias para rellenar desordenadamente el universo. Dios lo hizo todo con un propósito.

He mencionado el factor de la utilidad. En el libro de Génesis vemos que el plan originario de Dios fue alcanzar la utilidad. Dios dijo "sea la luz" (Gn. 1:3), y vio que era buena y que tenía un propósito. De modo que separó la luz de las tinieblas, y llamó a la luz "día" y a la oscuridad "noche".

Dios hizo lo mismo con las aguas, y durante esos dos capítulos de Génesis asistimos a una hermosa exposición de lo que es la utilidad; Dios ha creado un mundo ordenado con un propósito, y todas las cosas tienen un motivo para existir.

Para Dios, la utilidad era lo primero, y lo mismo sucede con las personas.

Siempre que un pionero se ha trasladado a las llanuras salvajes para hacerse una casa, en busca de una parcela reducida de terreno que se convertirá en su hogar, no ha pensado en la belleza sino en la utilidad y en la funcionalidad. Sabe que debe levantar una cabaña de troncos o algún tipo de habitación segura antes de que lleguen las ventiscas. En el Oeste aún se pueden ver muchas de esas casas, sencillas y a menudo feas. Es un lugar donde vivir, es un hogar, un sitio donde el hombre puede reposar cuando está cansado. Puede que sea primitivo, pero cumple su propósito.

En segundo lugar, Dios añadió la decoración. Esta es la expresión que figura en la raíz griega original. Contiene el sentido de *decorativo*. Primero, Dios lo hizo todo con una utilidad, un propósito, y luego añadió ornamentos y hermosura. Probablemente, en cierto sentido podríamos sobrevivir sin decoración, pero es mucho mejor contar con ella. En la mente de Dios hay algo que quiere sentirse complacido, no solo satisfecho. El orden, la utilidad y el propósito aportan satisfacción, pero Dios quiso que en su obra también hubiese belleza.

Creo que sería estupendo si más seres humanos descubriesen la verdad: que no cuesta más tener cosas agradables y hermosas de lo que cuesta tener otras útiles y feas. Podríamos empezar aquí mismo, en nuestra propia ciudad. Cuando subes al coche y sales de la ciudad en casi cualquier dirección, pronto te preguntas si en este mundo queda algo hermoso. Chimeneas, malos olores, la maquinaria cada vez mayor para convertir el crudo en gasolina... ¡feo, feo, feo! Pero, claro está, nuestras fábricas, fundiciones y refinerías tienen su utilidad. Si no fuera por este tipo de instalaciones, muchos de ustedes no podrían llegar conduciendo hasta la iglesia; son cosas útiles pero no hermosas.

Bueno, quizá llegue un día, en el milenio, cuando haremos cosas tan hermosas como útiles. Sigo pensando que no cuesta más añadir un poco de belleza, placer y encanto. No cuesta más criar a una hija hermosa que a una hija fea, y una esposa bella no come más que una esposa poco atractiva.

**El orden, la utilidad y el propósito aportan satisfacción, pero Dios quiso que en su obra también hubiese belleza.**

Elige a dos hombres y dale a cada uno un bote de pintura, y uno de ellos la usará para crear una obra de arte que colgará en la pared de un museo, y el otro te ofrecerá una verdadera ofensa para la imaginación humana. Y lo harán con la misma cantidad de pintura y en el mismo lapso de tiempo. Uno es un artista, el otro un pintor de brocha gorda.

Dales carta blanca a dos arquitectos, entrégales un cargamento de ladrillos, y el uno levantará una monstruosidad (como algunos edificios de iglesia que he visto), mientras el otro añadirá algunos detalles totalmente estéticos y satisfactorios. El precio será el mismo; es una simple cuestión de añadir belleza a los detalles.

Dios podría haber creado un río que corriese rugiendo hacia

el mar, sin desviarse: un canal sencillo, recto, poco atractivo. Habría alimentado a los peces y cumplido su propósito. Pero creo que Dios sonrió y lo obligó a zigzaguear rodeando árboles y colinas, como un arroyo reluciente que atrapa el azul del cielo y lo refleja para quienes están cerca. A la gente le llama la atención ese arroyo serpenteante, y comentan: "Es bonito, ¿verdad?". Y Dios dice: "Gracias por verlo. Lo hice para que lo vieras". Dios puede hacer las cosas útiles y hermosas. Esto es lo que significa la palabra *mundo*.

Y ahora es cuando me dices: "¿Pero esto qué es? ¿Una conferencia sobre arte?".

No, es una exposición teológica sobre lo que significa la palabra *mundo* en la Biblia: el mundo creado que es el orden que decoró el Dios Todopoderoso, y que Él vigila y cuida.

El otro uso del término *mundo* es el que se refiere a la humanidad, el mundo y la sociedad organizados de los hombres y las mujeres.

Cuando Dios nos dice que Cristo estaba en el mundo y este no le reconoció ni le aceptó, no se refería a las nubes, las colinas, las peñas y los ríos creados. Se refería a la sociedad humana, el mundo de la humanidad, y fue este mundo organizado de los hombres el que no le conoció.

Juan dio testimonio de que el Verbo de Dios, su Hijo unigénito, se hizo carne y habitó entre nosotros. ¿Qué hacía en este tipo de mundo, en esta clase de sociedad caída?

Antes de la encarnación, era el Verbo de Dios omnipresente que se movía creativamente por su universo. Cuando Jesucristo se hizo hombre, Dios encarnado en un cuerpo humano, no dejó de ser el Verbo de Dios omnipresente. Hasta el día de hoy, el Verbo que todo lo llena ocupa el universo, y se mueve entre nosotros.

¡Qué pocos hombres hay que perciban su presencia, que se den cuenta de que tienen que tratar con Él! Él sigue siendo la luz del mundo; Él es quien ilumina a todos los hombres que nacen en el mundo. Tras su ascensión desde el monte de los Olivos, sigue siendo el Verbo omnipresente, revitalizante, vivificador y operativo en el universo.

¿Qué hace en el universo?

Las Escrituras nos dicen que "en él fueron creadas todas las cosas, las que hay en los cielos y las que hay en la tierra, visibles e invisibles; sean tronos, sean dominios, sean principados, sean potestades; todo fue creado por medio de él y para él. Y él es antes de todas las cosas [en el tiempo], y todas las cosas en él subsisten [o se mantienen unidas]" (Col. 1:16-17). El Verbo omnipresente que está en el mundo es el adhesivo que mantiene cohesionado al universo. Por eso no nos fragmentamos. El Verbo es, en un sentido muy real, el cemento y el magnetismo que todo lo mantiene unido.

**El Verbo omnipresente que está en el mundo es el adhesivo que mantiene cohesionado al universo.**

Por eso está aquí, porque no vivimos en un planeta muerto. El pecado es lo único que está muerto. Habitamos en un mundo vivo, que se sustenta por la presencia espiritual del Verbo invisible. "En el mundo estaba, y el mundo por él fue hecho" (Jn. 1:10).

Las Escrituras siguen hablando de Él: "el cual, siendo el resplandor de su gloria [la de Dios]... y quien sustenta todas las cosas con la palabra de su poder, habiendo efectuado la purificación de nuestros pecados por medio de sí mismo, se sentó a la diestra de la Majestad en las alturas" (He. 1:3). Sustenta todas las cosas mediante la palabra de su poder.

Cuando un niño pequeño contempla el cielo estrellado de noche, puede sentir el temor, natural e infantil, de que el cielo se venga abajo. Sus padres se ríen, le dan una palmadita en la cabeza y se excusan diciendo que el niño está cansado; pero ese niño no es tan tonto como podríamos pensar.

¿Por qué no se cae el cielo? ¿Por qué las estrellas y los planetas no se desgarran y se sumen en el caos?

Porque existe una presencia que hace que todas las cosas se mantengan unidas, y es la presencia de Aquel que sustenta todo con la palabra de su poder. Esta es básicamente una explicación espiritual, porque este universo solo se puede explicar mediante leyes espirituales y eternas. Por eso los científicos nunca consiguen llegar hasta la raíz de todas las cosas y nunca lo harán, porque solo tratan con las cosas que pueden ver, tocar, gustar y mezclar en sus tubos de ensayo.

El científico no sabe cómo tratar con esta presencia misteriosa, esta Fuerza que sostiene todas las cosas juntas. Puede mezclar elementos y productos químicos y estudiar las reacciones que se producen, y luego escribir un artículo diciendo "No he visto a Dios en esta fórmula". Pero el científico solo puede hallar fórmulas fiables y coherentes gracias a la fidelidad y al poder de Dios que sustenta todas las cosas.

**Los científicos nunca consiguen llegar hasta la raíz de todas las cosas y nunca lo harán.**

El científico anuncia que, dentro de 2.510 años y veinte minutos, una determinada estrella estará en un punto concreto del universo. Entonces se relaja en su butaca delante de su ordenador y se jacta diciendo: "¡He expulsado a Dios del mundo! Puedo predecir dónde estarán las estrellas en el futuro".

¡Oh, qué estúpido! Las estrellas se disolverían convirtiéndose en polvo si Dios, por su fidelidad, no las mantuviera fijas en sus órbitas y en sus sistemas. Sustenta todas las cosas por la palabra de su poder.

Una vez más, en las Escrituras leemos: "Levantad en alto vuestros ojos, y mirad quién creó estas cosas; él saca y cuenta su ejército; a todas llama por sus nombres; ninguna faltará;

tal es la grandeza de su fuerza, y el poder de su dominio" (Is. 40:26).

En nuestra traducción perdemos una buena parte de la expresión original, pero sigue siendo una de las más hermosas de la Biblia. Es un pasaje que acompaña al Salmo 23, pero que habla de la hueste astronómica en lugar de referirse al cuidado que tiene Dios del ser humano.

El hombre de Dios dice: "Alzad vuestra mirada y contemplad quién ha creado todas estas cosas". Se refiere a esa gran manifestación de objetos relucientes, brillantes, diamantinos, que se ciernen sobre el campo y la ciudad, y que se reflejan en las aguas del mar. Esas estrellas tan lejanas, ¿quién ha creado esos cuerpos que se despliegan como un ejército numeroso?

¿Por qué se despliega la hueste celestial?

Porque son como ovejas, y esta es la imagen de un pastor que saca a sus ovejas y las llama por su nombre, contándolas mientras salen y llamando a cada una por su nombre, conduciéndolas luego por la verde hierba de los prados y junto a aguas mansas.

Es decir, que el poeta con mente de pastor, Isaías, pensó que el ejército sideral era como un rebaño de ovejas, y que Dios, el gran Pastor, las llamaba y ellas recorrían el espacio interestelar mientras Él las nombraba y decía: "¡Están todas aquí!". Entonces las llamó por su nombre, a lo largo y ancho de todo el universo ilimitado, y como su poder no tiene fin, ¡no faltó ni una de ellas!

Creo que podemos decir esto de la figura del lenguaje más majestuosa y elevada que aparece en toda la Biblia, sin excepciones. Aún sabemos pocas cosas de los confines más lejanos del universo, pero los astrónomos nos dicen que la Vía Láctea no es una vía, sino simplemente una enorme profusión de estrellas, a miles de millones de años-luz, pero que sin embargo se desplazan siguiendo unas órbitas prescritas y ordenadas.

Nos deleita el hecho de que fue Dios quien las llamó, quien conoce su número y las llama por su nombre, como un pastor llama a sus ovejas. ¡Qué ilustración más elevada e inspiradora de lo que hace Dios con su universo, sustentando todas las cosas en sus rumbos y órbitas precisas!

Él es ese tipo de Creador y de Dios, pero el mundo no le conoce. Así es la humanidad. Dios sigue en el mundo, pero la humanidad se burla, sumida en su ignorancia de Él, casi ignorante por completo de su revelación, para que el humilde corazón humano pueda conocer la Palabra, honrarla y amarla.

Ahora bien, la humanidad de este mundo puede conocer la Palabra en su presencia. Con esta afirmación no confiero la salvación a todos los hombres. Quiero decir que a menudo los hombres han sido conscientes de la presencia de Dios.

Déjame expresarlo de esta manera:

En los primeros tiempos de Estados Unidos, cuando nuestros padres fundadores escribían constituciones, redactaban leyes y hacían historia, muchos de los hombres que ocupaban altos cargos no eran cristianos. Como nación, nos hemos puesto sentimentales al pensar en aquellos personajes de la antigüedad, y los hemos considerado cristianos cuando, en realidad, no lo eran.

Recuerdo que Benjamín Franklin, que dijo a menudo que no era cristiano, fue quien, en un momento en que el joven país estaba amenazado, sugirió orar al Dios Todopoderoso. Los líderes oraron y salieron de aquel mal paso.

Ahora bien, Franklin no era cristiano, pero creía que había un Dios que actuaba en el mundo, y no negaba la consciencia de esa presencia. Daniel Webster confesó que el pensamiento más profundo que tuvo en su vida fue su "responsabilidad ante un Dios santo".

Sin duda, nuestros Padres fundadores no eran todos cristianos fundamentales, y muchos no habían nacido de nuevo, pero la mayoría eran hombres que tenían una creencia reverente y profunda en la presencia de Dios en este mundo. La generación moderna los considera anticuados y se burla de ellos, pero redactaron una legislación visionaria y un código ético personal y nacional de renombre mundial, y unas responsabilidades que perduran hasta hoy.

Ser conscientes de la existencia de un Dios Creador no los salvó, pero estampó en ellos un carácter y un coraje que los distinguió de algunos de los granujas que juegan al póquer y beben whisky, y que nunca han pensado ni por un instante en el concepto de Dios y en su presencia en nuestros tiempos. El Verbo está en el mundo, y el mundo no le conoce; pero es posible conocerle.

Un musulmán se postra en tierra cinco veces al día como muestra de reverencia a Dios en el cielo, y muchas personas se burlan de él. El hindú hace examen de conciencia cuando va de camino al río Ganges para bañarse, y muchas personas comentan: "¡Qué necio se puede llegar a ser!".

Sin embargo, yo preferiría ser un musulmán, un hindú o el miembro de una tribu primitiva que viviera un una choza llena de piojos en África, arrodillándome delante de huesos y plumas y musitando una especie de oración casera, que llegar al juicio como un hombre de negocios estadounidense, autosuficiente, que expulsó a Dios de su vida, su negocio y su hogar.

Muchos estadounidenses irreflexivos y de mente secular contestarían: "¡Estoy dispuesto a arriesgarme!".

¡Qué palabras más absurdas de un hombre mortal!

Los hombres no pueden permitirse el lujo de correr el riesgo: o son salvos o se pierden. Sin duda, esta es la gran maldición que recae hoy sobre la humanidad: los hombres están tan sumidos en su propio mundo sin Dios que rechazan la Luz que brilla, la Voz que habla y la Presencia que todo lo llena.

Si logras que ese hombre moderno y autosuficiente se calle lo suficiente como para poder decirle algo, te asegurará que la predicación es para el mendigo que está sin un centavo en los callejones donde viven los vagabundos. Te asegurará que nunca ha atracado un banco, que es un buen marido y un ciudadano ejemplar.

No obstante, a Dios lo que más le importa no es la ciudadanía. Para Dios lo más esencial no es la moral ni el cumplimiento de la ley. El Espíritu de Dios intenta hablar a este hombre moderno sobre la gran maldición que pesa sobre su corazón y su vida; el dinero, las cuentas bancarias, los beneficios y las pérdidas, los mercados, los préstamos y los intereses le han absorbido tanto que su mente ha expulsado todo pensamiento de Dios, la salvación y la eternidad. Ante sus ojos brilla el símbolo del dólar, y prefiere cerrar otro trato y obtener beneficios que ponerse en camino hacia el reino de Dios.

Dentro de nuestra sociedad humana, muchos otros están totalmente apegados a la fama, la notoriedad y la atención pública. Hace poco, una actriz y cantante muy famosa habló a la prensa sobre su larga carrera, su fama y su fortuna, y lo resumió todo con estas palabras: "¡El destino me hizo lo que soy!".

**El hombre profano ha llegado a la conclusión de que él es lo único importante del universo; así, se convierte en su propio dios.**

Después de toda una vida invertida en un mundo y una sociedad impíos, no hay mejor respuesta que cierto tipo de destino esotérico y extraño. Ella ha vivido solamente para obtener ese tipo de fama y de atención que pueden dar los hombres, y prefiere tener su nombre en la marquesina de un teatro que verlo escrito eternamente en el Libro de la Vida del Cordero. La Voz ha estado con nosotros, pero ella nunca la ha querido escuchar. La Luz está aquí, pero ella no la ha visto. La Presencia habita en nuestro mundo, pero ella no la siente.

El dinero y los beneficios, la fama y la fortuna... y para otros millones de personas, lo que les domina es la adicción completa al placer. Los contactos físicos, las terminaciones nerviosas, el deleite sensual, el goce carnal... lo que sea para impedir que los seres humanos perciban que hay una presencia: el Camino, la Verdad y la Luz.

Hermanos, no me acusen de actuar como un místico.

En lugar de eso, escuchen de nuevo las palabras de las Escrituras: "En él estaba la vida, y la vida era la luz de los hombres. La luz en las tinieblas resplandece, y las tinieblas no prevalecieron contra ella" (Jn. 1:4-5). Y "en el principio era el Verbo" (Jn. 1:1), y el Verbo "en el mundo estaba" (Jn. 1:10).

Ahora bien, aquí está el Verbo, que es la Voz y es la Luz.

Y el Verbo "estaba en el mundo"; ahí está su presencia. No es poesía; es la verdad de Dios. Y como nuestra generación no reconoce la Voz de Dios y no percibe la Luz ni capta la presencia, nos hemos convertido en una generación profana. Amamos demasiado las cosas (los bienes seculares) hasta que, equivocadamente, damos por hecho que, en este universo, no hay nada más que valores materiales y físicos. El hombre profano ha llegado a la conclusión de que él es lo único importante del universo; así, se convierte en su propio dios.

Es triste pero cierto que un perjuicio grande y eterno aguarda al ser humano profano y totalmente secular, cuya única religión está en pensar que, seguramente, no es tan malo como algún otro hombre. Creo que en el libro de Job, en el Antiguo Testamento, hay una porción que encaja perfectamente con el hombre moderno y profano: "Perezca el día en que yo nací, y la noche en que se dijo: Varón es concebido. Sea aquel día sombrío, y no cuide de él Dios desde arriba, ni claridad sobre él resplandezca... Oscurézcanse las estrellas de su alba... ¿Por qué no morí yo en la matriz, o expiré al salir del vientre?... Pues ahora estaría yo muerto, y reposaría; dormiría, y entonces tendría descanso... allí descansan los de agotadas fuerzas" (ver Job 3).

En realidad pienso en los hombres que aparentan colaborar en la iglesia y dejan cierto espacio en su mente para la religión, pero que han olvidado que fueron creados, que tienen una responsabilidad ante Dios, y que han ignorado a Jesucristo: su Presencia, su Voz, su Luz.

De hecho, una persona puede ser demasiado brillante, educada y sofisticada como para escuchar y hacer caso del llamado de Dios. ¡Pero no se puede ser demasiado sencilla!

Yo era un muchacho ignorante de diecisiete años cuando escuché a alguien predicar en la calle, y me sentí impulsado a entrar en una iglesia, donde escuché a un hombre que citaba un texto: "Venid a mí todos los que estáis trabajados y cargados, y yo os haré descansar. Llevad mi yugo sobre vosotros, y aprended de mí, que soy manso y humilde de corazón; y hallaréis descanso para vuestras almas" (Mt. 11:28-29).

Lo cierto es que yo era un poco mejor que un pagano, pero aun contando con ese trasfondo bíblico tan escaso, me quedé muy preocupado, porque empecé a sentir, percibir y admitir la presencia de Dios llena de gracia. Escuché su voz, aunque débilmente. Discerní que había una luz, aunque oscuramente.

Seguía perdido, pero, gracias a Dios, me estaba acercando. El Señor Jesús sabe que entre nosotros hoy día hay gente así, personas de las cuales dice: "No estás lejos del reino de Dios" (Mr. 12:34).

Una vez más, caminando por la calle, me detuve para escuchar a alguien que predicaba en una esquina, y dijo a quienes le escuchaban: "Si no saben cómo orar, vayan a casa, arrodíllense y digan: 'Dios, ten misericordia de mí, que soy pecador'".

Esto es exactamente lo que hice y, a pesar de todos los maestros dispensacionales que me dicen que utilicé el pasaje equivocado, llegué a la casa de mi Padre. Metí mis pies bajo la mesa de mi Padre, me hice con una gran cuchara y desde entonces estoy disfrutando de las bendiciones espirituales de mi Dios.

En realidad, no he prestado atención a los hermanos que están fuera y golpean las ventanas, que me gritan y me hacen gestos, diciendo: "¡Sal de ahí, muchacho! ¡Has entrado por la puerta equivocada!".

Dispensaciones o no, Dios ha prometido perdonar y satisfacer a todos los que tengan suficiente hambre y estén lo bastante inquietos y preocupados como para clamar "¡Señor, sálvame!".

Cuando Pedro estaba empezando a hundirse en aquellas aguas de Galilea, no tuvo tiempo de consultar los márgenes de la Biblia de alguien para descubrir cómo tenía que orar. Simplemente, clamó desde su corazón y desde su desesperación: "¡Señor, sálvame!" (Mt. 14:30), y su Señor respondió.

Hermanos, ¿por qué no permitimos que oren nuestros corazones? Si un hombre permite que su corazón se ponga de rodillas, ¡descubrirá que hay muchísimas cosas que no tiene por qué saber para recibir a Jesucristo!

Él está aquí ahora. "Aquel Verbo fue hecho carne, y habitó entre nosotros" (Jn. 1:14). Se fue con su cuerpo humano, pero sigue con nosotros, el Verbo eterno que todo lo llena, ¡para salvarnos! Solo espera que un corazón humilde y necesitado pronuncie una oración propia de un niño: "¡Oh, Cordero de Dios, acudo, vengo!".

# LA SINCERIDAD EN LA ORACIÓN

El piadoso David M'Intyre, en su radiante librito *La vida secreta de la oración*, habla franca aunque brevemente de un elemento esencial de la verdadera oración que, dentro de nuestra era artificial, es probable que pasemos por alto.

Nos referimos a la simple sinceridad, nada más.

M'Intyre dice: "Nos conviene actuar con sinceridad cuando nos arrodillamos ante su presencia pura". Y añade:

> Cuando hablamos de Dios, nos gusta hablar de Él como pensamos que deberíamos hacerlo, y hay momentos en que nuestras palabras corren mucho más allá que nuestros sentimientos. Pero es mejor que seamos perfectamente francos delante de Él. Él nos permitirá decir todo lo que queramos, siempre que se lo digamos a Él. "Clamaré a Dios, mi roca", exclama el salmista, "¿por qué me has desamparado?". Si hubiera dicho: "Señor, tú no puedes olvidar. Tienes mi nombre grabado en las palmas de tus manos", habría hablado con mayor propiedad, pero con menos sinceridad.
>
> En cierta ocasión, Jeremías no interpretó bien a Dios. Gritó, como si estuviera furioso: "¡Ay, ay, Jehová Dios! Verdaderamente en gran manera has engañado a este pueblo y a Jerusalén". Son unas palabras terribles para

decirlas ante Aquel que es la verdad inmutable. Pero el profeta habló como lo sentía, y el Señor no solo le perdonó, sino que se encontró con él y le bendijo.

Hasta aquí, M'Intyre, otro escritor espiritual dotado de una perspicacia poco habitual, ha aconsejado la sinceridad en la oración llegando hasta un grado que podría parecer flagrante descortesía. Dice que cuando acudas a la oración y descubras que no te apetece practicarla, se lo digas a Dios sin escatimar palabras. Si Dios y las cosas espirituales te aburren, admítelo con franqueza. Este consejo puede ofender a algunos santos impresionables pero, a pesar de ello, es acertado. Dios ama al alma sin doblez, incluso cuando, debido a su ignorancia, esta es temeraria cuando ora. El Señor pronto corregirá su ignorancia, pero no se conoce ninguna cura para la insinceridad.

Es difícil desprenderse de la artificialidad esencial de los seres humanos civilizados. Se mete en nuestra sangre y en nuestros pensamientos, actitudes y relaciones con mucha más profundidad de lo que imaginamos. En los últimos años se ha publicado un libro sobre las relaciones humanas cuya filosofía básica es el engaño, y cuya técnica recomendada es el uso hábil del halago para obtener los fines deseados. Ha sido un increíble éxito de ventas, y ha vendido varios millones de ejemplares. Por supuesto, su popularidad se explica por el hecho de que dice lo que la gente quería escuchar.

**La oración aumentará su poder cuando aprendamos a ser totalmente sinceros ante Dios y los hombres.**

El deseo de dejar una buena impresión se ha convertido en uno de los factores más poderosos que determinan la conducta humana. En nuestros tiempos, ese lubricante social, lleno de gracia (y bíblico) llamado "cortesía" ha degenerado, pasando a ser una etiqueta totalmente falsa e hipócrita que oculta al verdadero hombre tras una superficie reluciente, tan delgada como una mancha de aceite en un estanque tranquilo. El único momento en que algunas personas manifiestan su verdadera personalidad es cuando se enfurecen.

Teniendo en cuenta que esta cortesía pervertida determina casi todo lo que hacen y dicen las personas en la sociedad humana, no es sorprendente que sea difícil ser totalmente sinceros en nuestra relación con Dios. Se transmite como una especie de reflejo mental, y está presente sin que seamos conscientes de ella. A pesar de todo, es tremendamente aborrecible para Dios. Cristo la detestaba, y la condenó sin misericordia cuando la detectó entre los fariseos. El niño pequeño e inocente sigue siendo el modelo divino para todos nosotros. La oración aumentará su poder y su realidad cuando rechacemos todo fingimiento y aprendamos a ser totalmente sinceros ante Dios y también ante los hombres.

Un gran cristiano del pasado se vio de repente inmerso en un lugar de una luminosidad y una victoria tan grandes que sus amigos no lo podían explicar. Alguien le preguntó qué le había sucedido. Él contesto, sencillamente, que su nueva vida de poder comenzó un día cuando entró en la presencia de Dios y se comprometió solemnemente a no volver a decir a Dios en oración nada que no sintiera de verdad. Su transformación empezó con ese voto, y prosiguió mientras lo cumplió.

Si queremos, podemos aprender algo de esto.

39

# El pragmatismo en la iglesia

No es casualidad que la filosofía del pragmatismo adquiriese una tremenda popularidad en Estados Unidos con la llegada del siglo XX. El temperamento estadounidense era perfecto para ella, y lo sigue siendo.

El pragmatismo tiene diversas facetas, y puede significar cosas diferentes para distintas personas, pero básicamente es la doctrina de la utilidad de la verdad. Para el pragmatismo, no hay absolutos; nada es absolutamente bueno o absolutamente cierto. La verdad y la moralidad flotan en el mar de la experiencia humana. Si un nadador, agotado, puede aferrarse a una creencia o a una ética, estupendo; puede que lo mantenga a flote hasta que llegue a la orilla. Como entonces solo le supone un estorbo, se deshace de ella. No siente ninguna responsabilidad por atesorar la verdad por sí misma. Está ahí para servirle; no tiene ninguna obligación de servirla.

La verdad es para usarla. Para el usuario, todo lo que es útil es cierto, aunque puede que no lo sea para otro, de modo que para ese otro no será cierto. La veracidad de una idea radica en su capacidad de producir resultados deseables. Si no arroja esos resultados, es falsa. Esto es puro pragmatismo.

Ahora bien, dado que el sentido práctico es un rasgo señalado del pueblo estadounidense, por naturaleza tiende hacia la filosofía de la utilidad. Lo que consiga hacer las cosas inmediatamente, con la máxima eficacia y un mínimo de efectos secundarios indeseables, debe ser bueno. La prueba es que tiene éxito; nadie quiere ponerle pegas al éxito.

No sirve de nada rogar por el alma humana, insistir en que lo que puede hacer una persona es menos importante que quién es. Cuando hay guerras que ganar, bosques que talar, ríos que encauzar, fábricas que construir, planetas que visitar, es probable que nadie preste atención a las necesidades más silenciosas del espíritu humano. La atracción espectacular de los éxitos resonantes deja sin aliento al espectador. Los actos son cosas que vemos. Las fábricas, las ciudades, las autopistas, los cohetes están ahí, a plena vista, y llegaron ahí mediante la aplicación práctica de medios para alcanzar fines. Así que, ¿a quién le importan los ideales, el carácter y la moral? Estas cosas son para poetas, ancianitas agradables y filósofos. ¡Pongámonos manos a la obra!

Ahora bien, todo esto ya se ha dicho (y mejor dicho) una docena de veces antes, y no malgastaría espacio en este libro para hablar del tema de no ser porque esta filosofía del pragmatismo ha tenido y tiene una influencia poderosa sobre el cristianismo en el punto intermedio de este siglo. Y todo lo que afecte a la fe de Cristo se convierte inmediatamente en un tema de interés para mí y, espero, también para mis lectores.

La compulsión nerviosa a hacer cosas se encuentra por todas partes. Nos vemos afectados por una especie de tic religioso, la necesidad profunda e interior de conseguir algo que se pueda ver, fotografiar y evaluar en términos de su tamaño, número, velocidad y distancia. Recorremos un número prodigioso de kilómetros, hablamos a públicos increíblemente numerosos, publicamos una cantidad impresionante de literatura religiosa, reunimos grandes sumas de dinero, levantamos una gran cantidad de iglesias y acumulamos unas deudas gigantescas que deberán pagar nuestros hijos. Los líderes cristianos compiten entre sí en el campo de las estadísticas impresionantes y, al hacerlo, a menudo contraen úlceras pépticas, padecen crisis nerviosas o mueren de ataques cardíacos a una edad relativamente temprana.

Justo aquí es donde la filosofía pragmática está en su terreno. No formula preguntas molestas sobre si lo que estamos haciendo es prudente o siquiera si es moral. Acepta los fines que hemos elegido como algo justo y bueno, y busca medios eficaces para llegar a esos fines. Cuando descubre algo que funciona, pronto encuentra un pasaje que lo justifica, lo "consagra" al Señor y sigue adelante. Luego alguien escribe un artículo de revista sobre el tema, luego un libro, y al final al inventor se le otorga un título honorífico. Después de esto, se dejan a un lado todas las preguntas sobre la base bíblica de los actos o incluso sobre su validez moral. Nadie discute con el éxito. El método funciona; por lo tanto, debe ser bueno.

**No es cuestión de saber qué hacer, sino de tener el coraje necesario para hacerlo.**

El punto débil de esto radica en su trágica cortedad de miras. Nunca adopta la visión a largo plazo de la actividad religiosa y, de hecho, no se atreve a hacerlo, sino que sigue creyendo alegremente que, como funciona, es tan bueno como cierto. Se satisface con el éxito presente, y rechaza cualquier sugerencia de que esas obras puedan convertirse en humo en el día de Cristo.

Como alguien bastante familiarizado con el entorno religioso contemporáneo, puedo decir sin duda que, una parte, una parte muy grande de las actividades que se realizan hoy en los círculos evangélicos no solo están influenciadas por el pragmatismo, sino controladas por él casi del todo. La metodología religiosa se fundamenta en él; destaca en las reuniones de jóvenes; las revistas y los libros lo glorifican sin cesar; las convenciones están dominadas por él, y toda la atmósfera religiosa está plagada de pragmatismo.

¿Qué haremos para romper su poder sobre nosotros? La respuesta es sencilla: *debemos reconocer el derecho que tiene Jesucristo de controlar las actividades de su iglesia.* El Nuevo Testamento contiene instrucciones completas, no solo sobre lo que tenemos que creer, sino sobre lo que debemos hacer y cómo es conveniente que lo hagamos. *Cualquier alejamiento de esas instrucciones supone negar el señorío de Cristo.*

Digo que la respuesta es sencilla, pero no lo es, porque exige que obedezcamos a Dios antes que a los hombres, y esto siempre provoca la ira de la mayoría religiosa. No es cuestión de saber qué hacer; eso lo podemos descubrir fácilmente en las Escrituras. Es cuestión de si tenemos o no el coraje necesario para hacerlo.

40

# La fe sin expectativa está muerta

La expectativa y la fe, aunque se parecen, no son idénticas. Un cristiano entendido no confundirá ambas cosas.

La verdadera fe nunca se encuentra sola; siempre va acompañada de la expectativa. El hombre que cree las promesas de Dios espera verlas cumplidas. Donde no hay expectativa, no hay fe.

Sin embargo, es muy posible que la expectativa esté presente donde no hay fe. La mente es capaz de sentir un deseo ardiente y confundirlo con la fe. De hecho, la fe, tal como se entiende frecuentemente, es poco más que el deseo unido a un alegre optimismo. Algunos escritores se ganan bien la vida fomentando esa especie de presunta fe, que se supone fomenta la mentalidad positiva en vez de la negativa. Sus despliegues emocionales son muy queridos para los corazones de aquellas personas afectadas por la compulsión psicológica a creer, y que se las arreglan para vivir con los hechos solo mediante la sencilla técnica de ignorarlos.

La fe real no es la materia con la que se hacen los sueños; no, es difícil, práctica y realista. La fe ve lo invisible, pero no lo inexistente. La fe nos relaciona con Dios, la gran Realidad, que dio y da existencia a todas las cosas. Las promesas de Dios se adaptan a la realidad, y quien confía en ellas penetra en un mundo que no es de ficción, sino de hechos.

Según la experiencia común, llegamos a la verdad mediante

la observación. Todo lo que se puede verificar mediante un experimento se acepta como cierto. Las personas creen lo que les dicen sus sentidos. Si camina como un pato, tiene aspecto de pato y grazna como un pato, probablemente es un pato. Y si sus huevos eclosionan y salen patitos, la prueba está casi completada. La probabilidad da paso a la certidumbre: es un pato. Esta es una manera válida de relacionarnos con nuestro entorno. Que nadie se atreva a objetar a esto, porque todo el mundo lo hace. Es la manera en que nos comportamos en este mundo.

No obstante, la fe introduce en nuestras vidas otro elemento radicalmente distinto. "Sabemos por fe" es la expresión que lleva nuestro conocimiento a un plano superior. La fe aborda hechos que han sido revelados desde el cielo, y que por su naturaleza no son susceptibles al examen científico. El cristiano sabe que algo es cierto no porque lo ha verificado mediante su experiencia, sino porque Dios lo ha dicho. Sus expectativas nacen de su confianza en el carácter de Dios.

La expectativa siempre ha estado presente en la Iglesia durante las épocas de su máximo poder. Cuando creía, esperaba, y su Señor nunca la decepcionó. "Y bienaventurada la que creyó, porque se cumplirá lo que le fue dicho de parte del Señor" (Lc. 1:45).

Todo gran movimiento de Dios en la historia, todo progreso inusual de la Iglesia, todo avivamiento, se ha visto precedido por una sensación de aguda anticipación. La expectativa ha acompañado siempre a la obra del Espíritu. Sus regalos apenas sorprendían a su pueblo, porque todos fijaban su vista, expectantes, en el Señor resucitado, y esperaban confiadamente a que se cumpliese su Palabra. Las bendiciones del Espíritu respondían a las expectativas de los creyentes.

Una característica que identifica a la iglesia media actual es la falta de anticipación. Los cristianos, cuando se reúnen, no esperan que suceda nada inusual; por lo tanto, solo pasa lo cotidiano, que es tan predecible como la puesta del sol. En la asamblea domina la psicología de la falta de expectación, un estado de ánimo de apacible tedio que el ministro intenta disipar por diversos medios, que dependen del nivel cultural de la congregación y, concretamente, del que tenga el ministro.

**El hombre que cree las promesas de Dios espera verlas cumplidas.**

Uno recurre al humor, el otro habla de algún tema que en aquel momento sea controvertido, como la fluoración, la pena capital o los deportes dominicales. Otro, que quizá tenga una opinión modesta de su don de humorista, y que no está seguro de qué bando de una controversia debería respaldar, intentará generar expectación esbozando con entusiasmo la forma de las cosas venideras: el Banquete para hombres que se celebrará en el Salón de Té "El Pollo de Corral" el próximo jueves por la tarde, o el pícnic donde se celebrará el emocionante partido de fútbol entre Casados y Solteros, cuyo resultado el ministro ocurrente se niega tímidamente a predecir; o el próximo estreno de la nueva película religiosa, llena de sexo, violencia y filosofía falsa, pero endulzada con insípidas instrucciones morales y amables sugerencias de que los absortos espectadores nazcan de nuevo.

Así, las actividades de los santos las gestionan quienes se suponen que saben lo que necesitan incluso mejor que ellos mismos. Este juego planificado se vuelve aceptable para los más piadosos cuando se le añaden al final unas pocas palabras de devoción. Esto se llama "comunión", aunque poco se parece a las actividades de esos primeros hombres a los que se llamó "cristianos".

La expectativa cristiana en la iglesia media sigue el programa, no las promesas. El estado espiritual prevaleciente, por bajo que sea, se acepta como algo inevitable. Lo que será es lo que ya ha sido. A los cansados esclavos de la rutina tediosa les resulta imposible esperar nada mejor.

Hoy necesitamos un espíritu fresco de anticipación que nazca de las promesas de Dios. Debemos declarar la guerra a la falta de expectativas, y reunirnos con la fe propia de los niños. Solo entonces conoceremos otra vez la belleza y la maravilla de la presencia del Señor entre nosotros.

# El cristiano y su dinero

El tema del creyente y su dinero es tan complejo y tan íntimo que uno vacila en abordarlo. Sin embargo, tiene una importancia tan grande que quien desee ser un buen siervo de Cristo, no puede atreverse a eludirlo, a riesgo de ser "hallado falto" el día del juicio. Alguien debe abordar el problema a la luz de las Escrituras. El pueblo de Dios tendrá motivos para dar las gracias al hombre que tenga el coraje de tratar este tema.

Hay cuatro factores que deben gobernar nuestra ofrenda cristiana. Son estos: (1) que demos sistemáticamente; (2) que demos con la motivación correcta; (3) que demos en proporción a lo que tenemos; y (4) que demos al lugar o los lugares correctos.

Primero, debemos comprometernos a dar regularmente de nuestro sustento al Señor. Es muy fácil caer en el hábito de olvidar hacer esto. Nos decimos que en ese momento no podemos dar, pero que, cuando la situación económica mejore, nos pondremos al día con nuestra ofrenda. O nos aseguramos que, aunque no damos sistemáticamente, sin duda damos más que el diezmo, si se diera a conocer la verdad. Estas son maneras eficaces de engañarnos. La ofrenda puntual, no sistemática, parece mucho más de lo que es. Seguro que nos quedaríamos impactados si nos tomásemos la molestia de descubrir lo poco que damos realmente con este sistema.

Luego, debemos dar por el motivo correcto. El dinero donado a una iglesia o a una sociedad misionera puede ser un dinero malgastado para quien lo dona a menos que esté convencido primero de que su corazón está en ello. Las ofrendas que no van acompañadas del corazón pueden beneficiar al receptor, pero, sin duda, no traerán recompensa alguna para el dador. "Y si repartiese todos mis bienes para dar de comer a los pobres... y no tengo amor, de nada me sirve" (1 Co. 13:3).

Además, es importante que demos suficiente en proporción a lo que tenemos. La historia de la viuda y sus dos blancas lo deja muy claro. La viuda dio desde su "pobreza" y, aunque su ofrenda fue escasa, a los ojos de Dios fue un tesoro más grande que todas las grandes sumas que donaban los ricos "de su abundancia". Esta es una advertencia solemne, y haremos bien en prestarle atención (ver Mr. 12:41-44).

Los seres humanos juzgamos "por la vista de nuestros ojos", de modo que tendemos a impresionarnos con los grandes donativos y no hacemos ningún comentario sobre los pequeños. Al hacer esto, nos exponemos a llevarnos una sorpresa temible en el día de Cristo. La regla más confiable para evaluar nuestra ofrenda y determinar nuestras expectativas el día de las recompensas es esta: recuerda, *mi ofrenda se recompensará no en función de lo que di, sino de lo que me quedé*. A veces los pastores tienden a esquivar esta doctrina, no sea que ofendan a los miembros de su congregación que ofrendan más dinero. Pero es mejor ofender a los hombres que entristecer al bendito Espíritu de Dios que habita en la iglesia. Nadie ha matado jamás a una iglesia sincera por retirarle su apoyo económico motivado por un resentimiento personal. La iglesia del Primogénito no depende del patrocinio humano. Ningún hombre ha podido perjudicar realmente a una iglesia boicoteándola económicamente. En el mismo momento en que admitimos que tememos el descontento de los dadores carnales de nuestra congregación, admitimos también que nuestras congregaciones no son del cielo sino de la tierra. La iglesia celestial disfrutará de una prosperidad celestial y sobrenatural. Nadie puede matarla de hambre; el Señor satisfará sus necesidades.

Para distribuir inteligentemente nuestro dinero, también es muy importante que complazcamos a nuestro Padre celestial, y que libremos a esos dones del destino de "[la] madera, [el] heno, [y la] hojarasca" cuando vuelva nuestro Señor (ver 1 Co. 3:11-15).

**Debemos dar por el motivo correcto.**

La pregunta sobre dónde dar es importante, y todos los creyentes debemos decidirlo mientras podamos. La ofrenda descuidada, falta de inteligencia y con prejuicios, está desperdiciando millones de dólares consagrados entre los cristianos evangélicos. Muchos creyentes reparten sus bienes como si no esperasen tener que dar cuentas de ellos al Señor. No han averiguado lo que piensa el Señor sobre este asunto de sus ofrendas, de modo que son víctimas de todo el que aparezca con una historia interesante. De esta manera florece todo tipo de innumerables fraudes religiosos que no deberían recibir ni un centavo de cristianos serios que desean honrar a Dios.

Ahora bien, soy muy consciente de que la respuesta a lo que acabo de decir sería la educada petición de que nos metamos en nuestros asuntos y dejemos que la gente destine su dinero a lo que quiera; después de todo, es suyo, y lo que hagan con él es asunto suyo. Pero no es así de sencillo. Si debemos dar cuenta de cada palabra ociosa, sin duda que la daremos de cada dólar improductivo. La ofrenda inconstante, con falta de oración y caprichosa, se verá sometida al justo escrutinio de Dios aquel día en que juzgará las obras de todos los hombres. Ahora es cuando podemos hacer algo al respecto; muy pronto ya será demasiado tarde.

42

# Las denominaciones también pueden apartarse de la fe

*¡Oh, si tuviéramos la intención firme de conocer a Jesucristo! Esto supone poner bajo nuestros pies al mundo, las cosas y a las personas, abriendo nuestros corazones a solo un amor: ¡el propio Hijo de Dios!*

Nuestros problemas de frialdad y apatía espiritual en las iglesias desaparecerían rápidamente si los creyentes en Cristo, en general, confesaran su gran necesidad de redescubrir la hermosura de Jesucristo, su Salvador.

Dispongo de un buen fundamento bíblico para enfatizar constantemente mi profunda inquietud de que los cristianos vuelvan a amar a nuestro Señor Jesús con aquella intensidad de amor y de deseo que tenían nuestros padres.

¿Cuál es el problema básico que tenemos cuando empezamos a apartarnos como individuos, iglesias o denominaciones?

El propio Jesús nos dio una respuesta clara cuando dijo: "has dejado tu primer amor" (ver Ap. 2:4). No estaba hablando del primer amor refiriéndose a un orden consecutivo, sino al grado de nuestro primer amor por Él.

Estas palabras de Jesús reflejan una de nuestras grandes debilidades en las iglesias cristianas de nuestros días. Es evidente el hecho de que no vamos a conocer a Cristo en una rica intimidad de conocimiento y comunión, pero ¿por qué ni siquiera queremos hablar de ello? Nadie dice nada sobre el deseo, el anhelo espiritual y la hermosura de nuestro Salvador, que rompería todas las barreras si quisiéramos tener comunión con Él. Este llamamiento no aparece en nuestros libros. No lo escuchamos en los mensajes radiofónicos, no se predica en nuestras iglesias.

¿Puede ser que no creamos que Jesucristo es capaz de tener una creciente intimidad de comunión con aquellos que son suyos? Conocer un poco a Dios es una cosa, pero comprometerse y experimentarle de una forma intensa, enriquecedora, es otra distinta. El apóstol Pablo sabía esto y lo expresó en su anhelo: "¡Quiero conocerle en esa profundidad y esa rica intensidad de la experiencia!" (ver Fil. 3:10). De entre los muchos motivos de peso para conocer a nuestro Salvador mejor de lo que lo hacemos, sin duda el primero es que es una persona, Jesucristo. Todos estamos de acuerdo en que lo es, que es el Hijo eterno, pero, ¿seguimos adorándole porque es la fuente y el origen de todo lo que tú y yo fuimos creados para disfrutar?

**Conocer un poco a Dios es una cosa, pero comprometerse y experimentarle de una forma intensa, enriquecedora, es otra distinta.**

Es la fuente de toda verdad, pero es más: es la propia verdad. Es la fuente y la fortaleza de toda belleza, pero es más: es la propia hermosura. Es la fuente de toda sabiduría, pero es más: es la sabiduría misma. En Él se esconden todos los tesoros de la sabiduría y el conocimiento (Col. 2:3).

Jesucristo nuestro Salvador es la fuente de toda gracia. Es la fuente y el origen de toda vida, pero es más que eso. Pudo decir "¡Yo *SOY*... la vida!" (ver Jn. 14:6). Es la fuente del amor, pero, una vez más, es mucho más que eso: ¡es el amor!

Es la resurrección y la inmortalidad y, como dijo uno de los compositores de himnos que le adoraban, es "el resplandor de la gloria del Padre, la luz del sol del rostro de Dios".

En otro himno, "Hermoso Señor Jesús", hay al menos dos estrofas que no se incluyen siempre, que nos dicen con claridad y realismo que cuando todo lo demás haya perecido y se haya desvanecido, descubriremos que Jesús es el único que permanece. Una estrofa dice: "La máxima hermosura de la tierra, el esplendor más radiante de los cielos, en Jesucristo se despliegan; todo lo que brilla aquí se desvanece en un instante frente a su pureza perfecta".

El verdadero amor va acompañado de emoción, y creo que nosotros, los cristianos, que amamos a nuestro Señor, deberíamos emocionarnos más por quién y qué es Él.

Tengo un amigo que se ha molestado bastante porque no logran emocionarme y excitarme las cosas terrenales. Sencillamente, es que no puedo fingir una expresión de asombro cuando un amigo se me aproxima conduciendo uno de los nuevos automóviles tan lujosos. Oigo a gente que, con voces llenas de emoción, describen las magníficas casas que se están construyendo. Pero la Palabra de Dios me obliga a recordar que cuando has visto la casa o la ciudad que tiene fundamentos, cuyo arquitecto y constructor es Dios (He. 11:10), lo cierto es que nunca puedes volver a emocionarte al contemplar ninguna casa que haya construido nadie en este mundo.

Se dice que Abraham nunca pudo construirse un hogar permanente después de haber visto la ciudad cuyo arquitecto es Dios. Sé que he tomado una decisión respecto a esa ciudad, y estaría dispuesto a vivir en una tienda de campaña en este mundo porque tengo algunas ideas sobre el hogar futuro que me espera allá arriba. Estoy convencido de que será hermoso y satisfactorio más allá de todo lo que conozca aquí abajo. Es trágico que olvidemos que "la máxima hermosura de la tierra, el esplendor más radiante de los cielos, en Jesucristo se despliegan; todo lo que brilla aquí se desvanece en un instante frente a su pureza perfecta".

El hombre que escribió estas palabras, que las hizo brotar de su alma, debió ser uno de los cristianos especiales de Dios. Seguramente conoció a Jesucristo íntimamente, día tras día. Seguramente entendió el precio que supone conocer al Salvador de este modo.

Sin embargo, la gente no está dispuesta a pagar ese precio, y este es el motivo de que a muchos cristianos se les deba describir como "comunes". La mayoría de cristianos habla piadosamente sobre el coste del cristianismo en términos de las cosas impuras, injuriosas y claramente pecaminosas a las que han "renunciado". Pero si nunca van más allá, siguen siendo cristianos comunes. Dicen que han renunciado a las cosas malas, pero el apóstol Pablo dijo que, por amor a Cristo, rechazó todas las cosas buenas tanto como las malas.

Dijo: "Pero cuantas cosas eran para mí ganancia, las he estimado como pérdida por amor de Cristo" (Fil. 3:7). Se refería a cosas sobre las que tenía un derecho legal y moral, cosas de las que habríamos dicho: "¡Estas cosas son mías, y el cristianismo no me las va a arrebatar!".

"Las he dejado todas, las entrego todas porque he descubierto aquello que es mucho mejor", escribió. Había descubierto "aquello" que estaba con el Padre, a Jesucristo, ¡la fuente de la que mana toda sabiduría, hermosura, verdad e inmortalidad!

Pablo sabía algo que muchos cristianos aún no han aprendido: que el corazón humano es idólatra y adorará cualquier cosa que pueda poseer. Aquí radica el peligro de las cosas "buenas". Hemos renunciado a las cosas malignas, negativas, pero seguimos aferrados a las cosas buenas, a las que tendemos a adorar. Acabaremos adorando todo aquello que nos neguemos a entregar y considerar pérdida. Puede ser algo bueno, pero se interpone entre tú y Dios, ya sean los bienes materiales, la familia, la reputación, la seguridad o tu propia vida.

Jesús nos advirtió sobre el egoísmo que manifestamos al aferrarnos y sujetarnos a nuestras propias vidas. Nos enseñó que si consideramos tan importante nuestra vida en la tierra y tan absorbente que no podemos entregarla alegremente a Él, al final la perderemos. Lo enseñó claramente, y también nos advirtió de que no confiemos en la seguridad terrenal en lugar de poner toda nuestra confianza en Dios.

**Cualquiera de nuestros tesoros externos que aten realmente nuestro corazón se convertirán en una maldición.**

Todos queremos una garantía de seguridad, pero esa idea no la sacamos del apóstol Pablo. Por lo que respecta a las cosas de esta vida, nunca estuvo seguro de nada. Dijo que moría cada día (1 Co. 15:31). Siempre tenía dificultades, ya fuera con los gobernantes de este mundo o con los elementos climatológicos en el mar.

Hermanos, queremos la seguridad en esta vida y la seguridad eterna en la vida venidera. Creo que esto es una definición de nuestro fundamentalismo cristiano moderno. Pero Pablo dijo: "He sido atrapado por Cristo, de modo que rechazo y menosprecio todo lo demás".

Ahora bien, sí hubo algunas cosas determinadas que Dios permitió que tuviese Pablo. Le permitió tener uno o dos libros. Le dejó tener unas prendas de vestir, un manto. Le dejó tener su propia casa alquilada durante dos años. Pero el ejemplo que nos dio Pablo fue el hecho de que las "cosas" que Dios le permitió tener nunca afectaron a su corazón hasta el punto de sentir que eran suyas.

Cualquiera de nuestros tesoros externos que aten realmente nuestro corazón se convertirán en una maldición. "Renuncio a ellos a fin de conocerle". Pablo nunca permitió que las cosas fueran lo bastante importantes como para interferir en su relación con Dios.

El ejemplo y las advertencias de Pablo me llevan a poner en duda algunas de las enseñanzas en nuestros círculos cristianos modernos, que dicen que Cristo es algo "añadido"; que por nosotros mismos podemos disfrutar de una vida terrenal estupenda, pero que también necesitamos a Jesús para que nos libre del infierno y nos lleve a las mansiones que nos aguardan al otro lado.

Esta enseñanza no es del Nuevo Testamento, y sin duda no es el modo que tenía Pablo de ver las cosas de este mundo. Pablo dijo que Jesús le resultaba tan infinitamente atractivo que se veía obligado a despojarse de cualquier otro conjunto de valores establecidos en este mundo.

Pablo era un hombre culto, un intelectual que se educó a los pies de Gamaliel. Le habríamos considerado un doctor en una materia. Pero Pablo dijo: "Todo esto es basura". Su expresión realmente quiere decir "Todo esto son deshechos".

Pablo habló de su nacimiento, sus estudios y su posición entre los padres de su herencia religiosa, y luego testificó que esas cosas "las he estimado como pérdida por amor a Cristo".

Esto debería decirnos algo a nosotros, que estamos rodeados de tantas cosas de las que estamos orgullosos. Algunos se jactan de nuestros antepasados nacionales y culturales, hasta que al final caemos en la carnalidad. Estamos orgullosos de lo que tenemos y también de lo que podemos hacer. Pero Pablo dijo: "Todo aquello de lo que podría enorgullecerme como hombre, lo considero pérdida por amor a Jesucristo".

De manera que Pablo nos da los motivos correctos para amar y seguir al Salvador, y para renunciar a las cosas que nos podrían retener. El cristianismo moderno tiene mucho que aprender de Pablo en esta área de los motivos. Debido a la naturaleza de nuestra época, algunos insisten: "América, ¡mejor que te vuelvas a Dios o esa última bomba acabará contigo!". Otra voz alarmista dice: "América, ¡deja de beber y de apostar o acabarás como Roma!".

**Dios quiere hacer su obra oculta e invisible dentro del corazón humano.**

Nuestro viejo amigo-maestro anónimo, escritor de *La nube del no-saber*, nos proporciona un poco de luz sobre los motivos correctos en relación con la naturaleza del propio Dios. "Dios es un amante celoso, y no tolera rivales", escribió este santo hace más de 600 años. "Dios no puede trabajar en nuestra voluntad a menos que pueda poseerla del todo".

Hermanos, este es uno de los mayores errores en nuestras vidas cristianas. Permitimos que Dios tenga demasiados rivales. De hecho, tenemos demasiados dioses. Tenemos demasiados hierros en el fuego; tenemos un exceso de teología que no comprendemos. Tenemos demasiada institucionalización eclesial; tenemos demasiada religión. En realidad, ¡creo que tenemos demasiado de demasiado!

¡Dios no vive en nuestro ser como morada exclusiva! No puede hacer su voluntad en nosotros y por medio de nosotros porque nos negamos a rechazar a sus rivales. Cuando Jesucristo haya limpiado todo lo que hay en el templo y viva en Él solo, ¡entonces obrará!

Dios quiere hacer su obra oculta e invisible dentro del corazón humano. ¿Has estado alguna vez en una mina, en lo profundo de la tierra? Allí excavan en busca de carbón, oro o diamantes, pero cualquiera que vuele, camine o viaje por encima no tendrá ni idea de lo que está sucediendo en las entrañas de esa colina. Nunca sabrán que, en lo profundo de la tierra, hay una fuerza inteligente que obra extrayendo joyas. Eso es lo que hace Dios en lo profundo de nuestro ser, y obra escondido e invisible.

Sin embargo, en nuestros tiempos parece que tenemos que ser dramáticos en todo. No queremos que Dios obre a menos que pueda convertir sus actos en una producción cinematográfica. Queremos que venga disfrazado, con barba y con un báculo. Queremos que desempeñe un papel conforme a nuestras ideas. Algunos incluso exigimos que añada un decorado colorido ¡y fuegos artificiales!

Eso es lo que queremos, pero Dios dice: "¡No, no, no! Ustedes, hijos de Adán, hijos de la carnalidad y la lujuria, los que aman las manifestaciones de la carne, los que tienen ideas equivocadas sobre mi Hijo, no puedo hacer mi obra conforme a sus expectativas. ¡No puedo obrar en ustedes!".

¿Cómo va Dios a obrar en personas que parecen creer que el cristianismo no es más que otro sistema para conseguir cosas de Dios?

Oigo a personas que testifican de que dan el diezmo porque Dios hace que las nueve partes que conservan les aprovechen más que las diez partes enteras. Esto no es espiritualidad, es mero espíritu empresarial. Insisto en que es peligroso asociar la obra de Dios con nuestra prosperidad y nuestro éxito en este mundo. No puedo prometer que si sigues al Señor, pronto disfrutarás de prosperidad económica, porque no es eso lo que Él prometió a sus discípulos. A lo largo de los años, seguir al Señor ha supuesto que los cristianos dieran por perdidas todas las cosas por la excelencia del conocimiento de Cristo.

"Pero ¿no es cierto que algunos cristianos prosperan?", preguntas.

Tenemos muchos ejemplos de hombre cristianos a los que Dios ha tenido a bien confiar una prosperidad inusual y, a medida que continúan siguiendo al Señor, le devuelven la mayor parte. Pero ellos no han convertido el cristianismo en una simple técnica para conseguir cosas.

Oigo a personas que hablan de su búsqueda de una vida

cristiana más profunda, y me da la sensación de que les gustaría conseguirla encerrada en una píldora. Parece que les sería mucho más cómodo que Dios hubiera dispuesto la religión de tal modo que pudieran tomársela como una pastilla, con un vaso de agua. Compran libros con la esperanza de que alguien les recete su religión. Pero no hay nada de eso. Hay una cruz. Hay un patíbulo. Hay un hombre con llagas sangrantes en la espalda. Hay un apóstol sin bienes, con una tradición de soledad, cansancio y rechazo y gloria; ¡pero no hay pastillas!

**¿Cómo va Dios a obrar en personas que parecen creer que el cristianismo no es más que otro sistema para conseguir cosas de Dios?**

Hay mil maneras en las que intentamos utilizar al Señor. ¿Qué decir de ese joven que estudia para el ministerio, que estudia hasta que perjudica su vista, pero quiere utilizar a Jesucristo para que le convierta en un predicador famoso? Le aprueban y le dan el título de reverendo y, si escribe un libro, le convertirán en doctor. Pero si ha estado usando a Jesucristo, no es otra cosa que un vendedor ambulante común, que compra, vende y obtiene beneficios, y el Señor le expulsaría del templo junto con el resto.

Hoy día también hay algunos entre nosotros que tienen que depender de camionadas de artilugios para que su religión funcione, y siento la tentación de preguntar: ¿Qué harán cuando no cuenten con la ayuda de sus trucos y sus aparatos? ¡El camión no podrá seguirlos allá adonde vayan!

Escuché a un hombre que se jactaba en su programa de radio sobre el equipo que iban a traer desde Pennsylvania y Ohio, con objeto de servir mejor al Señor. No conozco ningún aparato artificioso que pueda dar brillo a tu testimonio o a tu servicio a Dios.

Recuerdo a las queridas señoras que se reunían en los campamentos y decían: "Esta es mi arpa de diez cuerdas, ¡y alabo al Señor!". Veo en mi mente aquellas manos arrugadas y salpicadas de manchitas oscuras, pero mientras daban palmas con aquellas manos arrugadas y envejecidas, ¡cómo les brillaba el rostro! ¿Y sus arpas? Pues eran simplemente esas manos, con las que daban palmas cantando alabanzas al Señor.

¿Quién necesita un cajón lleno de trastos para servir al Señor? Si permites que Dios obre en tu ser y no dejas espacio para ningún rival, puedes adorarle donde quiera que estés. Puede que estés paralizado por la artritis de modo que no puedas ni ponerte de rodillas para orar, pero aún puedes alzar la vista con tu corazón, porque la oración no consiste en arrodillarse. La oración es la elevación del corazón a Dios, y eso es todo lo que necesita una persona para alabar, para servir y para adorar.

En nuestros tiempos pasa algo curioso: si hablas de misticismo, cualquier fundamentalista levantará las manos al cielo, disgustado, y te dirá que piensa que los místicos son soñadores, personas que creen en las emociones y en los sentimientos. Pero todos aquellos santos antiguos, aquellos padres de los que he leído, enseñaron que debemos creer en Dios mediante un intento manifiesto y firme de nuestra voluntad, y todo lo demás nos será añadido.

Aquellos santos del pasado eran gente práctica, con una intención pura dirigida a Dios. Nos han exhortado a que prosigamos en la fe tanto si sentimos deseos de hacerlo como si no. Nos han exhortado a orar, cuando sintamos deseos y cuando no. Nunca nos dijeron que nuestras emociones siempre estarían en lo más alto. Sabían que hay momentos en los que nuestro progreso espiritual debe centrarse en la intención firme fija en Dios.

¡Oh, si tuviéramos esa intención firme de conocer a Dios, de conocer a Jesucristo! ¡Poder poner bajo nuestros pies al mundo, y todas las cosas, y a las personas, abriendo nuestros corazones a un único amante, el mismo Hijo de Dios!

¡Oh, si tuviéramos el equilibrio adecuado en todas nuestras relaciones! Marido y esposa, padre e hijo, madre e hija, empresario y socio, contribuyente y ciudadanos, todos ellos en el lugar que les corresponde, pero, en lo hondo de su corazón, teniendo todos un solo amor, aquel que no tolera a otros rivales.

¿Por qué ha insistido Dios en que sea así?

Porque tiene la intención de que nuestro entendimiento y nuestra razón sean quebrantados, y que toda nuestra vida descanse sobre Dios. Muchos han experimentado momentos de tinieblas y de opresión cuando procuraban seguir con Dios y ser llenos de su plenitud. Creíste en Dios y pusiste tu confianza en Cristo. Tanto si lo sientes como si no, seguiste adelante, creíste y obedeciste. Tanto si lo sentías como si no, oraste. Enderezaste las cosas, y ajustaste tus relaciones tanto en casa como en el trabajo. Abandonaste las cosas malas, aquellas que te habían entorpecido, tanto si deseabas hacerlo como si no. Esto es la fe, la intención desnuda centrada en Dios, y debo decirte algo: de las tinieblas y de nuestra tristeza dura como la piedra, Dios levantará una Betel. Te sacará de la tumba para elevarte al cielo. ¡Te librará de las tinieblas y te levantará a la luz!

Esto es lo que significa amar a Jesús: conocerle por sí mismo. ¡Cuánto oro para que podamos recuperar, en nuestros tiempos, la gloria que los hombres han podido conocer de la belleza de Jesús!

En *La nube del no-saber*, aquel santo antiguo escribió que, dado que Dios es un amante celoso, quiere que no estemos dispuestos a pensar en nada que no sea el propio Dios.

Este fue el mensaje del Dr. A. B. Simpson. Impactó y bendijo a toda una generación gracias a su mensaje central: "¡Jesús en persona!".

Pidieron al Dr. Simpson que viajara a Inglaterra para predicar en una conferencia bíblica. Se enteró de que iba a predicar el último de una serie de tres mensajes sobre la santificación, y era una posición difícil. El primer predicador, en su sermón, dijo que la manera de ser santo y victorioso en la vida cristiana pasa por acabar con "el viejo hombre". Adoptó la postura de la santificación mediante la supresión. El segundo se levantó y adoptó la postura de la erradicación, la liberación de la antigua vida carnal. "¡Líbrense del viejo hombre, arránquenlo, expongan las raíces al sol para que se sequen!".

El doctor Simpson tuvo que adaptarse a ese tema, y para su mensaje eligió dos simples palabras: "Solo Él". Luego dio su testimonio de sus esfuerzos y luchas para obtener la victoria. Dijo:

> A veces me parecía haberla alcanzado, y entonces la perdía. ¡Qué bendición fue cuando llegué al conocimiento de que había estado buscando en el lugar equivocado, cuando descubrí que la victoria, la santificación, la liberación, la pureza, la santidad, todo se encontraba en el propio Jesucristo, no en una fórmula! Cuando clamé a Jesús por sí mismo, todo fue más fácil y la gloria descendió a mi vida.

Partiendo de ese conocimiento y de esa bendición, el Dr. Simpson escribió su famoso himno: "Una vez fue la bendición, ahora es el Señor. Una vez quise sus dones, ahora solo a Él".

Esta es la enseñanza básica de la vida cristiana profunda. Es la disposición de permitir que el propio Jesucristo se glorifique en nosotros y por medio de nosotros. Es la voluntad de dejar de intentar utilizar al Señor para nuestros fines, permitiendo que obre en nosotros para su gloria.

Este es el tipo de avivamiento que me interesa, y es el único tipo: el tipo de avivamiento y renovación espirituales que harán que la gente tiemble, arrebatada, en la presencia del Señor Jesucristo.

"Una vez fue la bendición, ahora es el Señor".

## 43

# LA ADORACIÓN ACEPTABLE

Dios quiere que le adoremos. No nos necesita, porque no podría ser un Dios autosuficiente si necesitara algo de alguien; pero nos quiere. Cuando Adán pecó, no fue él quien clamó: "Dios, ¿dónde estás?". Fue Dios quien dijo: "[Adán,] ¿dónde estás tú?" (Gn. 3:9).

Cuando Pablo escribió a los tesalonicenses, se refirió al momento en que Cristo vendrá para ser glorificado en los santos y admirado por todos los que creen que quiere ser glorificado. Hay textos bíblicos que demuestran esto, pero hay algo más convincente que cualquier pasaje de prueba, que es el significado y el mensaje central de las Escrituras. La Biblia en su conjunto nos enseña que Dios quiere que le adoremos.

Ahora bien, hay motivos buenos, sólidos, teológicos y filosóficos para esto. Pero si bien Dios quiere que le adoremos, no podemos hacerlo de cualquier manera que nos apetezca. Aquel que nos hizo para que le adoremos ha decretado cómo debemos adorarle. Solo acepta la adoración que Él mismo ha decretado.

Quiero hablar de los distintos tipos de adoración que Dios ha descartado. No tiene sentido intentar decirlo con suavidad. El reino de Dios ha padecido muchos perjuicios debido a los luchadores, aquellos que prefieren luchar a orar; pero el reino de Dios también se ha visto perjudicado por hombres que prefirieron ser tolerantes antes que justos. Creo que Dios quiere que seamos justos, pero que lo seamos con amor.

La primera adoración falsa es la de Caín, que es adoración sin expiación. Este tipo de adoración descansa sobre tres errores básicos: uno es el que da por hecho que Dios es diferente a como es. Quien busca adorar a un Dios que no conoce se acerca a Él sin haberse limpiado antes con los carbones del altar. Pero Dios no acepta este tipo de adoración.

El segundo error es que el ser humano asume que ocupa una relación con Dios que en realidad no ocupa. El hombre que adora sin Cristo y sin la sangre del Cordero, sin el perdón y sin limpieza, da por hechas demasiadas cosas. Confunde el error con la verdad, y el resultado es una tragedia espiritual.

El tercer error es que se quita importancia a la gravedad del pecado. Los psicólogos, psiquiatras y sociólogos, y toda esa banda de izquierdistas que han llegado estos últimos años, han borrado el terror asociado al pecado. Para adorar a Dios aceptablemente, debemos ser libres del pecado. La adoración de Caín nace de un corazón que no ha sido regenerado.

También existe la adoración samaritana. Es una adoración herética, usando el sentido correcto del adjetivo *herético.* La herejía consiste en elegir lo que quieres creer y rechazar (o al menos no hacer caso) al resto. Esto es lo que hacían los samaritanos. Adoraban a Jehová, pero no iban a Jerusalén; adoraban en Samaria. La historia de los samaritanos demuestra que entre ellos había algunos judíos, y que su teología también era judía. Pero su teología judía estaba mezclada con otra pagana, y no era ni carne ni pescado, sino una mezcla impía de ambas cosas. Esta es la adoración samaritana, y nuestro Señor dijo: "adoráis lo que no sabéis" (Jn. 4:22).

También existe la adoración a la naturaleza. Esta es la adoración del hombre natural, pero en un nivel muy poético y filosófico. Es la estima por la poesía de la religión. Supone el disfrute elevado de la contemplación de lo sublime. Cuando yo era joven y no sabía muchas cosas, estudié, más o menos por diversión, la doctrina anticuada (y totalmente rechazada actualmente) de la frenología. Dice que la forma de tu cabeza te dice quién eres. En tu cabeza hay determinadas protuberancias que revelan tu personalidad. Si tienes un bulto justo encima de tu frente, es el bulto de la sublimidad: te encanta lo sublime.

Así son los poetas; les gusta contemplar los árboles y escribir sonetos. Pues bien, hay un grado destacado de religión y de supuesta adoración que no son más elevados que esto. No es más que el disfrute de la naturaleza. La gente puede confundir con adoración la sensación de alegría que experimentan en la presencia de los árboles y de los ríos. Ralph Waldo Emerson dijo que, en ocasiones, como cuando paseaba de noche a la luz de la luna por un prado después de la lluvia, y olía la frescura de la tierra y veía las nubes desgarradas con la luna asomándose entre ellas, había sentido una alegría casi aterradora. Sin embargo, Emerson no era un hombre regenerado; nunca afirmó que lo fuese.

**Para adorar correctamente, debo creer que soy tan malo como Dios dice que soy, y debo creer que su gracia es tan grande como Él afirma que es.**

Quiero advertirte contra la religión que no es más que amor, música y poesía. Resulta que a mí me gusta la buena música. Creo que las nueve sinfonías de Beethoven constituyen la obra musical más importante que haya compuesto un ser humano mortal. Sin embargo, cuando escucho música, soy consciente de que no estoy adorando necesariamente a Dios. Existe una diferencia entre los sonidos hermosos, reunidos de una manera armónica, y la adoración. Esta última es otra cosa.

Ahora bien, me interesa mucho que nos demos cuenta de que la adoración de la que hablo tiene una definición teológica precisa, que debe contener alguna verdad, que debe caer dentro de las fronteras de la verdad eterna, o si no, ser rechazada.

"Dios es Espíritu; y los que le adoran, en espíritu y en verdad es necesario que adoren" (Jn. 4:24). El Espíritu Santo es el único que puede capacitar a un hombre caído para que adore a Dios aceptablemente. Por lo que respecta a esto, solo el Espíritu Santo puede orar aceptablemente; solo el Espíritu Santo puede hacer algo aceptablemente. Hermanos, no sé cuál es su postura respecto a los dones del Espíritu, pero creo que todos los dones del Espíritu no solo deberían estar presentes en su Iglesia, sino que lo han estado durante el transcurso de los siglos. Los dones del Espíritu a la Iglesia son los órganos por medio de los cuales opera el Espíritu Santo, y no puede trabajar por medio de su Iglesia sin que estén presentes esos órganos. No podemos explicar a personas como Agustín, Crisóstomo, Lutero, Charnock, Wesley y Finney excepto diciendo que eran hombres dotados por el Espíritu Santo.

Creo que el Espíritu Santo distribuye sus dones de diversas maneras, como Él prefiere, entre la Iglesia, y que estos se encuentran en ella y lo han estado siempre. Si no fuera así, la Iglesia habría muerto el mismo día en que murió la última persona que estuvo en aquel aposento alto. El Espíritu Santo ha propagado la Iglesia, de modo que solo podemos adorar en el Espíritu, y solo podemos predicar eficazmente gracias a Él, y lo que hagamos debemos hacerlo por el poder del Espíritu. Creo que los dones están en el Cuerpo de Cristo, y que quienes adoran a Dios deben adorarle en el Espíritu.

Pero también debemos adorarle en verdad. El adorador debe someterse a la verdad. No puedo adorar a Dios aceptablemente hasta que haya aceptado lo que ha dicho Dios sobre cinco cosas. Antes de que Dios acepte mi adoración, debo aceptar lo que ha dicho Dios sobre sí mismo. Nunca, jamás, debemos pedir disculpas por Dios. Nadie tiene el derecho de subir al púlpito e intentar suavizar o corregir nada que haya dicho Dios sobre sí mismo. Hay un pasaje que dice que Dios endureció el corazón del faraón. Se han escrito libros para explicar esto, pero yo no pienso hacerlo. Voy a dejarlo como está. Pienso dejarlo en paz incluso aunque no lo entienda. Creo lo que dice Dios sobre sí mismo.

Para adorar correctamente, debo creer también lo que dice Dios sobre su Hijo; no lo que dice sobre Él algún filósofo o algún teólogo. Debo creer lo que dice Dios sobre su Hijo Jesucristo nuestro Señor. También debo creer lo que dice Dios sobre mí, creer en las cosas malas que dice de mí y también en las cosas buenas que dice que hará por mí. Debo creer que soy tan malo como Dios dice que soy, y debo creer que su gracia es tan grande como Él afirma que es.

Además, tengo que creer lo que dice Dios sobre el pecado. Este es otro punto en el que los psicólogos y los psiquiatras nos han hecho mucho daño. Han aplicado un eufemismo al pecado: lo llaman "complejo de culpa". Creo que actualmente nuestro problema es que hemos prestado atención a las adulaciones de estos hijos de Adán, y que nos da miedo ver que alguien caiga de rodillas realmente asustado.

Sin duda, algunos de ustedes habrán leído acerca de Peter Cartright, el gran predicador metodista que vivió hace más o menos un siglo. Bueno, pues Peter era un gran predicador; era un hombre sencillo, pero Dios estaba con él. Cuentan que en cierta ocasión fue a una reunión y predicó. La conferencia estaba a cargo de un hombre bajito de un seminario y, como es lógico, Peter no tenía mucha paciencia con este tipo de personas. Cuando Peter hizo la invitación a aceptar a Cristo, se acercaron muchos hombres, incluyendo a un leñador grande y fuerte, con unos brazos enormes como un gorila; era todo un hombretón. Se aproximó al púlpito y, arrodillándose, comenzó a orar.

Había sido un pecador, y se lo contó todo a Dios en voz alta, lo cual espantó muchísimo a aquel estudiante de seminario. Se le acercó a toda prisa y le dijo: "Tranquilízate, hermano, tranquilízate". Peter Cartright lo apartó a un lado, le dio una palmadita en la espalda al leñador, y le dijo: "Hermano, sigue orando, porque en el infierno no hay tranquilidad que valga". Por último, el hombre entendió la bondad de Dios y el poder de la cruz, y la gracia de Dios descendió y le salvó. Se puso en pie de un salto, con un grito de alegría, y miró alrededor a ver a quién podía abrazar. Al primero que vio fue al pequeño estudiante de seminario. Lo agarró y lo llevó en volandas, gritando a voz en cuello. Eso hizo que el pobre estudiante pareciese un poco ridículo, pero a pesar de todo fue lo correcto.

Hemos de saber que es posible tener una experiencia religiosa en la que no esté Jesucristo. No solo es posible tener una experiencia religiosa, es posible adorar sin Jesucristo. Es decir, que es posible que un hombre tenga una experiencia de hablar con Dios o de que Dios le hable. Fíjate en Caín. Caín tuvo una experiencia religiosa, pero Dios no le aceptó. Mira a Balaam, hijo de Beor. Tuvo una experiencia, pero sin embargo a Dios no le complació. En una antigua iglesia católica en México vi cómo una anciana de pálido rostro se acercaba y se arrodillaba delante de una estatua de la Virgen. Con las manos juntas, los ojos abiertos y una expresión de adoración, aquella mujer tuvo una experiencia religiosa real, pero la tuvo en presencia de la Virgen María. En una iglesia de Estados Unidos vi una estatua enorme de la Virgen, mucho más grande que ninguno de los presentes; tenía los pies descalzos y situados de tal modo que los adoradores pudieran besarlos; el dedo gordo de uno de sus pies se había desgastado por el contacto con los labios de todos aquellos que venían a adorar.

Sí, es posible adorar, pero que el Dios Todopoderoso no nos acepte. Hermanos, estoy seguro de que aquellos paganos de la antigüedad que creían en los dioses del Olimpo y el Valhalla, que llamaban Thor o Zeus a Dios, tenían una experiencia religiosa; pero, a pesar de ello, murieron y se condenaron. Lo que nos salva no es una experiencia religiosa, sino la sangre del Señor Jesucristo. La adoración no consiste solamente en tener un sentimiento solemne al pensar en la enormidad del tiempo y la breve duración de nuestras vidas en la tierra, la vastedad de los cielos y la pequeñez de nuestros cuerpos. Esto es hermoso, pero no es adoración. Adorar aceptablemente, repito, supone nacer de nuevo por el Espíritu Santo por medio de la fe en el Señor Jesucristo y permitir que Él nos enseñe a adorar y nos capacite para ello.

*Te alabamos, oh Dios, reconocemos que eres el Señor.*
*Toda la tierra te adora, a ti el Padre eterno.*
*A ti claman todos los ángeles, los cielos y todos los poderes*
*que hay en ellos;*
*a ti alaban constantemente los querubines y los serafines, diciendo:*
*Santo, santo, santo, Señor Dios de los ejércitos;*
*los cielos y la tierra están llenos de la majestad de tu gloria.*

*La gloriosa compañía de los apóstoles te alaba;*
*la santa comunidad de los profetas te alaba;*
*el noble ejército de los mártires te alaba.*
*La santa iglesia, en todo el mundo, te reconoce como Señor,*
*Padre de infinita majestad; a tu adorable, verdadero y único Hijo,*
*y al Espíritu Santo, el Consolador.*

Así dice el antiguo *Te Deum*.

44

# ¿Quién es el Espíritu Santo?

Hoy día, todos usamos mucho la palabra *espíritu*. Quiero dejar claro lo que quiero decir con ella y lo que no quiero decir. En primer lugar, descarto todos los usos secundarios de la palabra *espíritu*. No me refiero al coraje, como en la expresión: "¡Ese es el espíritu!". No me refiero al temperamento ni al valor; no es nada tan indefinible como eso. El espíritu es una sustancia específica e identificable. No es definible, pero al menos se puede describir. El espíritu es tan real como la materia, pero tiene un modo de existencia distinto al de aquella.

Hasta cierto punto, todos somos materialistas. Nacimos de unos padres materiales en un mundo material; estamos envueltos en prendas materiales, nos alimentamos de leche material y dormimos en una cama material, y caminamos, vivimos, hablamos y crecemos en un mundo de materia. La materia nos acosa por todas partes y domina hasta tal punto nuestro pensamiento que no podemos hablar del espíritu sin recurrir a términos materialistas. Dios hizo al hombre del polvo de la tierra, y desde entonces el ser humano ha sido polvo, una idea de la que no nos podemos desprender.

La materia es un modo de existencia; el espíritu es otro tan auténtico como la materia.

Las cosas materiales tienen determinadas características. Por ejemplo, tienen peso. Todo lo que es material pesa algo; se presta a la atracción de la gravedad. Además, la materia tiene dimensiones; si un objeto está hecho de materia, lo puedes medir. Tiene un perfil de algún tipo, tanto si es una molécula o un átomo o cualquier otra cosa, llegando hasta los astros luminosos. Además, tiene una extensión en el espacio. Es decir, que el peso, la dimensión, la forma y la extensión son características propias de la materia. Este es un modo existencial; es una manera de existir.

Un poder del espíritu, de cualquier espíritu (porque ahora estoy hablando del *espíritu*, no del Espíritu Santo), es su capacidad de penetrar. La materia choca con la materia y se detiene; no puede penetrar. El espíritu puede penetrarlo todo. Por ejemplo, tu cuerpo está hecho de materia y, sin embargo, tu espíritu ha penetrado por completo en tu cuerpo. El espíritu puede penetrar en el espíritu. Puede introducirse en la personalidad. ¡Oh, si el pueblo de Dios entendiera que el espíritu puede penetrar en la personalidad, que tu personalidad no es una sustancia impenetrable sino accesible! Un pensamiento puede penetrar en la mente, y la luz puede penetrar en el aire; y el espíritu puede penetrar en las cosas materiales, mentales e incluso espirituales.

Pero ¿qué es el Espíritu Santo? ¿No *quién*, sino *qué*? La respuesta es que el Espíritu Santo es un ser que habita en otro modo de existencia. No tiene peso, medida, tamaño, color ni extensión en el espacio, pero a pesar de ello existe con tanta seguridad como tú.

El Espíritu Santo no es el entusiasmo. He visto un entusiasmo que desbordaba de emoción, y sin embargo el Espíritu Santo no estaba en él ni por asomo; y he visto al Espíritu Santo donde no había mucho de lo que llamamos entusiasmo. El Espíritu Santo tampoco es un sinónimo del genio. Hablamos del espíritu de Beethoven y decimos: "Este artista o ese otro tocaban con un gran espíritu. Interpretaban el espíritu del maestro compositor". El Espíritu Santo no es nada de esto. Pero ¿qué es?

Es una Persona. Escríbelo con mayúscula: el Espíritu Santo

no es solo un Ser que tiene otro modo de existencia, sino que en sí mismo es una Persona, con todas las cualidades y capacidades de la personalidad. No es materia, pero *sí* sustancia. A menudo la gente piensa en el Espíritu Santo como si fuera un viento beneficioso que sopla en la iglesia. Si crees que el Espíritu Santo es literalmente un viento, un aliento, entonces no crees que sea personal ni individual. Pero el Espíritu Santo tiene una voluntad y una inteligencia, sentimientos, conocimiento, empatía y la capacidad de amar, ver, pensar, escuchar, hablar y desear, como las tiene cualquier otra persona.

Puede que digas: "Todo eso ya lo creo. ¡No pensarás que nos estás diciendo nada nuevo!". No tengo la intención de decirte nada que sea nuevo; solo espero poner la mesa para ti, disponer los platos un poco mejor y de una forma más estética, de modo que sientas la tentación de participar en el almuerzo. Muchos de nosotros hemos crecido con una teología que acepta que el Espíritu Santo es una Persona, incluso una Persona divina, pero por el motivo que sea esto nunca nos sirvió de nada. Estamos tan vacíos como siempre, carecemos de gozo como siempre, estamos tan lejos de la paz como siempre, somos tan débiles como siempre. Lo que quiero es hablarte de cosas conocidas, pero, mientras lo hago, exhortar tu corazón a que se las apropie, y a que camines en su esencia viviente, pulsante, vibrante, de modo que a partir de ahora tu vida sea distinta.

Así que el Espíritu es una Persona. Eso es lo *que* es. Pero *¿quién* es?

La Iglesia histórica ha dicho que es Dios. Permite que cite el Credo de Nicea: "Creo en el Espíritu Santo, el Señor y dador de la vida, que procede del Padre y del Hijo, y al que se adora y glorifica junto al Padre y al Hijo".

Esto es lo que creía la iglesia sobre el Espíritu Santo hace 1.600 años. Seamos atrevidos por un momento: vamos a desmontar esta idea de que el Espíritu Santo es realmente Dios. Muy bien.

Admitamos un elemento nuevo en la ecuación. Digamos: "Creo en el Espíritu Santo, el Señor y dador de la vida, al que se adora y glorifica junto al Padre y al Hijo". En lugar de "Espíritu Santo", digamos "Abraham, el padre de los fieles, y al que se adora y glorifica junto al Padre y al Hijo". Es una afirmación monstruosa, y seguro que al leerla se te ha encogido el corazón. No lo harías nunca. ¡No puedes aceptar a un mero hombre en el círculo sagrado de la Trinidad! Al Padre y al Hijo hay que adorarlos y glorificarlos, y si quieres incluir aquí al Espíritu Santo, tiene que ser igual al Padre y al Hijo.

Veamos ahora el Credo de Atanasio. Tiene 1.300 años. Fijémonos qué dice sobre el Espíritu Santo: "Como es el Padre es el Hijo, y como ellos es el Espíritu Santo". Hagamos una vez más eso tan espantoso: metamos en esta fórmula el nombre de una persona. Vamos a incluir a David, diciendo: "Como es el Padre es el Hijo, y como ellos es el escritor de himnos David". ¡Eso causa un impacto como un cubo de agua helada en el rostro! No podrías hacer nada así. Tampoco puedes introducir en la frase al arcángel Miguel. No puedes decir: "Como es el Padre es el Hijo, y como ellos es el arcángel Miguel". ¡Eso sería una incoherencia monstruosa, y lo sabes!

Ya te he dicho lo que afirman los grandes credos de la Iglesia. Si la Biblia enseñara otra cosa, yo descartaría esos credos. Nadie puede recorrer los siglos con su barba flotante y, cubierto del polvo de la historia, hacerme creer una doctrina a menos que pueda citarme capítulo y versículo. Cito los credos, pero solo los predico hasta el punto que resumen las enseñanzas de la Biblia sobre un tema determinado. Si se diera alguna discrepancia frente a las enseñanzas de la Palabra de Dios, no enseñaría el credo; enseñaría el Libro, porque el Libro es la fuente de toda información auténtica. Sin embargo, padres de la Iglesia hicieron un gran trabajo escudriñando la Biblia, descubriendo lo que decía y luego formulando los credos para nosotros.

Veamos ahora en qué creían nuestros escritores de himnos:

*Santo Espíritu, con luz divina,*
*brilla sobre mi corazón.*

Formulemos esta oración a Gabriel, a san Bernardo, a D. L. Moody. Formulemos esta oración a toda persona o a toda criatura que haya servido alguna vez a Dios. No se puede dirigir este tipo de oración a una criatura. Insertar esas palabras en un himno significa que Aquel del que estamos hablando debe ser Dios.

*Santo Espíritu, con poder divino,*
*limpia de culpa mi corazón.*

¿Quién puede penetrar en las profundidades intrincadas del alma humana, en los confines profundos de un espíritu humano, y limpiarlo? ¡Nadie sino el Dios que lo creó! El escritor de himnos que dijo "Limpia de culpa mi corazón" revela que el Espíritu Santo al que oraba es Dios.

*Santo Espíritu, todo divino,*
*habita en este mi corazón;*
*derriba de los ídolos los tronos,*
*reina supremo, reina solo tú.*

La Iglesia ha cantado esto durante cien años. "*Reina supremo, reina solo tú*". ¿Podrías orar así a cualquier persona a la que conozcas? El hombre que escribió este himno creía que el Espíritu Santo era Dios porque, de no ser así, no habría dicho: "Reina supremo, reina solo tú". Esta es una invitación que nadie puede hacer a un ser humano, excepto al Ser divino, excepto a Dios.

Veamos ahora las Escrituras. Fíjate que intento establecer la verdad de que el Espíritu Santo no es solo una Persona, sino que es una Persona divina; no solo una Persona divina, sino Dios.

En el salmo 139, el escritor atribuye al Espíritu Santo la omnipresencia. "¿A dónde me iré de tu Espíritu? ¿Y a dónde huiré de tu presencia?" (v. 7). Esta idea es la que luego se desarrolla a lo largo de este salmo, con un lenguaje que es tan hermoso como la aurora y tan musical como el viento que pasa entre los sauces: la idea de que el Espíritu está en todas partes, poseyendo los atributos de la deidad. Debe ser Dios, porque ninguna criatura podría tener los atributos de la deidad.

En Hebreos 9:14 se atribuye al Espíritu Santo lo que nunca se atribuye a un arcángel, a un serafín o a un querubín, ni a un ángel, un apóstol o un mártir, un profeta, un patriarca o a nadie que haya sido creado por la mano de Dios. Dice: "el cual mediante el Espíritu eterno"; y todo teólogo sabe que la eternidad no es un atributo de ninguna criatura formada por la Deidad. Los ángeles no son eternos; es decir, tienen un principio, como lo tienen todas las cosas creadas. En cuanto aplicamos a un ser el adjetivo "eterno", inmediatamente establece el hecho de que nunca tuvo un principio, no es una criatura, sino Dios. Por consiguiente, cuando el Espíritu Santo dice "el Espíritu eterno" hablando de sí mismo, se está llamando Dios.

**Nadie debe sentir miedo de Jesús, porque es la máxima expresión del amor.**

Una vez más, la fórmula bautismal en Mateo 28 dice: "bautizándolos en el nombre del Padre, y del Hijo, y del Espíritu Santo" (v. 19). Imagina lo que sería poner aquí el nombre de una persona. "Bautizándolos en el nombre del Padre, y del Hijo, y del apóstol Pablo". ¡Impensable! ¡Es horrible hasta pensarlo! Ningún hombre es admisible en ese círculo cerrado de la deidad. Bautizamos en el nombre del Padre y del Hijo, porque el Hijo es igual al Padre en su deidad, y bautizamos en el nombre del Espíritu Santo porque este también es igual al Padre y al Hijo.

Me dirás: "Es que eres trinitario, y nosotros también lo somos". Sí, lo sé, pero una vez más te digo que lo que intento es enfatizar esta enseñanza.

¡Cuántas verdades benditas han quedado sepultadas! La gente cree en ellas, pero ya no se enseñan, eso es todo. Había en el culto a un hombre y a su esposa, una pareja estupenda e inteligente de otra ciudad. Mencionaron la iglesia a la que pertenecían y de inmediato dije: "¡Esa es una buena iglesia!". "Sí lo es", respondieron, "pero no enseñan lo que vinimos a buscar aquí". Vinieron porque estaban enfermos y querían que los ungiéramos para sanación, como dice la Biblia. Así que reuní a dos misioneros, dos predicadores y un anciano, los ungimos y oramos por ellos. Si alguna vez vas a la iglesia de la que son miembros y le dices al predicador "¿Crees que el Señor responde a las oraciones y sana a los enfermos?", seguro que dice: "¡Claro que sí!". Lo cree pero no lo enseña, y lo que no crees con la firmeza suficiente como para enseñarlo no te hace ningún bien.

Lo mismo sucede con la plenitud del Espíritu Santo. El cristianismo evangélico cree en ella, pero nadie la experimenta. Yace bajo la nieve, olvidada. Ruego a Dios que derrita el hielo que cubre esta bendita verdad, y que permita que reviva, que la Iglesia y la gente que la rodea puedan extraer de ella algo bueno y no decir simplemente "Creo" mientras permanece enterrada bajo la nieve de la inactividad y de la desatención.

Recapitulemos. ¿Quién es el Espíritu? El Espíritu es Dios, que existe en otro plano que nosotros. Existe como espíritu, y no como materia, porque no es materia, sino Dios. Es una Persona. Esto es lo que creyó la Iglesia de Cristo a lo largo de los siglos. Lo cantaron los compositores de himnos en los tiempos en que se escribieron los primeros. Lo enseñó así el Libro, a lo largo del Antiguo y del Nuevo Testamentos, y te he dado solo unos cuantos pasajes de prueba. Podría pasar toda la tarde leyendo las Escrituras y afirmando lo mismo.

¿Qué consecuencia se desprende de todo esto? Ah, hay una Deidad invisible presente, una Personalidad que conoce y siente, y que es indivisible del Padre y del Hijo, de modo que, si de repente te vieras trasladado al propio cielo, no estarías más cerca de Dios de lo que lo estás ahora, porque Dios ya está ahí. Cambiar tu situación geográfica no te acercará más a Dios ni a Dios más a ti, porque la Trinidad indivisible está presente, y el Espíritu Santo es todo lo que es el Hijo, y es también todo lo que es el Padre, y el Espíritu Santo está en su Iglesia.

¿Cómo descubriremos cómo es el Espíritu? Será exactamente como Jesús. Has leído el Nuevo Testamento, y sabes cómo es Jesús, y el Espíritu Santo es exactamente como Jesús, porque Jesús era Dios y el Espíritu es Dios, y el Padre es exactamente como el Hijo; y puedes saber cómo es Jesús si sabes cómo es el Padre, y puedes saber cómo es el Espíritu si sabes cómo es Jesús.

Si Jesús viniera caminando por este pasillo, nadie saldría corriendo hacia la puerta. Nadie gritaría ni sentiría miedo. Es posible que empezásemos a llorar de puro gozo y de deleite, porque nos habría honrado de ese modo, pero nadie tendría miedo de Jesús; ninguna madre con un bebé lloroso sentiría miedo de Jesús; ni siquiera una pobre ramera a la que arrastraron por el cabello ante Jesús tuvo que tenerle miedo, ¡nadie! Nadie debe sentir miedo de Jesús, porque es la máxima expresión del amor, la gentileza, la simpatía, el cálido atractivo y la dulzura. Y eso es exactamente lo que es el Espíritu Santo, pues es el Espíritu del Padre y del Hijo. *Amén.*